本书是全国教育科学“十三五”规划2017年度课题国家一般项目“信息技术支持的个性化和持续性教师专业发展模式研究（BCA170082）”的成果。

重构中国教师的专业学习

信息技术支持的个性化和持续性教师专业发展新模式的研究

徐晓东　等◎著

科学出版社
北　京

内 容 简 介

本书的主要内容是有关教师如何通过新的方式“学会教”以及“从教学中学习”的研究和实践成果。这些内容是建立在崭新的教师专业学习新取向基础上的，是笔者长期深入中小学教学一线与学科指导专家共同开展深入研究积累的重要成果，包括“实践-专业学习”新取向，工作嵌入式教师专业学习新方法，以及与之对应的“专家进课堂”“专家引领的研学助教”“专家引领的现象为本课例研修”教师专业学习模式。

本书可供中小学校长和教师、教育部门管理者、大学教师、研究生参考，也可为学科教学法教师、教育研究者和教育技术学者从事教学工作以及开展培训、研究、设计提供参考。

图书在版编目（CIP）数据

重构中国教师的专业学习：信息技术支持的个性化和持续性教师专业发展新模式的研究 / 徐晓东等著. —北京：科学出版社，2022.12

ISBN 978-7-03-074211-7

Ⅰ. ①重… Ⅱ. ①徐… Ⅲ. ①师资培养-研究-中国 Ⅳ. ①G451.2

中国版本图书馆 CIP 数据核字（2022）第 236133 号

责任编辑：朱丽娜/ 责任校对：杨 然

责任印制：李 彤 / 封面设计：润一文化

科 学 出 版 社 出版

北京东黄城根北街 16 号

邮政编码：100717

http://www.sciencep.com

北京建宏印刷有限公司印刷

科学出版社发行 各地新华书店经销

*

2022 年 12 月第 一 版 开本：720×1000 B5

2024 年 11 月第二次印刷 印张：19

字数：410 000

定价：108.00 元

（如有印装质量问题，我社负责调换）

序章：什么样的学习会使教师成为好老师？

本书介绍的是有关教师如何通过新的方式从教学中学习的研究和实践成果，这些内容始于笔者从2010年开始的长达十多年的教师专业学习研究计划，这一计划获得了全国教育科学规划2017年度国家一般课题项目立项。

这项研究的目的是通过重构我国教师的专业学习，实现从教师专业发展到教师专业学习的理论和实践方式的转变，促进我国在职教师系统化和富有成效地探究学习的本质，并不断提高教师的教学能力和效果，使其成为卓越教师，让学校里的每一间教室都有好老师，让中小学生享受公平而高质量的教育。

本书着重讨论迄今为止在我国教师专业发展和学习过程中鲜有涉及的两个重要问题。

一是教师在全职工作期间和工作场所的学习，聚焦的是“工作嵌入式教师专业学习”。这与现今广泛采用的教师外出“听讲座”“观摩公开课”等教师培训项目所表征的“教师专业发展”概念有所不同，也有别于“学习学科专业知识”等通常意义上的教师学习过程，它专门指向“从教学中学习”的“教师专业学习”这一新概念。国内外相关研究表明，大部分教师专业发展模式都是教师走出课堂，在脱离自己熟悉的实践情境下学习相关理论。笔者不否认这种方法对教师成长的积极作用，但其没有全面顾及教师专业发展的个性化、地域性，以及学情、师情和学校文化等，由此导致了教师学习的低效。为此，笔者采取了相反的做法，即由专家导师深入学校、走进课堂，了解教师教学行为的成因，为其量身定制个性化的“双师”指导。在此过程中，教师从自身、同事和专家的实践经验中学习，从教学事实中学习。

本书的研究表明，工作嵌入式教师专业学习是真正的教师个性化学习，这种学习能够促进教师的持续学习和成长。教师个性化学习是现今的主流观点，大多数持有这一观点的研究者和实践者所称的个性化学习是指教师学习自己还没有掌握的内容，根据这一需求而开展的“菜单式选学培训”则成为这一主流观念下的一种最常见的做法。然而，在更广阔的视野及对教师学习本质的深刻洞悉的基础上，笔者提出教师的个性化学习是立足于教师自身课堂和实践的专业学习，即教师是结合本人和课堂上学生的情况、具体课程及教学内容——基于教师个人经历、特定的环境及独特的实践等相关的个性化特征开展学习的。这样的学习并非一次性的，教师需要在经历一次学习的教学改进之后进行平行课教学等练习，练习之后，专家导师和同事还需要为教师提供相应的反馈。因而，工作嵌入式教师专业学习是持续不断和循环往复的，每次循环都处在一个新的起点上，是一个螺旋式上升的过程。这一崭新的视角受到研究者的重视，真实且务实的做法得到同行的认可，并被我国十余个省（自治区、直辖市）的基础教育学校应用和推广，深受校长和老师的欢迎。

二是教师学习的社会性问题，也可以界定为“教师与谁一起学”的问题。常规的教师学习大都主张独立学习，即使是在参与集体培训过程中，也可以从这些项目的展开方式和研究者的研究结论中看出大多数促进教师专业发展的干预所采取的是个人反思的做法，而笔者研究的教师专业学习则强调了与专家和同事一起探究和学习，共同反思。

共同反思的观点指出了教师使用通过专家的专业知识反思自己的观察，用同事的观点去思考问题，以一种外在的视角去分析教学和建构理解，从而进行学习实践。在教师共同反思的过程中，笔者观察到教师通过专家的视角注意到了过去实践中没有注意到的问题。笔者认为，专家和同事的视角就像航标一样指引着教师的注意和思考，从而引导他们注意哪些特征是重要的、有用的，即以他人看待问题的视角进行思考，作为中介的共享是关键，由此构成了共同反思。也就是说，有关的想法首先是专家或同事的，教师通过内化后变成自己的，以后就可以用这种方式去思考。这与反思是一组个人内在心理过程的信息加工理论有所不同。传统上的反思被概念化为个人的内在过程，研究者往往只专注于个体层面，很少有研究者将反思视为共享的社会过程，而共同反思的观点强调了社会性和共享的维度。所以，共同反思就是学习，学习具有社会属性，在他人协助下去发展知识和建构理解，也是专家指导具有一定必要性的依据。这些观点深化了杜威①、舍恩②等关于反思概念的内涵，拓展了其理论的外延，是教师专业发展范式和理论的重大发展，是教师学习中专家引领具有一定必要性的理论依据，具有一定的理论意义和学术价值。

本书将讨论笔者认为在所有教师文化中都应该存在的一种专业学习模式，而大多数研究者和实践者又没有充分认识到该模式的理论意义和实践价值，也没有利用到这一模式中的有效要素。通常，在这一模式中，会由一位专家型教师去协助另一位教师在日常教学实践中发展他们的教学知识和对教学的理解，笔者称这个过程为“专家指导的教师专业学习”。一些同事通过与专家共同参与这一过程，为从教学中学习的教师提供看问题的新视角，协助教师发展教师知识，特别是发展教师的原理性或因果性知识和理解教学。通过上述过程，别人的教授与自己的学习合二为一，由此形成了专家、同事及教师的共同实践，笔者称之为“工作嵌入式教师专业学习”，它是一种教师学习的新模式。

笔者在教师学习领域用“教师专业学习”取代了传统的“教师专业发展”概念。之所以用新概念取代旧概念，是因为传统的专业发展的方法多数基于讲座环境，是一种与教师课堂和学生没有直接联系的学习模式。从“专业发展”到“专业学习”的转向，标志着教师的学习和成长过程直接指向了“改变教师知识和实践，并改善学生的学习成果”这一终极目标。另外，笔者所主张的教师专业学习的内涵也更加丰富，包括教师的主动学习和专家指导、提供反馈和进行共同反思、个性化和持续性学习、专业探究和循证的实践以及信息技术为教师学习赋能等。为此，笔者在已有的实践-经验取向、技术理性取向和实践-反思取向的基础上，提出了实践-专业学习这一取向，它所代表的是一种崭新、有效和务实的教师学习取向。其中，实践意指嵌入工作的实践，因

---

① Rodgers C R. Defining reflection: Another look at John Dewey and reflective thinking[J]. Teachers College Record: The Voice of Scholarship in Education, 2002 (4): 842-866.

② 洪明. 反思实践取向的教学理念——舍恩教学思想探析[J]. 外国教育研究，2003（8）：14-17.

此工作嵌入式教师专业学习是其主要方法。

本书还介绍了笔者基于新取向和工作嵌入式教师专业学习新方法所设计和实施的三种教师专业学习模式——“专家进课堂”“专家引领的研学助教”“专家引领的现象为本课例研修”。这些教师专业学习模式可以满足教师的个性化需求。例如，教师在课堂实践过程中借助经验学习实践性知识，这些根植于教师日常教学的案例性知识融入了学情、校情、信念、文化、个人特质、教学风格等，便于教师在新教学情境中应用。另外，专家在指导过程中利用教学关键事件在理论与实践之间搭建桥梁，借助理论诠释实践，通过实践学习理论，用理论开发新实践，与教师共同建构在什么情况下有效、为什么有效、怎样做才能有效的技术性知识，为教师识别理论应用的时机和情境提供“脚手架”，促进理论转化为实践，从而引发有效的教学行动。此外，专家指导融入教师日常教学，以常态课为对象，既可以充分展示教学现状和发现问题，又不影响正常的教学秩序，方便学校管理。如果专家指导全科组教师围坐参与，教师能从专家、同事和自己的多样化经验中反思、学习，其能带动薄弱教师，刺激优秀教师，激发全体教师的学习热情，可以有效解决教学改革中的“孤岛”问题。

笔者建构的教师专业学习模式有三大特征。首先，通过建立在他人协助基础上的学习，教师得到转变，它区别于教师自发的、独立的自我转变过程。其次，虽然是在他人协助下的学习，但这并不意味着以他人实践为基础进行观察与模仿，而是在他人反复实践的基础上积累经验，将理论与实践相结合来开展学习。它立足于教师的日常实践，促使教师以工作嵌入式的形式，从其他教师的日常实践中进行学习。最后，教师在他人协助下的学习会更加深入。

在三种教师专业学习模式实施的过程中，信息技术起到了增权赋能的作用，其作用有三点。一是计算机和网络技术在专家和教师之间建立起广泛的社会性连接。例如，对于新疆克拉玛依市的中学教师和广州市的一线名师或教研员而言，在线视频会议系统在他们之间建立起链接。他们可以在线共同观看授课视频，开展名师工作坊研讨或磨课。在这里，信息技术成为实现远程环境下的教师共同学习不可或缺的工具，在促进教师学习方面起到了增权赋能的作用。二是教学视频作为可读技术，为专家和教师共同回顾教学实践提供了机会。首先，教学视频因为具有高保真还原课堂教学情景的功能，可以使教师重访课堂、再现真实情景，使得实践变得可读，为基于分析的学习提供了“脚手架”。其次，教师利用笔者开发的在关键教学事件处暂停的视频中顿法，一帧一帧地观看，发现教学关键事件，开展研讨，便于专家指导的介入和细粒度的分析。三是利用两款结构化和非结构化教育数据挖掘工具，为专家指导和教师学习奠定基础。为了提高指导者和被指导者从视频中发现问题的能力，专家和教师可以利用数字化洞察力视频分析软件Transana开展逐个事件和系统化的教学问题探究及指导，以避免指导的随意性，增强客观性；也可以利用基于扎根理论分析教学的软件 Nvivo，开展课堂意义上的建构和教学的结构化建模，为专家和教师从数据中进行探究和学习提供更深刻的见解，在此信息技术扮演着不可替代的角色。

本书各章的具体内容如下。

第一章对教师学习、教师专业发展和教师专业学习等概念进行了辨析，并从学习科学视域出发，着重讨论了“教师专业学习”这一概念的相关理论。传统的教师专业发展概念起源于国外教师培训项目的实践。美国的教师专业发展被认为是一种方法，与被动的、一次性参与的研讨会形式的讲座等相对应。[①] 从语境上说，我国教师很少使用教师专业发展概念表征教师培训，教师培训活动一般有专门指称，如讲座、参加学术会议、教师研修、名师工作室、外出跟岗学习等。教师培训活动是教师工作的一部分，与教师的教学实践密切相关，也是促进教师专业成长的基石。毋庸置疑，在教师长期的专业实践中，这些活动起到了促进其发展的积极作用，也是教师学习的重要方法和途径。

笔者毫不怀疑这些实践与相关研究本身的价值，然而，随着研究的深入和实践经验的积累，教师培训的研究者、实践者及教师逐渐认识到，以教师专业发展为目标的教师培训活动因为缺少与教师个人教学工作和实践的联系而被认为缺乏效力及浪费时间。这些活动侧重于教师在项目实施期间的训练和理论传授，活动结束即意味着教师的专业发展的结束。为此，在第一章的第二节中，笔者从教师知识研究的历史线索出发，归纳了迄今为止研究者提出的三类代表性教师教学知识。与我们通常所说的高度概括性或一般性知识不同，一些教师知识具有特殊性，并包含着教师实践性知识。教师实践性知识是决定教学成败的关键性知识。教师实践性知识具有隐性化、无意识化、个性化、情境化和实践性等特征。因此，好老师都会反思和省察，笔者介绍了通过反思与省察建构个人知识的方法。

---

① Wei R C, Darling-Hammond L, Andree A, et al. Professional learning in the learning profession: A status report on teacher development in the United States and abroad[R]. Palo Alto: School Redesign Network at Stanford University, 2009: 1-36.

第二章重点讨论了好老师的个人特质和历史上的教师培养方法。成为一名好老师的过程是复杂的，研究者只考虑外在学习取向的影响还不够，还需要考虑到教师的人格特质、思考和学习模式等因素。本章首先介绍了哈佛大学关于好老师研究的两项大规模调查研究。由调查结果可知，美国的教师教学经验与教学质量不存在显著的相关关系，相反，好老师的特征则聚焦于个人特质方面，结果似乎证明了好老师是天生的这一结论，其回应了 20 世纪 70 年代前有关教师发展的“与其培养一位好教师，不如挑选一位好老师”的假设和实践。随后，笔者通过十几年扎根课堂的研究和实践证明，好老师是可以靠后天专业学习养成的，这为验证通过教师学习培养好老师的假设奠定了坚实的基础，也触发了本书后面所介绍的一系列研究。

第三章在第二章的基础上，介绍了实践-专业学习取向和工作嵌入式教师专业学习方法及其理论。与传统的教师专业发展取向不同的是，实践-专业学习取向是指教师重新回到自己的工作场所，与专家和同事共同反思、一同学习，学习专家和同事的经验，并从自己的教学实践中学习。同样，与传统的“一次性专业发展”模式不同，工作嵌入式教师专业学习是一种情境化的、基于教师日常实践的学习，旨在通过提高学生的学习绩效来增强教师的专业实践能力，使教师在不断改进教学的过程中找寻解决真实和即时教学问题的方案。①它包括两种实践途径：一种是从教师工作视角出发的专业学习，即将专业学习视为教师工作的一部分，并嵌入日常工作中；另一种则是从学习视角出发的专业学习，即把教学工作嵌入教师学习过程。显然，后者将学习置于更广阔的语境之中。与以往的学习方法有所不同，工作嵌入式教师专业学习强调教师学习的主动性，即教师立足于自身课堂和实践，将学习融入日常实践，结合学情开展学习，关注与专家、导师之间的相互促进作用，以帮助教师改进教学实践，持续提高自己的专业能力。笔者总结了几种基于这种方法的教师专业学习形式，包括课例研究、案例方法、基于视频的专业学习、核心实践法、反思促进法、专业学习共同体、教育叙事、行动研究、教师研究、档案袋等。这些方法在我国教师学习中不常见，但在国外非常受重视。

第四章讨论的重点是实践-专业学习取向的基本特征，即教师专业学习个性化和持续性的问题。在教师专业发展实践中，“适应教师个体需要的个性化

① Pacchiano D, Klein R, Hawley M S. Job-Embedded professional learning essential to improving teaching and learning in early education[R]. Chicago: Ounce of Prevention Fund, 2016: 1-29.

学习”常被误解为“个别化学习”，进而被概念化为“个人化”或“独立”学习。本书中的个性化和持续性教师专业学习是指根据教师个人的特点和独特的经历、实践以及学情和校情，基于专家指导和同事参与的共同学习。持续性即摒弃持续时间短、着眼于几个主要问题、项目结束即学习结束等培训式专业发展的弊端。这是因为在培训式专业发展中，教师难以在短时间内准确把握实践中各种复杂的关系和不断出现的新问题。为此，学校需要为教师提供练习机会，否则就难以促进教师的专业发展。本章还介绍了为支持教师个性化专业学习增权赋能的两种信息技术工具，即 Transana 和 Nvivo。这两种自上而下和自下而上的挖掘知识的软件，可以为促进教师专业学习助力。

第五章至第七章详细讨论了笔者设计和实践的工作嵌入式教师专业学习的三种模式。第五章内容的基础是从 2011 年开始笔者带领专家团队在新疆克拉玛依市开展的“基础教育跨越式发展之‘百人’教师专业发展合作项目”。笔者所采取的做法不是把教师置于专家讲座情境中，而是鼓励专家深入学校，了解师情、学情与校情，分析教师行动的成因，也就是理解教师为什么会付诸该行动，并开展“听评课式”指导，通常指导为期 8 个月。其中有两类专家，包括作为理论导师的大学学科教学法教授定期走进课堂，听课、拍课，课后与全科组教师围坐，利用视频中顿法在关键教学事件处暂停，与教师共同反思。隔日，作为实践导师的一线名师深入学校，或通过网络协作教研平台，利用该视频和本团队提供的 Transana 分析结果，召开全科组教师参与的名师工作坊，开展协作式研讨。理论导师与实践导师各有分工，工作方式也不相同。导师的作用犹如教练，主要是反馈信息和发起引导性注意。本章还详细描述了该模式的设计和实施效果的检验结果，表明该模式在促进教师获取知识和提高教学能力方面有显著的作用，并通过案例详细介绍了该模式的实施过程和具体实践。

第六章是在专家进课堂模式的基础上，介绍了专门为经济欠发达地区开发的研学助教模式。“研”是指教学研究，“学”是指学生和学习。“研学”是指教研时，在专家的指导下，教师借助课例研究学生的学习规律；“助教”是指以上述教研结果为基础来确定教师讲授的重难点和疑惑点，助力教师的“教”。该模式与专家进课堂模式的不同之处表现在两个方面。其一，专家的指导全面覆盖了教师教学活动的全过程——从集体备课（或称磨课）到授课，再到课后反思，专家参与整个教学过程的指导和评课。其二，通常意义上的教研和听评课指导，教师主要将时间花费在如何教方面，专家花费更多的时间和精力指导教师如何教，很少关注学生学习到的实际知识或技能，这是目前我国教师专业发展项目效率低下的主要原因之一。为此，如何使教师参与到学生将要学习的领域中，是研学助教模式需要解决的问题之一。该模式充分考虑了将学生学习的规律和学习效果作为约束条件，促使教师参与到其对学生学习规律和教学效果的学习之中。该模式强调教师从本校学情中学，这是外出学习所学不到的，更加凸显了专业学习的个性化特征。专家在教师上课前几日的下午备课时间进校开展科组集体教研，指导教师备课。备课时，教师展示收集到的教学资料和数据，例如，各种试卷出现的共同和特殊问题，作业批改（包括面批）或课上提问数据，在生生和师生互动中发现的错误模式及信息等。教师集思广益、切磋琢磨及相互启发，开展关于学生学习规律的研究，基于数据驱动的教案共同设计第二天的教学。次日，专家进行听课、拍课、评课和跟进指导。本章验证了该模式对教师专业学习具有显著的促进作用，最后还介绍了专家引领的研学助教的典型案例。

第七章主要介绍了专家引领的现象为本课例研修模式，这是为了实现从“专家评课”到“教师专业学习”转变而开发的教师专业学习模式。“课例研修”是指专家有目的地选择一系列代表性课例作为研修内容，这些内容是事先由助手深入课堂拍摄或配合教学进度购买的经典课例。专家导师精选典型内容，制订计划或指导序列，这是一种有序的专业指导，研修代表着长期的、持续的和专注的学习。在这种模式中，专家按照课表深入学校组织集体教研，采用视频中顿和现象学叙事相结合的方法，在关键教学事件处暂停，悬置已有观念，从现象着眼，先请授课教师阐释缘由，然后在专家引导性的提问下，由同事和专家进行评议。该模式强调了专家的评议要站在解释的立场，而不是评价的立场。评课也并非评定课堂教学的优劣，而是引导教师从中学习。专家在理论与实践之间搭建桥梁，就事论事，依理定性，而实践导师则就事论事，按事支着儿，在教师转变、教学内容设计和学生学习等因素之间建立起了广泛联系。

第八章探讨了教师转变的理论与实践问题。教师转变即教师学习的成果和核心问题。现有教师转变的研究始终没有揭示教师转变的机制和原理是什么。本章从教师专业学习过程出发，通过刺激性回忆访谈和质性分析，笔者认为在专业学习项目中，教师通过专家指导和同事协助而发生转变，包括社会性调节和内化、提供练习机会、专家和同事共同反思、提供个性化和持续性的指导等。这就是教师转变的模式，也为理解在教师转变中为什么需要专家指导和专家如何指导提供了新视角。

需要指出的是，传统的专家讲座或听评课方法促进教师转变的效率较低。最主要的原因在于，在专家讲座和听评课活动中，专家提出的建议很难在教师的课堂教学中得到落实，因为这需要教师具有较高的知识迁移能力和洞察力。这对于那些缺乏理论和研究经验的教师来说比较难。教师不但需要学习理论和知识，还需要花费大量时间应用这些理论和知识。同时，教师的专业学习还需要教学管理和工作制度的配合。例如，学校管理者为新任教师提供教授平行课的机会，采用小循环方法，使教师在开始任教的两年重复讲授一个年级的课程；年轻教师和老教师的专业学习应该采用分层循环实践，需要进行仔细而周全的调查和研究。要改变教师，不仅要给予其学习机会，而且需要学校对教师工作进行合理的安排，教师学习需要体系化的、完整的设计，而不是单一方面的计划。

第九章着重对促进教师专业学习的教育数据技术和数据团队的实践与意义进行了分析，并从典型案例角度出发证实了数据使用和数据驱动对个性化和持续性教师专业学习的促进作用。本章采用文献研究和案例分析法，阐明了指向教师专业学习的数据团队的内涵，解析了数据团队的教育应用原理与结构，并以美国某地区和学校两级数据团队为例，系统分析了其数据采集、团队协作、教学改进及效果评价等过程。笔者认为，从评价数据中发现教学问题、构建从区域到课堂的系统化教研实践、设计数据驱动的校本研修模式以及证据驱动的教师专业学习范式等，是未来教师专业学习的重要趋势。未来，教师需要对数据保持敏感，借助数据洞悉事实、学习知识、制定决策并付诸行动，运用数据进行决策来改进教学。数据驱动的教学决策、数据智慧及使用数据转变教学和改善学习效果，是未来教师需要具备的关键能力。它们为教师开展询证的实践奠定了坚实的基础，是今后教师专业学习研究和实践的新方向。

第十章审视了新时代教师教育和教师专业学习的新发展。近年来，我国的教师教育开始从师范院校为主体转向综合性大学参与。师范大学向综合性研究型大学转型后，以教师知识和能力为重点的教师教育有效地保障了我国中小学生都能够享受公平且高质量的教育，也为建立完备的教师教育体系和进行教师专业学习奠定了基础。为了实现新时代教师教育和教师专业学习目标的转变，教育政策制定者和教育工作者要对教师教育和教师专业学习体系进行贯一的和系统化的设计——扎根设计。基于扎根设计原则，在设计教师专业学习时，教师教育者要对教师教育政策、教师教育改革、教师专业发展项目以及学习协调进行整合，使专业学习实践扎根于所对应的理论、方法和技术之上，使得教师学习务实而有效。笔者认为，未来的教师培养应该向培养专家型教师方向发展，这需要教师教育者将教师教育与教师专业发展、职前和职后的教师培养体系系统化，实现从专业发展到专业学习，再到专业探究，从经验教师到研究型教师，再到专家型教师的培养方式的转变。我国的研究生教育和新型师范教育体系为专家型教师培育提供了必要的基础。因此，教师教育和教师专业发展的课程需要将大学课程和工作中的学习融合，本书前九章所介绍的内容就是这一系统化设计的解决方案。同时，本章还介绍了当前国内外扎根的或贯一的教师教育和教师专业学习的案例，既包括师范院校的职前教育，也包括中小学教师职后的专业学习。此外，笔者还对“双减”背景下教师轮岗制度的实施和教师专业学习方法的普及提出了建议，希冀为未来教师培养和持续专业学习设计以及核心实践提供启示。

目　录

第一章　教师学习与知识的研究

20 世纪 80 年代起，受认知心理学发展的影响，教师知识和个人特质的相关研究逐渐受到教育研究者的广泛关注，并逐渐成为教师学习研究的主流。新西兰奥克兰大学学者约翰·哈蒂（J. Hattie）在《可见的学习：最大程度地促进学习（教师版）》一书中对 900 多项影响教育质量的因素进行了效应量研究，并对 20 世纪 70 年代以来发现的可能影响学习的因素按照效应量大小进行了排序。研究发现，教师是影响学生学习成就的重要因素，也是不同地区教育质量产生差异的根源。[①]因此，教师的专业学习对于提高教师自身的实践水平和学生的学习成绩有重要意义。近年来，有关教师学习的研究多聚焦于好老师[②]应该具备哪些知识及其特征。实际上，早在 20 世纪 50 年代中期，有关教师"职业"和"专业化"身份的确立就已逐渐形成，其中重要的支持证据是研究者对教师拥有的知识及其实践、效果和评价的关注和研究。

---

① 约翰·哈蒂. 可见的学习：最大程度地促进学习（教师版）[M]. 金莺莲，洪超，裴新宁译. 北京：教育科学出版社，2015：17.

② 本书中"优秀教师""卓越教师""有效教师""好老师"四者的概念意指相同，笔者统称为"好老师"。其指代教师专业发展程度较高的教师，如英国的高级技能教师（advanced skills teacher）、美国的杰出教师（distinguished teacher）、澳大利亚的"领导教师"和中国的"名师"等，意即内心怀有崇高理想，并不断付诸行动，尝试不断突破，并在创造中成长、在追求中走向卓越的教师。

第一节 教师学习和教师专业学习

20 世纪中期开始，教师个体的学习或专业发展逐渐成为学校及教育行政部门较为关心的话题之一。20 世纪七八十年代发展起来的认知心理学关于学习的研究开始对学校教育产生重要影响，一些研究者开始关注教师知识的积累、认知能力以及教学能力的提升过程，或教师从新人成为专家的过程。人们通常认为，教师懂得越多，专业知识水平越高，就教得越好，在认知心理学和教师成长领域也是如此，由此学科知识是否足够丰富一时成为判断教师专业水平的主要标准。因此，“为了改善教育，教师需要了解或学习更多的专业知识”这一单纯的理念和想法，在研究和实践及政策领域为人所熟知。当学校或教育系统要求教师全面参与教师学习计划或专业发展时，增加教师的知识即成为基层教育教学变革工作的主要途径和重要组成部分，研究人员称其为教育改革的替代“产品”。因此，教师学习变成简单的专业发展活动或知识获取实践——有时限的项目或个人专业成长的产物。换句话说，教师学习是专业成长的基础。然而，从探究教学的立场出发，笔者认为教师学习更多的是与不确定性相关，而非确定性，并且与提出的问题和面临的困境的关系更为密切。

一、教师学习的内涵

从教学目的来看，笔者认为教师学习即学习教学或学习如何改善教学实践和效果的过程。对于新手教师来说，它是一个“学习教”以及通过新的方式“学会教”的过程。因此，与职前教师教育相比，教师学习通常是指教师在职或职后期间的学习，也是终身学习。终身学习取向意味着教师要基于其所处的历史、文化与社区的动态变化和实践进行持续的调整。对于处于不同发展阶段的教师来说，其专业成长的目的不尽相同，有的志在成为教学名师，有的志在成为研究型教师，有的专注于与学生建立融洽的关系。有研究者从专家教师拥有的知识及其特征出发，将专家教师和新手教师的差异作为教师学习的重要内容。美国教育学者兰帕特（Lampert）通过分析课堂教学实践的过程概括了教师学习的内容表征，包括教学过程的问题管理、教学与特定学生的联系、教师解决学科问题的实践以及教学效果的验证等。①

笔者认为，教师学习的方式和内涵多种多样，但是就其目的而言，教师学习首先应是学会教，然后是从教学中学会学习，可以从自身经验、同伴经验和专家经验中学习。②持主动建构观的学者认为，在整个教学生涯中，教师通过探究学习一些假定其从事相关专业实践所需的知识，也是一种可行的学习途径。另外，主动建构学习还包括与他人一起学习，新手教师和经验教师在实践共同体中一起合作，共同学习，识别教育理论和实践之间的差异，挑战常见的教学策略惯例，借鉴他人的实践成果来生成自身的教学框架，并努力使一些被认为是理所当然的教学和学习过程变得可见。

科克伦-史密斯（Cochran-Smith）教授和莱特（Lytle）教授认为，教师学习是一个将自身的学习和课堂教学视为有目标的调查和实践场景，并在其间获得教学实践所需的知识，或通过反思教学实践经验建构实践知识的过程。专业知识则是教师关于教学、实践和生活的载体，通常包括三类，即为了实践的知识（knowledge for practice）、实践中的知识（knowledge in practice）和实践性知识（knowledge of practice），并在此基础上创建了教师学习的概念框架③，如表 1-1 所示。

表 1-1　教师学习的概念框架

维度	框架
教师知识与实践的关系	有关知识和实践的关系的理解、假设及其原因是什么？ “知道更多”和“更好地教学”之间是如何联系在一起的？
教师知识的内容（概貌）	教师需要什么知识才能“教得更好”？ 这些知识的来源或形式是什么？ 谁来生产这些知识？由谁来评估和解释这些知识？

① Lampert M. Learning teaching in, from, and for practice: What do we mean?[J]. Journal of Teacher Education, 2010(1-2): 21-34.

② 徐晓东，李王伟. 工作嵌入式教师学习的历史线索与理论视野[J]. 现代远程教育研究，2021（3）：44-52，62.

③ Cochran-Smith M, Lytle S L. Relationships of knowledge and practice: Teacher learning in communities[J]. Review of Research in Education, 1999, 24: 249-305.

续表

维度	框架
教师教学和专业实践的内容（概貌）	关于教学活动的本质假设是什么？ 实践的概念是什么？ 教师课堂内外的主要角色一般指什么？ 教师课堂内外的教学实践是什么关系？
教师学习和教育变革（概貌）	教师和教师学习在教育变革中扮演什么角色？ 支持教师学习的智力、社会情境和组织背景是什么？ 社区、合作组织或其他集体在教师学习中扮演什么角色？
当前的计划	为了成功进行教师学习实践，当前的教师教育、专业发展或教师评估的计划是什么？

1）为了实践的知识。为了实践的知识通常包括教育理论、教学内容、教学方法和教学策略等。笔者认为，这个层面的教师知识主要包括通常所称的“教学形式知识”，或者是关于广泛的教育基础和教学应用主题的一般理论和基于研究发现的知识。它们共同构成了相关教学知识的基本领域，因此教育者也称其为教学“知识库”，如教学内容主题知识、教室组织知识、教学方法知识、教育评估知识、学校教育的社会和文化背景知识以及作为专业教学的学科基础知识等。通常，教学实践反映了教师的教学技术水平。也就是说，高效能的教师对他们所教学科领域以及为学生创造学习机会和情境的有效教学策略有深刻的了解和洞察。他们可以通过各种职前教师教育课程和在职专业发展活动来学习相关知识，这为教师查阅自身教学“知识库”和调用有效教学策略提供了机会。教师学习的过程则体现在为了改善教学，主动模仿、练习或以其他方式将他们从课堂外获得的知识应用在课堂实践中，以验证其教学实践的有效性和对学生学习成就的影响。

笔者通过检索众多有关教学研究的文献发现，研究者假定“教学形式知识”是通过定量和定性的教学研究等常规科学方法产生的。这些方法及其附带的设计都旨在产生公认的能够反映教学实践意义、教学有效性、实践泛化性和主体间性的知识。①从教师学习的概念框架来看，教师学习的知识形式的内涵及其内容是全面而系统的。它表明教育领域是通过建立正式的和非正式的知识

① American Educational Research Association. Review of Research in Education[M]. Thousand Oaks: Sage, 1994: 3-56.

体系来区分专业人员与非专业人员的，并寻求融入其他新的专业目标与意向追求。换句话说，在教育领域，包含教学实践的智慧的“知识库”的概念有时会令人感到困惑。一方面，承认优秀的教师拥有某些重要的知识似乎是必要的，而其中的某些知识可能是普遍化的，舒尔曼（Shulman）将其称为教学内容知识；另一方面，正式的教学知识库似乎未必包含所有有效的和为教学而准备的情境知识、过程与方法知识，这些知识需要教师在具体的教学情境中生成。因此，教师学习中的为了实践的知识并非完全确定的，而是随着教师的课堂和管理实践稍有变化。

2）实践中的知识。教师学习的第二个概念是实践中的知识，或称为行动中的知识。笔者认为，实践中的知识的基本假设是，教学并非一种确定的或程序化的技术过程，而是根据教师的日常教学实践不断发展和变化。一般有经验的教师认为，教学实践中的知识应体现在教学实践的艺术性、对教学实践的探究、对实践的叙述或反思中。舍恩（Schön）提出了教学行动和教学艺术性中隐含的知识-艺术性，并认为它本身就是一种知识。[①]从教师的学习过程来看，他们需要观摩模范教师的教学实践，反思其在有效教学实践中的行动知识，提高个体自身的教学专业实践能力与素养水平。从教学实践的角度来看，具有卓越教学能力的教师能提出和构建问题，并能处理好其中复杂的情况，根据以往的教学情况和各种学生信息或学习规律在新的教学实践中有效处理问题。在这一情境中，教师的思想和行动联系在一起，知识产生和知识使用之间的界限模糊了，实践中的知识作用于课堂中的有效教学。此外，为了理解和改进教学中的专业实践，一些新认识论由此产生，特别是舍恩所称的“实践的新认识论”。[②]

20世纪80年代中后期，美国教育学者指出，舍恩关于专业知识与教学行动有密切联系的观点与许多教育研究者所说的“实践的知识”极为类似，实践的知识通常被用来概念化和概括关于教学过程中教师提出的各种观点。[③]达

---

① 转引自康晓伟. 论舍恩反思行动的教师实践性知识思想[J]. 外国教育研究，2014（4）：14-20.

② 转引自王艳玲. 培养“反思性实践者”的教师教育课程[D]. 上海：华东师范大学博士学位论文，2008：84-101.

③ Chin P, Russell T. Reforming teacher education: Making sense of our past to inform our future[J]. Teacher Education Quarterly, 1996(3): 55-68.

令-哈蒙德在评论中指出，芬斯特马赫（Fenstermacher）将实践的知识定义为教师通过实践经历获得的全部知识[①]，包括如何进行教学实践，如何看待和解释与自己的教学行为有关的事件等，这与其他研究者概括的从他人那里习得实践性知识的观点完全不同。教师学习中“实践的知识”概念的提出，促使教师成为将知识有效付诸实践的行动者，从而使得当前许多教学专业化和改进教学实践的努力变得活跃起来。一直以来，几乎在整个世界范围的教育系统内，职前教育的学生都是通过与经验丰富的教师在一起工作而进行专业实践的，指导教师的职责是通过榜样示范讲授课堂上的日常实践行为和实用的问题处理方法。但是，越来越多的研究者强调经验丰富的导师不仅需要有教学经验，而且需要具备专业知识。换句话说，指导教师和职前教师可以扮演“合作者”“主持人”“导师”的角色，指导教师的作用更多地体现在指导实践方面。[②]

笔者认为，实践中的知识、技艺知识或行动中的知识是指由称职的教师在处理具有不确定性的课堂教学情况时产生的知识。它既包括教师如何制定教学决策和如何选择教学策略的知识，也包括不同教学实例之间如何相互连接、课程主题如何讲授、如何使学生理解以及基于此构建新的教学事件和流程等的知识。其中，课堂教学方法和策略是经过教师深思熟虑和多重思考的。也就是说，教师需要有意识地反思课堂行动的流程和行动中的知识创造，以便注意到新的教学问题并进行解决。之后，教师在课后有意识地反思课堂教学情况，阐明隐性知识。这种学习有时发生在二元分立情况下，如专家与经验不足或缺乏经验的教师之间的交流；有时发生在群体或共同体中，如经验丰富的教育工作者群体共同努力，通过反思、探究，丰富他们的实践经验及提高专业能力。

3）实践性知识。它与“实践中的知识”稍有差异。“实践性知识”中的“知识”被认为是与知识拥有者不可分离的，因为知识创造被理解为一种教学行为，它是在知识应用语境或问题解决情境中建构起来的，与认知者和使用者密切相关。尽管知识创造与直接情境相关，但也不可避免地需要经历理论化的

---

① 转引自 American Educational Research Association. Review of Research in Education[M]. Thousand Oaks: Sage, 1994: 3-56.

② Irvine J J. Critical Knowledge for Diverse Teachers and Learners[M]. Washington: AACTE Publications, 1997: 12.

过程。这种实践性知识是教师专业生命周期内发挥核心和关键作用的知识，也是实践的基础，使其能够顺畅地将班级学生学习情况和教学实践工作联系起来，借鉴他人理论和研究所得，以此进行批判性的知识建构。教师网络小组、探究社区和其他基于学校环境与其他人共同建构知识的共同体组织都是在职教师进行实践性知识学习的主要场域。

与“为了实践的知识”不同的是，“实践性知识”并不是建立在“教学形式知识”（即为了实践的知识）的基础上，也不像“实践中的知识”那样，“行动”通常被认为是区分“实践性知识”和“实践中的知识”的关键描述。因此，“实践性知识”的内涵与以下两种关于教学知识的观点相反：一种是形式化的，它是根据社会科学研究的惯例产生的；另一种是实用的，它是在教学实践的活动中产生的。“实践性知识”的概念也不同于“为了实践的知识”“实践中的知识”，因为它没有对专家教师和新手型教师做出相应的区分。此外，在以实践性知识概念为基础的专业实践中，指导者不是帮助教师掌握某种程度上已经由专家教师掌握的知识，而是帮助教师掌握在教学实践中建构的、能够迁移到其他教育情境中的实践知识。

研究者认为，实践性知识背后的理念并不是教育实践者的研究提供了改进实践所需的所有知识，也不是基于大学的研究人员所生产的对教师毫无用处的知识，而是基于学校和课堂的实践情境生成的知识，学校教师和研究人员使用与校内研究人员大致相同的策略，为教学知识库增加了一个新的知识体系。换句话说，实践性知识并非专家型教师与正在跟随其学习的教师合作产生的一种关于专家教学实践的正式知识，而是强调新手教师在专家型教师的指导下建构关于有效教学实践的知识。

另外，实践性知识的观念中隐含着这样一个假设，即通过不断的反思和询问，教师在自己和他人的实践过程中不断建构并解决问题，包括新手教师向经验丰富的教师转变的过程。

二、教师专业发展的内涵

“教师专业发展”与“教师学习”略有不同，为避免读者将二者混淆，以下介绍并辨析“教师专业发展”的内涵。

实际上，专业发展（professional development）与培训相关，是指教师在全职工作中接受的培训。因此，“教师专业发展”含有被动之意，通常与教师参加正式学历或非学历课程，或者与参加校外会议有关，主要途径包括工作坊、课程、项目及相关活动等。20 世纪 90 年代初，教育学者富兰（Fullan）将教师专业发展定义如下：教师从职前教育开始到退休的职业生涯中，所有正式和非正式的学习经验的总和。它涵盖的阶段从师范生进行职前教育开始到教学职业生涯结束。[①]这些活动可能包括个人的发展和在职的继续教育，也可能包括课程学习、同伴协作等。美国学者古斯基（Guskey）等认为，教师专业发展是发展教育者的专业知识、技能、信念和态度的过程与活动，这些活动的目的是增强学生的学习效果，包含了大量的教师学习活动，严格定义了教师在认知层面上应该做出哪些改变。[②]

笔者认为，教师专业发展是一种问题解决方案或途径。加雷特（Garet）等的研究表明，有效的专业发展持续时间较长、发生在教师教学的背景下、允许教师主动学习和协作、侧重于促进学生认知的发展，但其未必能够解决教师专业成长中的全部问题。事实上，现有的大多数专业发展方式既不符合相关的标准，也不涉及专业知识和技能。[③]如前文所述，在美国，专业发展被认为是一种方法，一般包括一些被动的、一次性的和研讨会形式的教师参与活动。中国少有促进教师专业发展的正式途径，大多数情况下是教师自发组织的教研活动，包括赛课、公开课和备课等，还有一些被称为教师培训活动，如讲座、外出学习等。

教师专业发展的成功离不开一些重要外在因素的支持，其中一种是持续的资金支持。“持续”意味着有计划、完整、全面地精准投入，资金使用计划依赖于调查和证据。另一种专业发展途径则是找出具体的教育问题，进行长期投入和实践，直至问题得以解决。

由于教师专业发展活动在教师实际专业成长中的低效性，一些批判性的

---

① Fullan M G. Why teachers must become change agents[J]. Educational Leadership, 1993 (6): 1-13.

② Guskey T R, Miles M B. Professional Development in Education: New Paradigms and Practices[M]. New York: Teachers College Press, 1995: 53-72.

③ Garet M S, Porter A C, Desimone L, et al. What makes professional development effective? Results from a national sample of teachers[J]. American Educational Research Journal, 2001(4): 915-945.

研究和观点开始出现。芬威克（Fenwick）等通过文献分析发现，越来越多的有关教师专业成长的研究试图以教师学习来代替教师专业发展。[①]富兰指出，现有教师专业发展实践存在的根本问题在于，单纯的外部知识和实践对于促进教师专业成长和提高学生的学习效果并不是十分有效，因此他提出了“教师学习”作为教师专业成长的代表性术语，并认为专业发展是教师学习与发展的主要阻力，研究者和教育者应当抛弃这个概念。[②]随后，越来越多的研究者提出了与专业学习相关的概念，标志着教师成长正在从外部主导的专业发展向积极主动的专业学习转变。

三、教师专业学习的内涵

笔者认为，教师专业学习是指教师从教学中学习。毋庸置疑，教师专业学习是建立在对传统的教师专业发展弊端的批判基础上的，是通过增强教师主动学习的意愿而发展起来的一个关于教师学习的概念。20 世纪 90 年代后，随着建构主义学习理念的推行，教师发展领域开始出现教师主动学习的趋势，教师进行主动学习和个性化的专业学习的意愿逐渐增强。然而，教师发展和成长的模式、途径与其身心发展及需求产生矛盾，教师专业发展通常遵循教育行政部门制定的评价标准，忽视了教师学习的主动性和教学实践情境的复杂性，致使其无法适应教师日益增长的学习需求和实践成长目标，由此“教师专业学习”应运而生。不同于教师专业发展视域下教师被动地学习和运用学科专业知识与技能，教师专业学习强调教学实践是情境性的和动态的。因此，教师专业成长同样是与情境相关联的，是实践性的、主动的和全面的，即教师的专业学习强调教师作为完整的人（而非独立的作为教学的人）进行的专业学习。除教师在日常实践中所学的知识和技能需要得到持续增进外，教师专业学习还强调教师的教育理念、价值观、信念、师德都要得到提升，以使其成为完整的教育主体。

教师专业学习是真实的，从教师身份和职业实践的特征来看，教师作为

---

① Fenwick T, Nerland M, Jensen K. Sociomaterial approaches to conceptualising professional learning and practice[J]. Journal of Education and Work, 2012(1): 1-13.

② Fullan M G. Change the terms for teacher learning[J]. The Learning Professional, 2007(3): 35-36.

成人学习者，其学习具有成人学习的特征，即教师有着先前的教学经验和学习经验进行新知识的学习，其需要激活和整合新的学习实践过程，着重于问题解决并有明确的学习目的，这与教师的知识是情境的、缄默的、人际的和身体嵌入的密切相关。[①]因此，教师专业学习倡导教师在真实情境中学习，在教学实践过程中学习。

首先，教师专业学习应该是深入的和长期的。从教学专业发展、学习的效果和范式转换来看，教师专业发展的短期性、内容的单维性、与实践缺乏关联性、缺乏评价性等，使教师的成长很难达到预期目标，效果欠佳。教师专业学习强调教师的学习应该包括学习和反思等过程，是深入的，教师应该学习深层知识，深入学习专业成长的理论知识和实践知识，以使自己成长为专家型教师和卓越教师。

其次，教师专业学习应是全面的和系统的。与教师专业发展过程强调单维度专业知识学习的知识观不同，教师专业学习强调教师学习实践的整体性。教师专业的素质结构是全面的和系统的，包括教学理论、教学技巧、专业实践能力、专业精神以及创新意识和创新能力等。李方红认为，教师的成长应该是其专业自我、专业实践、专业素养、专业理念和专业理想等方面的全面提升。[②]

最后，教师专业学习应是外部力量驱动和其内生力量驱动的协同整体提升的实践过程。传统的教师专业发展将教师视为专业实践的技术人，关注的是教师教学和实践的外部特征及效果是否达到了教学实践的要求，很少考虑教师身心发展的差异性和主动性，致使其专业成长很难达到预期效果。教师专业学习重视教师的全面发展，既关注其作为教学职业人的特性，又关注其作为普通人的特性。教师专业发展促使教师主动地选择与外部协助相适应，关注教师职前、在职和退休后成长的全过程，关注其知识、能力和情感发展的整体性实践，促进教师将外部协助力量和内部成长动力相结合，将个人兴趣、习惯、特征、情感与教育事业相融合，使其作为能动性的人得到全面的提高和成长。总之，教师专业学习应是教师的内驱力与外部力量协同的系统性实践过程。

---

① 陈向明. 从教师“专业发展”到教师“专业学习”[J]. 教育发展研究，2013（8）：1-7.

② 李方红. 由教师专业发展走向教师人生成长：兼谈“全景式”教师人生成长模式[J]. 当代教师教育，2016（1）：21-27.

第二节　教师知识研究的历史线索

一、教师知识研究的历史脉络

从教师专业学习的知识与实践的角度出发，有关教师专业实践知识的相关研究逐渐受到广泛关注。20 世纪 60 年代后，学界逐渐形成两类与教师知识相关的研究：一类是与学生的学习成绩相关的教师知识；另一类是与好老师具备的特征相关的教师知识，包括学科内容知识等。20 世纪 70 年代后，基于专业知识基础是教师专业化标志的共同认知，研究者提出了实践理性取向的教师知识观，后来结合教师知识的生产和转化，发展出了教师实践性知识概念，并将教师知识定位为实践类知识。

20 世纪 80 年代中期，美国教育学者舒尔曼在结合众多前人研究的基础上，经过长期调查、思考和论证，提出了较为具体化、可实践、可测量和规范化的教师知识分类，对教师专业知识的研究做出了开创性的贡献。教育情境的知识包括关于课堂小组或班级活动的知识，关于地区管理、教育资助和环境特点的知识等。而后，舒尔曼又提出了“教师知识的新视角”，系统阐述了 3 类教师知识的内涵，即学科内容知识（subject matter knowledge，SMK）、学科教学知识（pedagogical content knowledge，PCK）和关于课程的知识（content knowledge，CK）。之后，布鲁姆（Bloom）在舒尔曼关于教师知识分类的基础上，通过调查实证研究，进一步区分和阐释了教师知识的 4 种类型，即学科知识、一般教学法知识、学科教学知识、与教育背景和情境有关的知识。

20 世纪 90 年代中期，格罗斯曼（Grossman）等通过对英语学科教师专业知识的研究，进一步丰富了舒尔曼提出的学科知识的内涵，认为学科知识不仅包括内容知识、学科实体性和结构性知识，还包括教师的学科观知识。随后，他提出了 6 类教师知识，包括学科内容知识、一般教学法知识、课程知识、情境知识、学习者和学习的知识、教师自我的知识。此外，美国学者斯滕伯格

（Sternberg）和霍瓦斯（Horvath）运用建立的专长模型来分析专家型教师的专业知识，建立了不同阶段教师的知识组织结构和命题脚本，并首次提出了教师拥有的社会和政治背景知识。①

21 世纪初，随着信息与通信技术的迅速发展，技术在教师教育教学实践中发挥着越来越大的作用，美国密歇根大学学者米歇尔（Mishra）和科勒（Koehler）整合了原有的教师知识分类和教学过程的技术元素，提出了整合技术的学科教学知识（technological pedagogical content knowledge，TPACK），进一步丰富了教师专业成长的知识基础。②

二、教师教学的三类知识

下面系统阐述舒尔曼提出的影响较为深远的关于教师教学的 3 类知识，并将 20 世纪 80 年代以来发展的教师知识分类及新内涵整合进教师知识研究的发展中。

（一）学科内容知识

学科内容知识通常是指教师具有的关于学科专业方面的知识，即教师与学生在教育教学中共同建构的学科知识，具有较强的客观性。舒尔曼指出，对学科内容知识的思考需要超越特定领域或教学事实知识，它是教师自身已有的知识，即所教授学科的知识，与学科的实质结构和句法结构相关联。实质结构是学科内容知识的基石，包括学科基本内涵、基本事实概念和基本原理；句法结构主要是将学科内已被证实的内容与不真实的、未经证实的内容区分开来。因此，各学科中证明学科知识、原理的方法和过程具有显著差异，如物理学科中的事实知识或过程知识与数学教师和学生共同建构的关于教与学的过程知识是不同的，不同的学科有其特定的学科内容知识。例如，在数学学科中，如果以数学学科内容知识的掌握目标来看，则可分为数与运算、代数与函数、几何与测量、概率与统计等维度。从学科内容知识的分类来看，肯尼迪

① 转引自金本能. 优秀教师的专业成长之路[M]. 芜湖：安徽师范大学出版社，2015：43-47.
② 转引自金本能. 优秀教师的专业成长之路[M]. 芜湖：安徽师范大学出版社，2015：43-47.

（Kennedy）的研究最具代表性，他将学科内容知识分为学科内容、内容的组织和结构以及研究方法三部分。[①]学科内容包括人们在某一领域长时间以来通过实践和理论归纳形成的概念、事实、规则和原理；内容的组织和结构则是表示事实与观念间的关系网络，二者的联系形成了知识主体中的模式和网络，并显著体现了其事实或观念的重要意义；研究方法则是学科中的一些假设、定理和证明等，一些定理在实践中可以直接应用，而另一些定理则需要在实践中得到检验或证明。

（二）学科教学知识

学科教学知识是建立在学科内容知识基础之上的，并由学科知识转化而来的综合知识。舒尔曼对早期提出的教师知识进行了分类统整，将其中的课程知识、关于学生的知识、情境知识和教学法知识综合起来，构成了学科教学知识。后来，格罗斯曼将学科教学知识划分为 4 个维度，即在某一特定学科层面关于教学目标的知识和信念；学生对某一学科知识的理解或未理解的知识；关于课程和教材的知识；关于特定教学主题的教学策略或表征的知识。荷兰某学者综合多位研究者的研究认为，学科教学知识通常包含两方面的内容——学生如何学习某学科的知识和教师如何教某学科的知识，其精髓在于将教学策略和学生学习专业知识的方法联系起来。[②]

（三）关于课程的知识

关于课程的知识最初是指教师为教授某一学科或某一特定主题而设计的相关活动的知识，包括与之相关的各种教学材料和资源。舒尔曼将一名合格教师具备的课程知识分为两类：横向水平的课程知识和纵向水平的课程知识。[③]横向水平的课程知识是将学科之外的知识与教师所教学科的知识联系起来形成的知识。纵向水平的课程知识则是指教师将本学科知识与相近学科知识

---

① 转引自张欣. 初中物理教师学科内容知识及信念研究[D]. 上海：华东师范大学硕士学位论文，2009：7-8.

② 转引自翟俊卿，王习，廖梁. 教师学科教学知识（PCK）的新视界——与范德瑞尔教授的对话[J]. 教师教育研究，2015（4）：6-10，15.

③ 转引自吕丽芳. 舒尔曼教师知识观的研究[D]. 天津：天津师范大学硕士学位论文，2013：42.

联系起来形成的知识。格罗斯曼在学科教学知识分类中将课程知识单独列出，并系统论述了课程知识的组成——情境知识和技术与资源知识。情境知识包括课程标准、课程目标、课程内容、课程实施与评价、教学基本过程、学习氛围创建、教育环境和家庭文化的理解等。技术与资源知识则包括计算机与网络运用、教学媒体和材料的使用、实物教具的使用和数据分析与计算的过程性知识等。

三、教师知识研究的新发展

随着20世纪80年代后期欧美等国家教师专业化运动的持续推进，教师知识研究的另一条路径——实践性知识的研究取向开始出现。

（一）教师实践性知识

舍恩认为，识知或关于如何做的知识是指行动中关于识别、判断的知识，通常人们无法意识到自己学会了并能做某些事情，只是发现自己在做，而且通常无法描述行动中的识知，因此识知可被归为实践性知识。随后，舍恩提出“在行动中反思”，教师行动中的识知由此显性化和可描述，并转化为行动中的知识或理论。行动中的知识或理论可以使专业实践者，如教师增强专业知识自信。加拿大学者艾尔贝茨（Elbaz）通过深度访谈方式开展的教师个案研究发现，无论在知识形态还是表征方式上，教师的知识都是与科学的理论知识性质不同的知识，并将其称为“实践性知识”[①]。

事实上，教师实践性知识的研究可以追溯至更早的时期。20世纪70年代，施瓦布（Schwab）指出，根据行为主义的观点，理论可以直接并单一地用于教育实践中的问题解决。然而，教师通过利用习得的知识开展特定行动，以促进学生的学习产生特定效果的假设为前提的“过程-效果”研究最终以失败告终。[②]其他研究也表明，即使是专门为教师教学准备的学科知识体系也很难直接用于实践，因此教育者需要转变脱离情境的教师实践观和专业知识学习观。美国学者帕特南（Putnam）和博尔科（Borko）指出，随着教育领域有关

---

① Elbaz F. Teacher Thinking: A Study of Practical Knowledge[M]. London: Routledge, 2018: 63-86.

② Schwab J J. The practical: Arts of eclectic[J]. The School Review, 1971(4): 493-542.

学习的理论逐渐由认知主义向建构主义转变，与个人头脑中操作的认知和学习过程相比，教师专业应更重视情境认知、分布式认知和实践共同体等理论强调的情境性特征。[①]随着教师学习或专业发展的合作性与主动性特征的不断发展，有关教师知识的研究已逐渐由“教师知道什么”向“教师进行教学实践应该拥有什么样的知识”转变，教师的实践性知识研究变得越来越活跃。贝贾德（Beijaard）等将教师知识定义为教育者在教学中面对课堂情境和实践约束时开展教学实践应具备的相关知识。[②]

“实践性知识”的提出者之一艾尔贝茨对教师的实践性知识有着较为全面的认识，她将教师实践性知识划分为5个部分：一是关于学科内容的知识，包括课程标准和教师关于自我的知识；二是关于教育环境的知识，包括教师与学生创设的社会情境；三是关于课程的知识；四是关于教学的知识，包含教师对学习的认识；五是关于对学生的认识和对教学的认识方面的知识。[③]韩国学者孙（Sun）认为，教师的实践性知识反映在教师个人的背景中，反映在教师的专业知识形态中，反映在教师未来教学实践的计划和行动中。[④]此外，艾尔贝茨还提出了教师实践性知识的不同维度，即实践的规则、实践的原则和意象。[⑤]国内学者陈向明从欧美学者强调的教育情境性出发，将教育定位为一种实践，而作为主体之一的教育者自然需要具有实践性知识。她认为，实践性知识是教育者对自身的教学实践及经验进行反思和提炼后形成的对教育教学的认识。[⑥]随后，陈向明等提出了教师实践性知识内部结构的分类方法，其中包含了5类教师实践性知识[⑦]，与艾尔贝茨的5部分实践性知识分类较为相似却又有所不同，包括有关学生的知识、有关教育情境的知识、有关学科的知识、有

① Putnam R T, Borko H. What do new views of knowledge and thinking have to say about research on teacher learning?[J]. Educational Researcher, 2000(1): 4-15.

② Beijaard D, Verloop N, Vermunt J D. Teachers' perceptions of professional identity: An exploratory study from a personal knowledge perspective[J]. Teaching and Teacher Education, 2000(7): 749-764.

③ Elbaz F. Teacher Thinking: A Study of Practical Knowledge[M]. London: Routledge, 2018: 63-86.

④ 转引自徐晓东，宁艳，李散散等. 教师学习和学习方法研究进展与课题[J]. 远程教育杂志，2011（5）：22-33.

⑤ Elbaz F. Teacher Thinking: A Study of Practical Knowledge[M]. London: Routledge, 2018: 63-86.

⑥ 陈向明. 专题：“实践性知识”是如何生成的？——对教育作为一种“实践”的反思[J]. 教育学报，2013（4）：71.

⑦ 陈向明等. 搭建实践与理论之桥——教师实践性知识研究[M]. 北京：教育科学出版社，2011：65.

关教育信念的知识和有关教师自我的知识。

在综合国外多位研究者对实践性知识的研究与大量对国内教师的课堂观察、深度访谈和案例分析的基础上，陈向明等提出了教师实践性知识的 4 个重要构成要素，包括主题、问题情境、行动中的反思和信念[①]，并对教师实践性知识的内涵进行了概括——教师实践性知识最终会被提炼为教师的信念，而后教师可以在教学行动和教学评价中对此信念进行检验，经过检验的信念会成为教师后续决策和教学实践的指导依据，这也是教师实践性知识的获得和应用过程。这与笔者设计的个性化和持续性专业学习实践的理念、目标较为一致，即都关注教师教学信念的转变及信念驱动的实践、教学效果改善的过程。笔者将在后文系统论述在教师专业学习中指导教师发生转变的过程和原理，它遵循螺旋上升的过程。

回到实践性知识的研究场域，20 世纪 90 年代初，日本学者佐藤学等结合对课堂的研究，对艾尔贝茨提出的 5 类教师实践知识进行了质性分析，指出教师实践性知识是教师深思熟虑后的知识、案例知识、综合性知识、隐性知识以及以个人经验为基础的知识的统称。[②]多伊尔（Doyle）认为，教师是以案例形式表征自身的知识的，他们根据这些知识来解释教学情境，并对教室中发生的事情做出对策。由此可见，教师知识是与其对应的行为直接相关的，包含着甚至连教师本人都无法明察的隐性成分。因此，这些知识还与知识获得的特定情境相关，并且是教师个人特有的，很难用言语进行表达[③]，具有个性化、情境性、隐性化的特征。查哈巴什卢（Chaharbashloo）等借鉴舒尔曼和艾尔贝茨等的教师知识分类方法，将教师实践性知识视为所有教师认知的集合，如陈述性和程序性知识、信念和价值观，影响教师的前能动、互动和后能动的教学活动等。[④]他们还通过对 11 名小学优秀模范教师的调查和访谈，以及多维度的分

① 陈向明等. 搭建实践与理论之桥——教师实践性知识研究[M]. 北京：教育科学出版社，2011：65.

② 佐藤学，岩川直樹，秋田喜代美. 教師の実践的思考様式に関する研究（1）——熟練教師と初任教師のモニタリングの比較を中心に[J]. 東京大学教育学部紀要，1990（30）：177-198.

③ Doyle W. Classroom knowledge as a foundation for teaching[J]. Teachers College Record:The Voice of Scholarship in Education, 1990(3): 347-360.

④ Chaharbashloo H, Gholami K， Aliasgari M et al. Analytical reflection on teachers' practical knowledge: A case study of exemplary teachers in an educational reform context[J]. Teaching and Teacher Education, 2020(9): 1-15.

析和比较，划分了 8 种教师实践性知识，包括学科相关知识、学习者的知识、课程知识、课堂管理的知识、理想学习环境的知识、教学法的知识、学校情境的知识和个人的知识。

美国学者希伯特（Hiebert）等从“实践中人工制品”的“工艺性”角度对教师的实践性知识进行了论述，阐明了其内容的具体性和情境的丰富性，认为它是实践者通过积极参与并对他们的实践进行反思形成的一种知识。研究者在课堂研究中阐述的例子，能够很好地说明实践性知识的这些特征。例如，中学课堂阅读教学方面的案例如下。

> 在中学阅读课堂，教师要求学生阅读数百个故事，并且每一个故事都对读者解释故事内容提出了挑战，即读者如何将自己知道的知识与故事中出现的新知识联系起来？本节阅读理解课程的目标主要是为学生提供机会形成新的观点和理解。一个典型的案例就是年轻的教师格蕾丝（Grace）尝试在阅读理解课中使用熟悉的民间故事。为了使自己的课对学生更有帮助，格蕾丝与教练斯蒂芬妮（Stephanie）一起工作，使用应答互动来激发学生的思考，同时减少使用已知答案的问题。她会和斯蒂芬妮定期见面，评论自己的课程。观看一部分课堂视频后，格蕾丝暂停视频，说自己对这节课非常不满意。问题在于，故事很肤浅，结果学生给出了很多荒诞的评论，以至于她不知道学生到底学到了什么。
>
> 斯蒂芬妮意识到格蕾丝只关注了学生对故事的评论中符合通常理解的那些评论，因此建议格蕾丝对这个故事建构其他可能的理解，并且要将学生的理解与他们的经验和背景知识联系起来。[①]

20 世纪 90 年代中期后，教师专业发展和教学培训在国内迅速兴起。教育学和心理学学者辛涛等通过十余年的研究[②]，对教师知识和素质的完整理论和结构进行了归纳，包括学科内容知识（本体知识）、条件知识、实践性知识和文化知识等，并以此构成了教师的知识结构。其中，学科内容知识（本体知

---

① Hiebert J, Gallimore R, Stigler J W. A knowledge base for the teaching profession: What would it look like and how can we get one?[J]. Educational Researcher, 2002, 31: 3-15.

② 辛涛，申继亮，林崇德. 从教师的知识结构看师范教育的改革[J]. 高等师范教育研究，1999（6）：12-17.

识）是核心。笔者认为，教师实践性知识是指教育实践者通过积极参与，并对他们的实践进行反思而形成的一种知识，是教师运用于行动中的基础知识，它能指引教师在课堂上做出判断和决策。其他一些研究者认为，教师的工作是与教学实践相关的。汪贤泽整合了舒尔曼等的学科内容取向观点、舍恩等的实践取向观点，将教师实践性知识定位为教师在专业实践场域中形成的知识，即教师形成的关于教学实践的认知并非一种纯理论化的行为，而是会随着教师面对的动态教学情境不断变化，因此它又不像学科内容那样容易具体化和精确化，但它能使教师对教学实践情境和过程具有敏锐的判断力和决策力，提高教师思考、探索和解决问题的能力，具有模糊性、行动性、反思性和生成性等特征。①

（二）从 PCK 到 TPACK

21 世纪初，在舒尔曼的三类教师教学知识框架的基础上，美国密歇根大学的科勒和米歇尔发展出了"整合技术的学科教学知识"框架，将舒尔曼强调的 3 类知识交叉领域加以突出，并将技术元素加入教师知识的结构中，提出了技术知识（technological knowledge，TK）、整合技术的学科内容知识（technological content knowledge，TCK）、整合技术的教学法知识（technological pedagogical knowledge，TPK）和整合技术的学科教学法知识，丰富了原有的学科内容知识、一般教学法知识（pedagogical knowledge，PK）和学科教学法知识的内涵，为教师专业学习提供了重要理论参考和实践方向指引，并为教师学习如何教和培育学科素养提供了重要途径。笔者在此梳理其各自的内涵，具体如下。

1）学科内容知识：关于所教学科的知识，如语文、数学、英语和物理等专业领域的知识等。

2）教育学知识：关于教师如何教的知识，如教师在课堂中启发学生思考、激发学生的动机、对学生开展课堂评价等方面的知识。

3）学科教学法知识：关于具体学科内容和概念等的知识，如教师对物理概念和运动规律讲授、对语文阅读意境的讲解等方面的知识。

4）技术知识：关于教学技术的知识，如有关信息技术的知识等。

---

① 汪贤泽. 论教师的实践性知识[J]. 全球教育展望，2009（3）：75-80.

5）整合技术的学科内容知识：关于学科专门软件和平台使用以及内容表征与制作的知识，如数学学科中几何画板和物理学科中虚拟平台的使用等方面的知识。

6）整合技术的教学法知识：关于教师在教学中如何选择和使用技术促进教学的知识，如教师使用扩音设备讲解教学内容、利用互联网平台促进学生的合作和讨论等方面的知识。

7）整合技术的学科教学法知识：如将技术与特定学科的教学法相结合，创造性地提升教学效率和效果等方面的知识。①

此外，从 PCK 到 TPACK，并非几种知识的简单叠加过程，技术存在于所有知识形式的复杂元素交织的过程中，并成为教师设计课程需要考虑的要素之一，与课程目标、内容、活动和评价构成了一个整体，使教师的个性化选择和高效课程的创建和评价具有了可能。研究者认为，促进教师 TPACK 的发展，可通过日常教研活动进行，如建立教育-技术-研究共同体；深入学科本质，促进教师开展行动研究，将技术融入“行动、观察、反思和改进”的循环中，以及基于学科教学开展跨学科主题工作坊，使教师在参与专业实践的过程中发展 TPACK。②

21 世纪以来，受人工智能和大数据技术发展的影响，教师整合技术的学科教学知识中出现了数据使用与实践的知识生成倾向。在人工智能的影响日益增大的学校教育中，教师的专业角色和身份受到了挑战。人工智能使得常规教学自动化、规律化和精确化，对教师的知识技术和伦理道德构成了挑战，教师不可避免地需要与人工智能一起合作。因此，教师要具备人机协作的知识，包括学习知识、学生知识、人工智能知识、人工智能教学管理知识、课程知识、人工智能教学评价知识以及人工智能合作教学知识等③，回应达令-哈蒙德的关于教师学习的“教的对象”“教学内容”“如何教的过程”三个维度的要义，并拓展了新维度——“和谁在一起学习”的内涵。

---

① 转引自娄珀瑜，刘诚，常舒娟．线上研修协同互动中教师 TPACK 有效发展研究[J]．中小学教师培训，2021（4）：23-28.

② 林秀艳．教师如何从“ PCK ”走向“ TPACK ”[J]．中国教师，2021（4）：79-81.

③ 转引自王超，田小红．人工智能时代的教师专业身份：挑战与建构[J]．教师教育学报，2021（2）：66-75.

第三节　教师建构实践性知识的方法

教学经验是促进教师实践性知识产生的不可或缺的因素。单纯地积累经验，可能不会产生有效的教学实践性知识，也不能促进学生学习成绩的提高。艾尔贝茨指出，以积累实践经验形成实践知识，通常会导致教师对实践知识的无意识化和非中心化。[①]波伊凯勒（Poikela）指出，教师将实践性知识作为个人知识使用之前，必须首先学习有关教学实践的认知、信念、实践和评价等方面的隐性知识。[②]因此，教师的学习包含了重新认识内隐记忆来获得知识和提高能力的过程，这是教师学习的重要特征之一。这一观点与教师研究中关注的实践-反思主张不谋而合。

一、教师叙事研究方法

学界普遍认为，教师实践性知识来自教师对发生在自己课堂中的各种事件和教学实践的建构，这些知识是以情境中的教师行动作为表征的，具有情境性特征。20 世纪 90 年代后，教师叙事研究成为教育实践研究和教师学习领域的重要关注点。研究者通过教师叙事的方式将其知识显性化，即教师通过重建课堂中的教学情境和实践过程，描述和分析自身的实践性知识。它的目的是解析教师是如何思考的，以及在课堂教学中教师是如何做出决策的。笔者认为，教师的叙事研究是将教师在学校中积累的各种经验作为研究对象，在教师本人对学校和教学认知、价值观、信念的经验性和叙述性表达过程中，研究个性化教学现象的逻辑与规律。教育叙事研究学者康奈利（Connelly）等认为，叙事研究关注个人生活经验与教育实践的关系。教育叙事研究的基本诉求在于，不

---

① Smyth W J. Educating Teachers: Changing the Nature of Pedagogical Knowledge[M]. London: The Falmer Press, 1987: 79-102.

② Poikela E. Developing criteria for knowing and learning at work: Towards context-based assessment[J]. Journal of Workplace Learning, 2004(5): 267-274.

仅关注教育的理论与逻辑，而且关注教育的实践与情境。因此，从事叙事分析的研究者需要从教师日常的教育生活中，以及其对教育事件的叙述中整合出某种内在的知识“结构”，这正是叙事研究经常采用质的研究与分析方法的重要原因。基于这些方法，康奈利进一步整合了实用主义的提出者杜威（Dewey）、社会建构主义学习的倡导者维果斯基（Vygotsky）、成人学习理论的研究者班杜拉（Bandura）三人的观点，指出对于众多一线教师而言，其个人教学实践只是重构过去、专注未来和应付当下危机的方式，它内含于教师过去的经验、教师当前的身心，以及教师未来的计划与行动过程中。其中的个人撰写和讲述故事则是其探究、洞悉教师个人实践性知识的最佳方法。[①]

国内学者陈向明等在提出教师实践性知识4个构成要素和表征方式的基础上，对国内一线教师的日常叙事进行了质性分析，建构了教师实践性知识的内涵、特征、生成及转化的框架，具体如图1-1所示。[②]

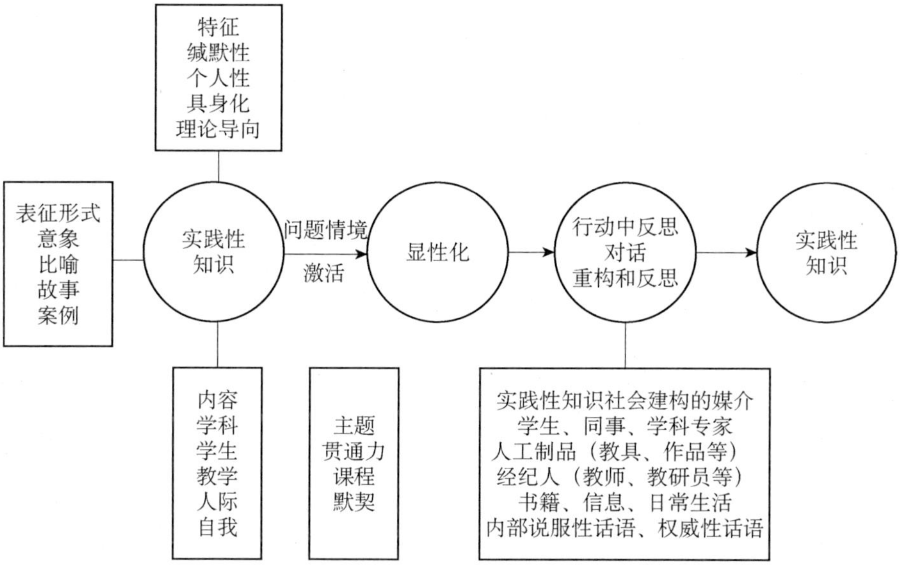

图1-1　教师实践性知识的内涵、特征、生成及转化的框架

教师实践性知识的表征方式一般存在于叙事与对话等方式中，如教学实

---

① Connelly F M, Clandinin D J, He M F. Teachers' personal practical knowledge on the professional knowledge landscape[J]. Teaching and Teacher Education, 1997(7): 665-674.

② 陈向明等. 搭建实践与理论之桥——教师实践性知识研究[M]. 北京：教育科学出版社，2011：65.

践过程的意向与比喻、教师叙述的故事和案例，包括学科知识、学生知识、教学知识、人际知识及教师自我的知识等。实践性知识通过教学问题情境得以激活，并通过教师与同事的对话、行动中的反思、实践中的重构重新生成。此外，在教师行动、反思和重构实践的过程中，建构实践性知识的社会性媒介包括学生、同事、学科专家、人工制品（如教具和教学作品）、教研员、书籍、内部规范等。在这一生成和转化过程中，教师实践性知识具有的缄默性、个人性、具身化、理论导向等特征在不同层面上得以体现。在教师知识分类中，教师实践性知识主题的种类也较为多样化，如学科贯通力、课程教学、师生协作等。

此外，在教育叙事与实践性知识表征的有效性研究中，马努切赫里（Manouchehri）通过大量调查研究证实了“叙事”“交谈”“记述”等叙事与互动方式的有效性。①他以两名师范教育实习生为对象，对其为期 11 周的实习历程进行了分析，采用同伴讨论与出声反思的研究方法，追踪两人关于教育和实践知识理解的深化过程。研究结果表明，随着同伴讨论的深入，教师逐步深化了从描述、说明和实践等前阶段到教学实践的理论化和重构等后阶段的反思过程。其后，叙事研究方法论提倡者尚克（Shank）则以 13 名高中教师为对象对教育叙事进行了研究。结果表明，让教师讲述故事是使教师理解实践、打破教学思维定式的有效方式。②这是因为教师通过个人叙事方式讲述自己在实践过程中存在的问题或疑惑时，将个人的思考和公开讨论连接起来，有效地促进了其社会性自我的形成与发展。

二、教师协作与同僚互助方法

除了教育叙事能够促进教师实践性知识的表征外，日本学者佐藤学等在 20 世纪 90 年代初期通过对教师知识的形成进行研究发现，学界有关教师实践性知识的获得研究可以分为两种：一种是揭示教师个人经验的知识；另一种倾向于重点研究教师与名师或同事的交互。后者是研究者近年来关注的焦点。他

① Manouchehri A. Developing teaching knowledge through peer discourse[J]. Teaching and Teacher Education, 2002(6): 715-737.

② Shank M J. Teacher storytelling: A means for creating and learning within a collaborative space[J]. Teaching and Teacher Education, 2006(6): 711-721.

们认为，教师个人一般难以通过对反映自己教学风格的行为进行理论建构来表述和发展实践性知识，而是需要在与他人合作的过程中去发现，最终形成自身的实践性知识。这是由教师知识的情境性、缄默性、个性化和具身性等特征决定的。[①]

根据他人协助的指导原则，笔者发现，在关于促进教师反思和学习的方法或途径的研究中，教师之间、师生之间的协作互动比较受研究者和一线教师青睐。这一方法的基本假设是，个人通过心理模式构建的知识是一种个体心理表征，它不能以模块化的方式整体传递，但可以由指导者和聆听者通过共同协作的方式使其在个体间逐步形成，并在向他人叙述和共同分享的过程中形成实践性知识。这一心理假设启发了众多教育实践研究，包括近年来关于职前教师教育或新入职教师专业学习的心理模型研究。

另外，叙事研究者尚克坚持使用教育叙事中通过向他人叙述或讲故事等发声或对话的方法[②]，并尝试在教师个人的个性生活特征和专业特征之间建立链接，促成以教师个人实践经历为基础的交流，从而营造一种开放、互信的氛围。因此，近年来，以协作为基础的教师学习和实践共同体，如“教师网络”“专业学习共同体”“校本研修小组”“教师学习共同体”“网络研修小组”等概念成为教师学习领域的关键词。在实践共同体中，教师专业学习或专业发展过程不再局限于个人性、阶段性的项目实践，而是共同体间组织化的、社会化的过程——教师通过参与共同体的活动与其他教师共同协作及学习。韦肖（Vescio）等的研究结果证实，没有参与过教师共同体学习的教师与参与过教师共同体学习的教师相比较，在创设课堂教学的文化方面存在显著差异。[③]因此，教师共同体对教师专业学习有重大影响。

近年来，许多关于教师专业发展的研究发现，学校文化与氛围对教师专业成长和教学实践效果有显著影响，特别是科组同事的关系，既可能改善教师专业学习实践的效果，也可能阻碍教师的发展。20 世纪 90 年代，迪尔（Deal）等

---

① 佐藤学，岩川直樹，秋田喜代美. 教師の実践的思考様式に関する研究（1）——熟練教師と初任教師のモニタリングの比較を中心に[J]. 東京大学教育学部紀要，1990，30：177-198.

② Shank M J. Teacher storytelling: A means for creating and learning within a collaborative space[J]. Teaching and Teacher Education : An International Journal of Research and Studies, 2006(6): 711-721.

③ Vescio V, Ross D, Adams A. A review of research on the impact of professional learning communities on teaching practice and student learning[J]. Teaching and Teacher Education: An International Journal of Research and Studies, 2008(1): 80-91.

指出，如果学校已经形成持续改进、与同伴互助分享等价值和信念，学校改革会进行得更加顺利。[①]相反，如果学校环境容易助长惰性、平庸与个人主义负面倾向，学校改革则会受到阻碍。因此，学校的文化与氛围对于教师的发展是极其重要的，其中“同僚性”或“同伴互助”受到研究者的关注，并成为近年来教师专业学习与专业发展研究的重要主题。萨菲尔（Saphier）等从操作性定义角度对学校共同体中的同伴互助与专业氛围的内涵进行了较为详尽的解释[②]，认为如果一所学校有以下五个特征，可视为其具有同僚性或同伴互助氛围：①学校管理者和教师经常谈论教学、指导和行政管理等实践；②学校管理者和教师经常相互观察同僚开展教学；③学校管理者和教师会一起准备课程与教学材料；④学校管理者和教师经常分享或指导有关自己教学和管理的专长；⑤学校管理者和教师在专业上互相帮助。因此，“同僚性”其实是教师及同伴在学校的课程、教学、指导和管理上相互分享专业知识的一种氛围。

事实上，学校教师与同事间相互分享专业知识，特别是实践性知识和技能，可以使教师确信将学校教育的各个环节组成一个专业共同体并开展协作实践，可以共同解决教学及学校管理中的问题。与其他教育活动一样，教学有其特殊的规律，作为教学主体之一的教师则需要特定的知识，可以通过与同事协作来学习这些知识。因此，学校中的同僚性专业互助及氛围有助于促进教师的学习和专业成长。

从职前教师教育的知识建构实践来看，目前欧美国家主导的职前教师教育模式以大学教育学院为主要培养载体，但是这些基于大学的教师教育项目存在“学术性知识”与“实践性知识”分离的纷争。教师教育者认为，职前教师在学科知识、教学法知识等方面的学习过于碎片化、抽象化和简单化，这些知识主要来自高校的知名教育学家、心理学家和社会学家等生产学术型知识的专家，与真实多变的课堂教学情境相脱离，无法形成职前教师的个体实践性知识，因此这些理论知识对职前教师的专业实践效果的提升的作用甚微。此外，一些大学教师教育项目没有为教师提供足够多的机会将所学的内容运用到教学实践中，进一步限制了职前教师的学习和成长。

---

① Deal T E, Peterson K D. The Leadership Paradox: Balancing Logic and Artistry in Schools[M]. San Francisco: Jossey-Bass, 1994: 57-96.

② Saphier J, King M. Good seeds grow in strong cultures[J]. Educational Leadership, 1985(6): 67-74.

第四节　影响教师学习效果和教学效能的因素

有研究者认为，作为教育主体之一的教师是影响教育质量，甚至是社会经济发展的重要变量。此外，众多研究证明，教师是当前学校变革的重要影响因素。对于学校特色发展目标的实现，教师及共同体的努力成为重要的支持。因此，对学校情境中教师的支持、教师专业学习、教育评价和教育改革成为教育发展与变革的重要组成部分。2020 年 10 月，中共中央、国务院发布《深化新时代教育评价改革总体方案》，提出了“破五唯”和教师评价改革的方向，鼓励研究人员和教育工作者不断探索影响教师教学效能和专业发展或学习效果的因素，以便教育者和一线教师整合各方面的因素来提升其教学实践的效能和专业发展与学习的效果。

斯托尔（Stoll）等基于教师的持续性专业发展过程，全面而系统地归纳了影响教师学习实践的因素，包括学校内部和外部环境、教师自身和同伴依赖等。[①]笔者通过扎根国内中小学教师专业学习实践十余年的经历，整合关于教师教学效果的研究发现，学生的学习规律、在课堂中的行为和表现会对教师的课堂教学实践和专业学习实践产生深远的影响。在教师教学能力、学习参与和维持持续学习能力的影响因素的研究中，研究者一般从个人层面、共同体维度和学校环境等方面进行分析。综合多位研究者的调研和访谈以及文献调查，笔者认为，教师日常工作和生活中的八类相互作用的要素影响着其教学效能和学生学习的成就，具体如下。

一、教师的生活和职业经历

教师会受到日常生活经历和教学事件的影响，这是由教师作为社会生活

---

① Stoll L, Bolam R, McMahon A, et al. Professional learning communities: A review of the literature[J]. Journal of Educational Change, 2006(4): 221-258.

中的个体及教学作为一门职业的性质决定的。在教师刚入职的两年里，其教学实践中的一个或几个教学关键事件对后续教育经历会产生极为深刻的影响。赛克斯（Sykes）在沃克（Walker）提出的“关键事件”概念的基础上，将教学关键事件定义为教师个人生活中的重要事件。这些事件能使教师在此基础上做出关于教学实践的关键性决策，并进行专业学习实践，促进其教学实践效果的改善[①]，如入职后的第一节公开课、第一次职称晋升、第一次课题研究和第一次主持教研会议等。它们都对教师专业素养中的教育理念、知识结构和能力结构的完善有显著影响。[②]另外，每位教师独特的专业学习和生活经历也塑造了其个人职业模式，影响了他们的学习积极性和参与教师改进的主动性。[③]

二、教师的信念

20 世纪 90 年代以来，有关教师信念和对教学效能的研究受到了欧美研究者的广泛关注。美国教育学者博尔科和帕特南认为，教育者个人转变和发展他们的教学观点及将其付诸行动，受到其所持有的信念以及知识获取与运用实践的影响。[④]例如，有些人认为能力是遗传的——只存在有或没有两个维度，而不是通过学习获得的。持这种观点的人认为，有些孩子无法通过学习获得能力提升，因为这是天生的。随后，有研究者尝试从心理学视角定义“信念”，将其概括为“教师知觉”，包含教师对课堂教学的信念、对职业生涯经历的信念及对其自身教学行为的信念等。简言之，它是教师对教育实践中的现象的理论、观点、见解和假设的判断，并会深刻地影响教师的教学效果和学生的学习成就。教育学者则从教育学视角将其定义为一种对教学过程的综合性观点，包括教师角色、教学课程、学生和媒体等的见解。肖正德认为，教师信念是教师

① 转引自邵珠辉，李如密. 教师专业发展视域下的教学关键事件[J]. 教育科学研究，2010(10)：62-64.

② Sikes P J. Imposed change and the experienced teacher[J]. Teacher Development and Educational Change, 1992: 36-55.

③ Huberman M. Teacher careers and school improvement[J]. Journal of Curriculum Studies, 1988(2): 119-132.

④ Borko H, Putnam R T. Expanding a teacher’s knowledge base: A cognitive psychological perspective on professional development[J]. Professional Development in Education: New Paradigms and Practices, 1995: 35-65.

个人的职业信条，是教师文化的重要组成部分，是教师行为的方向性指引，也是教师学习的内在推动力。[①]另外，个人思考有时也会受到先前经验的影响，教师可能会反对学习政府推广的新的阅读技术，因为他们认为使用这种方法教阅读是行不通的，而是会使用经过自身实践检验的方法，因为它们会受到个人信念的影响。李家黎等认为，教师信念是建立在教师的教学工作基础上的教育哲学思想，是教师转变和改善教学的内在动力之一。[②]随着社会经济的发展和教育变革的影响，教师的工作中也存在着观念僵化、实践智慧弱化、教研制度固化和教学文化消极等现象，极大地影响了教师的信念及其教学效能的发挥。因此，为了促进教师信念的发展，研究者可以尝试引导教师对个人的生活和教学进行反思。教师工作坊的“互动和对话”、校际协作教研和学校间文化共同体中的互动，可以使教师信念得到不断完善和发展，促进其教学效能的提升和教学效果的改善等。

三、教师的情感福祉

有研究者认为，情商会影响人们的自我概念和实践动机。从教师角度来看，教学也是一项充满情感的活动与实践。[③]布卡尔茨（Boekaerts）将情感定义为人的感情状态、情绪和心境等。[④]它通常伴随着人的内部体验和心理状态出现，还有一定的身体运动表征。笔者认为，教师积极的情感福祉对学生学习及教师的教学具有极大的促进作用，是塑造教师个人魅力和教学风格的内在动力。国内有学者认为，学校教育变革及教师教学实践会受到教师群体心理状态的影响。如果教育管理者忽视教师的人际关系和心理体验，则会导致教师在日常工作中采取保护性行为。如果学校重视教师通过与他人协作在教学和管理方面取得的成就，则能增强教师的自尊，并与教师建立相互信任的情感。有研究者从教师自身和学校环境层面提出了培育教师情感福祉的策略，为学校管理者

---

① 肖正德. 基于教师发展的教师信念：意蕴阐释与实践建构[J]. 教育研究，2013（6）：86-92.

② 李家黎，刘义兵. 教师信念的现实反思与建构发展[J]. 中国教育学刊，2010（8）：60-63.

③ Hargreaves A. The emotional practice of teaching[J]. Teaching and Teacher Education, 1998(8)：835-854.

④ 转引自胡亚琳，王蔷. 教师情感研究综述：概念、理论视角与研究主题[J]. 外语界，2014（1）：40-48.

和教师通过积极情感塑造来提升教学效果和学生学习成就及促进教师专业学习提供了借鉴。①例如，从教师视角来看，教育管理者需要唤醒教师的情感意识，使其走向自我认知，激发其积极的教学情感和教学主动性；从学校环境角度来看，学校应创设良好的教学环境和文化氛围，对教师的个人生活进行人文关怀，建立社会情感支持的共同体，高度赞许教师工作的价值和意义，以促进教师日常教学实践效能感的发挥、学生学习成就的提升和学校教育质量的提高等。

四、教师的深层知识

深层知识是影响教师教学效能的重要因素。研究者将其概括为教师拥有的详细而深入的知识。教师知识研究的先驱舒尔曼将深层知识定位于学科专业知识外与教育教学相关的知识，包括一般教学法知识和学科教学法知识等。②多伊尔认为，其他一些重要的知识也是促进教师教学效能发挥和学生学习效果提高所需的深层知识，包括知识理解、自我意识，以及如何与课堂环境相互作用等，使教师能够意识到自身的感受、意图和行为，并与他人的实践和价值观产生共鸣。③学习科学的研究者基思·索耶（K. Sawyer）从知识运用于不同情境的角度出发，将深层知识与事实性知识和程序性知识区分开来，并描述了深层知识的 6 个特征④，即学习者能将学习到的知识、概念和经验建立联系；学习者能将知识整合到相关概念和情境中；学习者能将相关知识整合并构建模式，以探究其基本原理；学习者能运用知识对相关论点进行评价；学习者能明晰知识产生的对话过程及其逻辑；学习者能对自己的知识理解及学习过程进行反思等。

五、教师的实践技能

当前，基于全球教育变革的浪潮，以高水平的教师来推动教育的高质量

① 刘丹. 教师积极情感对学生发展和教师发展的价值及培育[J]. 教师教育研究，2017（6）：23-28.

② Shulman L S. Those who understand: Knowledge growth in teaching[J]. Educational Researcher, 1986(2): 4-14.

③ Doyle W. Classroom knowledge as a foundation for teaching[J]. Teachers College Record:The Voice of Scholarship in Education, 1990(3): 347-360.

④ R. 基思·索耶. 剑桥学习科学手册（第二版）[M]. 徐晓东等译. 北京：教育科学出版社，2021：5.

发展成为重要内容。在职前、职后教育中，教师获得的理论、知识需要进行情境应用和专业实践，以转化为专业实践技能与能力。教师专业能力促进了教师日常实践的成功，进而保证了教学效能的发挥和学生学习效果的提高。戚万学等认为，广义的能力包含了实践所需的一切知识、技艺、策略、情感和态度等。与理论知识的非情境性和普遍性不同，教师的专业实践和技能是依赖于当下情境的，并受情境的制约，如社会、家庭、课堂和学校等都可能成为影响教师实践及能力发挥的因素。[①]为此，笔者认为，在职前、职后的教师培养中，教育者在知识、实践与适用情境之间建立联系，亦可在当下情境中引入适合的理论知识，进行特定的专业实践，以取得更好的教学效果。此外，为了提升学校情境中的专业实践能力和教学效能，教师可以通过行动学习循环来促进实践技能与专业能力水平的提升，如创建教学活动、进行反思和评估、从反思中建构意义的能力，以及计划如何在未来的教学行动中使用获得的知识的能力等。

六、教师的学习动机

研究表明，人类的动机是其学习的起点。[②]燕国材认为，个体的学习动机是唤醒其进行学习活动，并对朝向某一目标的实践过程加以维持、强化或调节的内在心理状态。[③]对于教师而言，其学习的内容、情境和方式的表现可以多种多样，是教师内部需求与外部支持相互作用的过程。因此，学习动机的作用在于，促进教师的学习活动和教学实践效能的发挥。它是促进教师的主动性和个性化专业学习能力提升及教学改变的内在动因。目前，有关教师学习动机的研究较少，一些研究者通过教师专业学习过程探讨了教师学习动机的来源和影响因素等相关问题，将其来源定位于教师专业学习过程中遇到的问题或所处的关键情境。还有一些研究者将教师报酬和社会支持看作教师学习动机的重要促进因素。另外，学校共同体构建及组织也是维持和促进教师学习的动机，进而会影响教师的教学效能和学生的学习成就。其他的诸如教龄、年龄、受教育程度、学校文化、性别、晋升渠道、兴趣爱好、家庭和外界期望等也会部分地影

---

① 戚万学，王夫艳. 教师专业实践能力：内涵与特征[J]. 教育研究，2012（2）：95-102.

② John B，Catherine T. Teaching for Quality Learning at University[M]. Berkshire: Open University Press, 2011: 58-81.

③ 燕国材. 关于学习动机的若干辨析[J]. 教育评论，1991（4）：13-16.

响教师作为社会个体和职业个体的学习动机，进而影响其教学实践的效果。

七、教师的信心

教师对教学工作及其教学成功的信心，是影响教师教学实践与学习动力的重要变量。国外一项针对苏格兰学校的研究表明，在致力于提高学校发展水平的项目中，几乎没有任何一所学校的教师能相信所有学生都可以获得成功，这反映了教师对其教学和学生学习的信心不足的现状。①通常，有自信心且对学生有信心的教师相信其进行的专业实践能够发挥作用，并能使学生在学校的学习取得进步和发展。有研究者认为，相比大学教师的教学信心培养，中小学教师的自信心和教学信心可以从教师的信念、教育目标、自主学习等方面进行提高。②首先，教师的教学目标不应过高或过低，以免教师的教学和学生的学习达不到预期目标而使其信心受挫，或者因为很容易到达预期而难以进一步促进其发展。因此，设置合理的教学目标对于教师的自我效能感的提升、教学过程的改善和教学信心的增强具有积极意义。其次，教师的教育信念改善是其教学信心增强的重要策略，是教师进行教学工作的心理导向的前提。最后，教师的教学自信心有时也受其专业能力和学生基础的影响，通常其专业知识与能力水平越高，学生的基础层次越高，教师的自信心和对教学成功的信心越强。因此，教师应加强专业理论知识、教育政策和教育学知识的学习，提高自身的素质和专业能力，从而提高教学信心和教学效能。

八、共同体的支持

学界普遍认为，作为学习者的大多数人都有社会性存在的属性，他们需要在相互联系、集体互动及社会支持下得以发展。虽然许多教师可能会表现出教学个性和发展个性，例如，鉴于教学工作和个人生活时间的紧凑性，他们有时会选择独立进行教学工作实践和专业学习，大部分教师还是认为同伴的协助

---

① Stoll L, Bolam R, McMahon A, et al. Changing perspectives on changing schools[J]. Journal of Educational Change, 2006(7): 221-258.

② 张红. 大学教师教学信心的培养[J]. 辽宁教育研究，2008（1）：103-104.

和示范教学对其教学实践的发展具有积极意义，并从学校共同体中获得了专业成长，提高了教学效能。“专业学习共同体”概念的提出者谢利·霍德（S. Hord）等认为，教师学习共同体不仅能让教师在集体互动中获得个体身份的认同感，而且能使教师获得共同体中的教学策略和实践智慧，进而完善教学实践效果和提升专业水平。此外，富兰等的研究也表明，教师探究组织的氛围，教师工作情境中教师合作过程对教育变革的积极影响，教师责任感的产生和教育教学工作的改进等均具有重要意义。[①]笔者在对比中外教师学习的差异时指出[②]，国外有专业学习共同体等教师合作的方式；中国独有的校本教研对教师的合作和外部的支持进行了充分的整合，使其教学协作和专业实践的作用得到了很好的发挥。

① 转引自毛菊. 西方教师学习研究的发展及趋势[J]. 比较教育研究，2013（8）：60-66.

② 徐晓东，宁艳，李散散等. 教师学习和学习方法研究进展与课题[J]. 远程教育杂志，2011（5）：22-33.

第二章　好老师的学习和专业发展进程

随着《中共中央 国务院关于全面深化新时代教师队伍建设改革的意见》等相关文件的发布和实施，关于好老师的研究和培养实践逐渐成为教育者、管理者关注的重点。笔者认为，好老师的培养和成长过程是复杂的，教育者仅为其提供外在的支持还不够，还需要考虑到教师自身的信念、人格、思维和学习模式等因素。本章先介绍了哈佛大学关于好老师研究的两项大规模调查研究，从调查结果可知，美国的教师教学经验与教学质量没有显著的相关关系，好老师的特征主要表现在教师个人特质方面。“好老师是天生的”一度被提起，然而，笔者通过十几年扎根课堂的研究和实践发现，好老师是可以靠后天专业学习养成的。通过对教师的学习和专业实践的深入研究，笔者发现了教师学习的新机制和支持教师学习的相关理论，触发了本书后面介绍的一系列研究。

第一节　好老师的个人特质

一、教师教学年限与教学成功的关系

通常在一些职业周期较长的行业，工作年限越长或成熟度越高的员工，其工作效能越高，如医生、作家、律师和政治家。作为与社会人才培养和教育服务较为密切的职业，教师的发展也遵循“入职年限越长，教学越成功”的“经验定律”吗？哈佛大学研究团队基于这一问题，对佛罗里达州 46 257 名在职教师进行了“教学效能”的调查研究，发布了报告《挑选一个好老师比培训一个好老师更容易：有关教师有效性相关因素的熟悉结果和新结果》（*It's Easier to Pick a Good Teacher than to Train One*：*Familiar and New Results on the Correlates of Teacher Effectiveness*），试图揭开这一奥秘。研究者用佛罗里达综合评估测试（Florida comprehensive assessment test，FCAT）和斯坦福成就测验（Stanford achievement test，SAT）两门中小学必测考试来分析教师的教学效能，从而判断其是否取得了教学成功，并以此探索工作年限和教学成功的关系。FCAT 测定的教师教学经验与教学效能的关系结果表明，教学经验达到 12 年的数学教师的教学效能最高，即其教学最为成功，而后开始缓慢降低。教学年限达 20 年及以上后，数学教师的教学效能或教学成功程度开始急剧下降。教学年限达 33～34 年后，数学教师的教学效能降至基准值以下。阅读课教师的教学效能一般在前两年比较高，之后开始逐渐降低。当阅读课教师的教学年限达到 7～8 年时，其教学效能降至基准值以下。[①]马修（Matthew）等解释了使用 FCAT 和 SAT 作为测试学生与探究教学效能的缘由，FCAT 是选拔性考试，其成绩对学生升学有较大影响；SAT 是达标性测试，对学生升学不会产

---

① Matthew C M, Paul P E. It's easier to pick a good teacher than to train one: Familiar and new results on the correlates of teacher effectiveness[J]. Economics of Education Review, 2011(3): 449-465.

生太大影响，两种测试的结合与比对是为了排除教师“为考试而教”对实践的影响。[①]“为考试而教”并不能体现和衡量教师的教学效能。

SAT 测定的教师教学经验与教学效能的关系结果还表明，教师的教学效能与教学年限呈现出一定的相关关系。在前 12 年里，学生的数学成绩随着教师教学年限的增加逐渐提高。当教师的教学经验达到 12～15 年时，其数学成绩最高，教师的教学也最成功。之后，随着教师教学年限的增加，学生的数学成绩逐渐降低，且降低的速度越来越快，教师的教学年限达到 35 年后，学生的数学成绩降至基准值。学生的阅读成绩与教师教学年限的关系则更为直接，即教师教学的前两年，学生的阅读成绩基本稳定，之后随着教师教学年限的增加，学生的阅读成绩逐渐降低，且在教学年达到 7～8 年后，学生的阅读成绩降至基准值以下，其降低的速度逐渐保持稳定。

FCAT 和 SAT 测试的相关研究结果表明，拥有中等经验（年限）以上的教师的教学质量没有比中等经验（年限）以下的教师的教学质量好。澳大利亚教育学者格雷厄姆（Graham）等对教师的教学年限与其教学水平之间的联系进行调查后发现，没有证据表明初任教师（教学年限为 0～3 年的教师）比经验丰富的教师的教学水平更低。[②]他们指出，初任教师的教学水平更低的说法没有依据，但有证据表明，教师的教学年限达到 4～5 年后，其教学质量有所降低。[③]针对性的支持和相应的专业学习对于促进教师教学质量的提高和教学成功大有裨益。因此，笔者认为，教师的教学质量与其教学年限没有直接的关系，且教学培训对教学效能的提升没有显著作用，即好老师与教学经验的关系不是特别大。

二、好老师的个性特征

哈佛大学的研究者针对教学年限与教学质量的不显著关系，以探究好老

---

① Matthew C M, Paul P E. It’s easier to pick a good teacher than to train one: Familiar and new results on the correlates of teacher effectiveness[J]. Economics of Education Review, 2011(3): 449-465.

② Graham L J, White S L J, Cologon K, et al. Do teachers’ years of experience make a difference in the quality of teaching?[J]. Teaching and Teacher Education, 2020, 96: 1-10.

③ Graham L J, White S L J, Cologon K, et al. Do teachers’ years of experience make a difference in the quality of teaching?[J]. Teaching and Teacher Education, 2020, 96: 1-10.

师的特征或品质为目标，调查了1000多名美国在读本科生和研究生对“好教师”的特征的看法。历时15年的定性研究结果表明，好教师通常具备12个特征，如表2-1所示。①

表2-1　好教师具备的12个特征

序号	好教师的特征
1	准备充分
2	态度积极
3	对学生持有高期望
4	富有创造力
5	对学生一视同仁
6	与学生友好相处
7	有教育归属感
8	富有同情心
9	具有幽默感
10	尊重学生
11	心胸宽广
12	勇于承认错误

如表2-1所示，“好老师”的特征体现在教师个人特质方面，而非教学年限等外部特质方面。此外，在好老师的12个特征中，研究者可依据教师个人特质层面，将其分为工作态度、师生关系和个人人格魅力三个方面。其中，工作态度是教师教学的初心和对职业的操守，会影响其教学与工作实践；师生关系是教学成功不可或缺的一部分，相互信赖与和睦的关系可以促进师生的共同成长，教师在帮助学生建立自信和完善自我的同时，也促进了自身教学与品格的完善；个人人格魅力是调查中凸显的好老师的重要指标，其很难被“训练”出来，而是与其个人成长经历、文化背景密不可分，是教师成为学生心中的“楷模”或“偶像”的重要影响因素之一。因此，其人生经历不再局限于课堂和学校，而是来自身心以外更广阔的外部世界。好老师的个人特质具体分类如表2-2所示。

① Walker R J. Twelve characteristics of an effective teacher[J]. Educational Horizon, 2008(1): 61-68.

表 2-2　好老师的个人特质分类表

类型	好老师的特征
工作态度	准备充分
	富有创造力
	培养教育归属感
师生关系	对学生持有高期望
	对学生一视同仁
	与学生友好相处
	富有同情心
	尊重学生
个人人格魅力	态度积极
	具有幽默感
	心胸宽广
	勇于承认错误

如表 2-2 所示，工作态度、师生关系和个人人格魅力共同构成了好老师特征的要素维度，也从侧面说明了好老师与其后天教学经验没有直接关联，这与笔者等近来对十余个省市的中小学教师的调查得出的结论比较一致。实际上，笔者团队历时三年，通过对数百所学校学科教师的教学进行意见征询，归纳了好老师除具备丰富的专业知识外，还需要具备自律性、责任心、决策力、行动力、洞察力、即兴能力、合作能力和学习能力八个特征。因此，好老师与其教学经验无必然联系，教师的教学成功更多的是来自后天的学习与培养。

教育管理者可以通过挑选好老师来保证教学获得成功，进而促进学校和地区教育质量的提升。此外，教育管理者和研究者可以通过选拔愿意做教师的人才进行培育，以获得更多的好老师。换句话说，可以通过选拔和培养，从而使其成为好老师。①

类似地，美国教育学者麦克伊万（McEwan）指出，优秀教师或高效能教师的典型特征是具有独特的个人特色和实践，具体如表 2-3 所示。

① 徐晓东，曹旺，刘海华等. 专家进课堂范式下研学助教的效果[J]. 教育信息技术，2016（10）：3-12.

表 2-3　好老师三个维度、十大方面的特征

维度	特征
个性特征	具有使命感和热情
	真诚而积极
	具备领导才能
能力特征	关注所有学生（课堂组织、学生参与、时间管理）
	有独特的教学风格
	能有效激励学生
	能进行有效的教学实践
智力特征	专业知识深厚
	具备高超的沟通能力
	活的思维（元知识、策略、反思、沟通、应对）

资料来源：麦克伊万. 培养造就优秀教师——高效能教师的十大特征[M]. 胡荣堃等译. 北京：北京师范大学出版社，2000：12-36

笔者认为，对教师成长的支持时机、方式和策略是否合适，以及是否能满足其个性化需求，是其教学成功与否的关键，也是其教学信念改变、教学实践改进和教学质量提升的重要影响因素。例如，笔者通过长期观察和研究发现，教师初为人师阶段的失败和挫折可能会使其对教学丧失信心，教学效能降低，过早地出现职业倦怠。因此，为从教早期的教师提供心理、行为、学习认知和工作环境等方面的支持，对于其成为一名好老师具有决定性的作用。研究还表明，对于有意愿成为好老师的年轻教师，给予其有效的专业训练和支持，可以促进其发挥主观能动性，使其成为“好老师”。

自 1952 年开始的美国“国家年度教师”评选项目及其相关活动对好老师的培养具有启发意义。[①]殷玉新等使用内容分析法，从教师的个人内在品质、基本知识基础、课堂教学、学生观、人际关系五大维度分析了过去 65 年获得美国“国家年度教师”奖的好老师的特质，包括拥有创造力、具有敏锐力、富有同情心、乐于合作、具有高效的学习能力等在内的 24 项基本特征。[②]日本

① 转引自龚兵，王丛丛. 卓越教师之谜——聚焦“美国国家年度教师”[J].中国教育学刊，2015（4）：92-95，100.

② 殷玉新，王德晓. 优秀教师的基本特质——透视美国“年度教师”的秘密[J]. 比较教育研究，2016（1）：45-51.

学者佐藤学从人际关系的角度出发，认为好老师应该具有合作能力。[①]具备合作能力的好老师不仅能使自己获得成功，也能促进其他教师的专业成长。好老师不仅要实现自我，还是他人实现自我的促进者、引领者和合作者。事实证明，好老师有诸多相似的特征，并且这些特征是可以发掘、鼓励、培养和学习的。

格罗斯曼等[②]和兰帕特[③]从新手教师或职前教师的培养出发，对好老师的养成方式进行了探索，转变了教师专业成长中的知识取向，从教学核心实践出发，构建了教师课堂教学中的“高频实践”，改善了教师的课堂教学和提高了学生的学习成绩。“高频实践”也称“高杠杆实践”或“核心实践”，是指教师与学生在课堂中经常发生的高频率的实践环节，是不同学科和课堂教学都可以实施的、能保证教学完整的、基于研究的，以及新手教师易于学会的实践，目的是使职前教师或新手教师通过学习这些实践来提高自身的教学质量和学生的学习成绩，最终使教师在持续的实践训练中获得成长，完成从新手教师向熟练教师甚至好老师的转变和发展。笔者在借鉴格罗斯曼等的“核心实践”的建立方法和原则的基础上，通过对校本教研中的数十位各学科指导专家进行征询，利用定量和定性分析相结合的方法，构建了包括教师准备、课堂提问与反馈在内的 11 项课堂核心实践，为促进职前教师或新手教师的专业成长提供了依据和参考。[④]其实，问题的关键在于，如何设计和开发兼顾教师个人需求与主动性、外部支持与环境的教师培训或专业发展途径，促使教师发展适应教学实践。因此，研究者有必要梳理教师专业化以来的专业发展取向变化，整合有效的专业发展或学习特征，为设计契合教师个性化需求、主动性意愿、持续性支持和卓越性成长的学习途径提供参考。

---

① 佐藤学. 学校的挑战：创建学习共同体[M]. 钟启泉译. 上海：华东师范大学出版社，2010：17-36.

② Grossman P, McDonald M. Back to the future: Directions for research in teaching and teacher education[J]. American Educational Research Journal, 2008(1): 184-205.

③ Lampert M. Learning teaching in, from, and for practice: What do we mean?[J]. Journal of Teacher Education, 2010(1): 21- 34.

④ Li J L, Xu X D. Empirical research on co-construction of core teaching practices[C]. Proceeding of ICTE 2018，Singapore, 2018: 200-210.

第二节　教师学习研究的现状与问题

一些关注教学实践情境的研究者认为，自20世纪80年代开始，教师学习和专业发展研究与实践的趋势是向从实践中反思或情境性方向发展，即从研究学校环境、文化及其关系转向研究好老师专业发展的特征，包括职前、职后教师如何学会教，教师如何学习教学技能，以及“如何有效地实施学习科学研究中所涌现的创新”等，这些主题成为教师研究与教师专业发展的核心问题。

智利大学高级教育研究中心研究员阿瓦洛斯（Avalos）对2000—2010年《教学与教师教育》（*Teaching and Teacher Education*）杂志中有关教师学习和教师专业发展的文章进行了分析，提炼了与教师学习和教师专业发展相关的研究文献、主题。①其中，在111篇相关文章中，与教师学习直接相关的主题文献达69篇，涵盖了教师专业学习研究的全部主题，作为学习中介主题的教师合作学习与专题研讨会学习，以及教师专业发展有效性主题中有关认知、信念和实践转变的部分；34篇与教师学习有密切关联，包括大学和中小学合作的学习、学习的条件或因素等领域，以及专业发展的有效性主题中的学生学习和教师的满意度等主题，两类文章合计约占发文总数的93%。从学习角度来看，近年来，在有关教师学习与教师专业发展的研究中，越来越多的研究者开始关注教师学习，它几乎已经成为教育实践研究中教育研究者关注的主要领域。为了给教师教育与教师专业发展改革注入新的生机与活力，本节后续部分将对教师学习的特殊性、国外教师学习方法如课例研究等进行系统的总结与归纳。

笔者采纳的文献资料主要来自美国、英国、加拿大、荷兰和日本等的一些学者开展的研究，如阿瓦洛斯、卡特（Carter）、岛田、秋田、帕特南、博尔科、兰帕特、塞德尔（Seidel）、戈拉姆（Gholami）和胡苏（Husu）、谢林（Sherin）、韩（Han）、胡克斯特拉（Hoekstra）和科萨根（Korthagen）等的研

---

① Avalos B. Teacher professional development in teaching and teacher education over ten years[J]. Teaching and Teacher Education, 2011(1): 10-20.

究。在整理这些文献资料的过程中，笔者还系统查阅了国内相关文献，发现国内学者对国外教师学习领域中的教师内容知识、TPACK、适应性专长等介绍得较多，还有学者对教师实践性知识做了研究，如钟启泉等[①]、陈向明[②]、吕立杰[③]、王晓莹[④]，张先锋等[⑤]，然而原有的诸多研究并没有从学习方法的角度对教师实践性知识的形成进行分析和评论。本节将围绕教师职业和教师面临的现状，就教师学习研究的取向及其与教师成长的关系，对教师发展的外部环境支持和未来发展进行分析。

一、教师学习研究的发展

“教师学习”一般特指“教师学习如何教学”，或“学习教学”，或“学会教”，即教师在全职工作期间的学习。一些研究中的“教师学习”也包含了教师在实习阶段的学习。有研究者从教师学习的内容、实践和目标等层面对“教师学习”的内涵进行定义，归纳出了教师学习的互动观、情境观、复杂系统观、非正式学习观和自主学习观等。例如，艾德勒（Adler）认为，既然情境认知学习在真实世界学习中具有适切性，那么教师学习同样也是通过不断参与及改进教学实践从而丰富其情境认知和教学知识的过程。[⑥]笔者认为，一般教师从成为初任教师的那一刻，就注定了要经历几个不同的专业发展阶段，他们中的许多人将会从新任教师成长为经验教师，最后转变成为专家型教师。研究表明，在教师成长的过程中，学习是促进其专业发展的重要手段和主要途径。因此，在教师在职或职后期间学习的相关研究中，一些学者指出了在职期间教师学习与以往职前教育阶段所学内容、特征和具体途径的不同，借此强调了学习在教师专业学习过程中的重要性和复杂性，如美国教师教育学者兰帕特的理论分析呈现了学习教学的各个层面。[⑦]兰帕特以提问的形式向我们展示了学习

---

① 钟启泉，王艳玲. 教师知识研究的进展与启示[J]. 大学（研究与评价），2008（1）：11-16.

② 陈向明. 对教师实践性知识构成要素的探讨[J]. 教育研究，2009（10）：66-73.

③ 吕立杰. 教师知识研究的反思与启示[J]. 中国教育学刊，2009（1）：62-64.

④ 王晓莹. 教师个人实践知识与发展研究综述[J]. 考试周刊，2010（49）：17-18.

⑤ 张先锋，胡桂英. 论教师实践知识的建构[J]. 职业教育研究，2009（9）：63-64.

⑥ 转引自毛菊. 当代西方教师学习理论研究[M]. 北京：北京师范大学出版社，2019：19.

⑦ Lampert M. Learning teaching in, from, and for practice: What do we mean?[J]. Journal of Teacher Education, 2010(1-2): 21-34.

教学过程中的一些基本问题，如教学是否需要与特定的学生和情境发生联系才有效，是否必须要研究所教学生的情况，以及教师能否在没有特定学科问题的情况下进行学习教学等。事实上，除了与学生一起学习外，教师还需要解决特定的学科问题，这些都是教师需要学习的内容。

教师在与学生及学科问题建立联系的过程中可能会面临新的问题，解决这些问题也是学习教学的一部分。例如，时间单位问题，如何把教学实践分割成许多小部分，从而让新任教师去选择性地学习，以及这些教师是否应该去学习作为学习交互的教学行动？或者他们是否应该以学科单元为标准来学习教学？对于这些单元的学习时间，是否需要进行统一控制？等等。此外，教师还需要注意与社会文化背景相关的情况，其中每类教师与学生之间的社会关系、学生学科背景的多样性、学科内容之间的关系等都会自发地发生作用。兰帕特等的有关学习教学的线索为我们全面了解学习教学或学习教学的复杂性提供了帮助。[①]因此，在成长和发展过程中，教师只是学习学科内容领域的知识和一般教学法等教育学知识是不够的。

实际上，关于教师学习的研究已有近半个世纪的时间。19 世纪末至 20 世纪 70 年代，在行为主义思想浪潮的影响下，教师学习研究主要集中在对专家型教师的个人品格方面，研究者通过分析教师的个人品质，提取出一些可供模仿、学习的要素，让新教师进行模仿或利用微格教学进行训练，这种研究的基本假设是好老师的资质是天生的，不是通过后天学习而获得的，教师可以通过模仿一些优秀教师的教学行为，实现预期目标。20 世纪 70 年代后，由于认知主义成为心理学领域的主导思想，许多学者开始从认知心理学角度研究教师信念和教师态度及其对学习教学和教学实践的影响，但大部分认知学派的教师教育研究者关注的焦点在于教师拥有什么知识，即“教师必须具备什么知识才能进行有效教学”[②]。教师知识研究领域的学者普遍认为，这些引导教师教学实践的教师知识是有关教学的知识[③]，它们与学科内容领域知识及关于一般教学

① Lampert M. Learning teaching in, from, and for practice: What do we mean?[J]. Journal of Teacher Education, 2010(1-2): 21-34.

② Lampert M. Learning teaching in, from, and for practice: What do we mean?[J]. Journal of Teacher Education, 2010(1-2): 21-34.

③ R. 基思・索耶. 剑桥学习科学手册[M]. 徐晓东等译. 北京：教育科学出版社，2010：609-627.

法等的教育学知识不同。舒尔曼将其称为学科教学知识①，而希伯特等将其定义为实践者的知识。②

二、教师学习研究的新动向

20 世纪 70 年代后，在教师知识研究兴起的同时，认知心理学在教育领域逐渐得到了有效应用，开始出现促进教师决策、熟练教师与新手教师比较等方面的研究，并揭示了教师知识的个人性、实践性、隐性和默会性等特征。一些研究者还分析了教师知识中的个人信念要素，因为信念和价值观对理解教师的教学实践有深刻的影响。这些事实都充分说明了教师知识及其学习的复杂性。例如，一些学者从教师学习的条件和特征出发，指出教师学习是基于经验的学习与反思，特别是基于自身实践的专业发展方面进行的学习与反思。理查森（Richardson）认为，教师学习研究应该关注的是“教师如何通过一些新方式学习怎样教”③。还有一些学者认为，教师学习是教师在工作中继续学习以提高其教学实践能力和自我效能感的过程，并且强调了教师学习的复杂性，认为教师学习包括大量复杂的、动态的、情境的、相互依赖的变量。其他一些研究者也指出，教师学习是复杂的，一方面是因为教师学习时要利用复杂的内外部资源，而我们很难理清和理解这些资源，其中内部资源包括信念、态度、期望和性格等；另一方面是因为它出现的时间长，具有情境性、不可预测性和与众不同等。例如，有研究者通过对 11 位参加了数学教育课程的小学职前教师的专业知识和能力所做的质性分析发现，学会教数学不只需要教师掌握基本的学科专业知识、一系列的教学法和工具使用方法，还需要教师具有建构教学模型的能力，以及关于自我的知识等。④因此，教学特性不是单一的，而是混合的结构，对教师来说，有意义的学习是一个缓慢的、不确定的过程。

---

① Shulman L S. Those who understand: Knowledge growth in teaching[J]. Educational Researcher, 1986(2): 4-14.

② Hiebert J, Gallimore R, Stigler J W. A knowledge base for the teaching profession: What would it look like and how can we get one?[J]. Educational Researcher, 2002(5): 3-15.

③ Richardson V. The role of attitudes and beliefs in learning to teach. In J. Sikula (Ed.), Handbook of Research on Teacher Education[C]. New York: Macmillan, 1996: 102-119.

④ Ma J Y, Singer-Gabella M. Learning to teach in the figured world of reform mathematics: Negotiating new models of identity[J]. Journal of Teacher Education, 2011(1): 8-22.

20 世纪 80 年代，舍恩提出了“反思的实践家”和“危机处理者”的概念[①]，作为反思实践家和危机处理者的教师形象深入人心，培养有如此能力的教师受到教育工作者的广泛重视。它反映出了教育领域对于教师和教师职业的看法正在发生转变，这一转变又得到教师知识研究的支撑，“实践中的知识”（knowledge-in-practice）研究由此走上科学研究历史舞台，成了教育实践研究的中心议题。[②]因此，近年来，有关教师学习研究的动向，主要是关注教师知识的研究。国内有关教师知识的研究介绍较多的是教师的适应性专长和 TPACK。教师成长中不可或缺的是教师实践性知识，它既是相关研究的薄弱之处，也是近年来学者关注的焦点和积极探索的主题。

三、学校文化环境与教师学习

除教师学习的个性特征外，近年来，学校文化环境对教师学习的影响逐渐受到教育者和研究者的关注，一些研究关注到了教师同伴及互助的文化对教师学习和教学实践的双重作用。它既可以成为教师专业学习的推力，也可以成为教师专业发展的阻力。[③]20 世纪 90 年代中期，迪尔等指出，如果学校实践呈现出持续改进、高绩效、同僚性专业分享规范等特征，学校改革就能得以促进。[④]此外，学校文化中的“同僚性”也得到了研究者的格外关注，并成了近年来教师学习与专业发展研究的热门主题。“同僚性”的英语为“collegiality”，林明地将其译为“同僚专业互享气氛”[⑤]。

利特尔（Little）[⑥]、萨菲尔等[⑦]从操作性定义角度出发对“同僚性”所做

① 转引自洪明.“反思实践”思想及其在教师教育中的争议——来自舍恩、舒尔曼和范斯特马切尔的争论[J]. 比较教育研究，2004（10）：1-5.

② Cochran-Smith M, Lytle S L. The teacher research movement:A decade later[J]. Educational Researcher, 1999(7): 15-25.

③ Barth R S. Improving Schools from Within:Teachers, Parents, and, Principals Can Make the Difference[M]. San Francisco: Jossey-Bass, 1990: 134-167.

④ Deal T E, Peterson K D. The Leadership Paradox: Balancing Logic and Artistry in Schools[M]. San Francisco: Jossey-Bass, 1994: 85-133.

⑤ 林明地. 从同僚专业互享气氛的建立谈教师会功能的发挥[J]. 教师天地，1998，94：17-22.

⑥ Little J W. Norms of collegiality and experimentation: Workplace conditions of school success[J]. American Educational Research Journal, 1982(3): 325-340.

⑦ Saphier J, King M. Good seeds grow in strong cultures[J]. Educational Leadership, 1985(6): 67-74.

出的解释，对理解其内涵具有积极意义。作为教师的同僚，相互分享专业知识和实践技能，能使教师认识到教学合作和团队实践的意义，并获得教学实践和管理方面的特殊知识。因此，同僚性与教师学习和专业成长有密切的联系，是促进教师专业学习的重要因素。

日本教师和研究者在反思日本传统的“校内研修会”和“授业研究”活动时认为，“同僚性”丰富了教师专业学习的内涵。[①]这些研究同样也受到了外国同行的重视，例如，由国际教育成就评价委员会主办的，美国、荷兰、捷克、瑞士、德国、日本和澳大利亚等 100 多个国家共同参与的第三届国际数学与科学研究（The Third International Mathematics and Science Study，TIMSS）项目，利用教师常态课的教学视频对比和分析了不同国家初中生数学和科学课堂的教学效果。“授业研究”是一系列教育实践革新的循环过程，包括选择课题、制订教学计划、教课、修订课程计划、评课与反思、分享结果等。它的特色有两个方面：一是强调自我研究、自我反思与同僚批评相结合，凸显了教学法意义上的社会建构的重要性；二是以“课例”为桥梁，促进了教师的教学理论与教学实践的融合。

第三节 有效专业发展的特征与途径

脑科学和学习科学的研究早已表明，学习者是可塑的，教师同样可以通过学习得到发展，进而实现成为好老师的目标。

通常意义上的专业发展可划分为包括职前教育和职后教育在内的四个阶段：师范教育即职前教育阶段、入职教育即初任教师阶段、职后教育即经验教师阶段、好老师的发展过程是从经验教师到专家型教师或学科专家阶段。在职前教育阶段，教师主要关注教学技能的获得和职业发展前景；在初任教师阶段，一般是入职后的 1～2 年，教师不断加深对真实教学情境和教学过程的认识，提高专业认同感，即不断走向成熟；经历了经验教师的持续熟练阶段后，

---

① 沈佳乐. 从“名师打造”到同僚性研修[J]. 人民教育，2017，(5)：57-61.

教师逐渐向专家型教师转变。

一、有效专业发展的特征

近来，随着国内教师教育实践和新时代教师队伍建设的热潮，教育管理部门和中小学开始对教师各阶段的专业发展、学习成长与教学实践给予大力支持，希冀帮助教师进行个性化的专业发展和实践，而非单纯地采取地域的、集中的、大规模及整齐划一式的专业知识与理论的教授和实践发展活动。然而，达令-哈蒙德的研究发现，这些经费支持的项目中能够用以支持改善教学或提高学生成绩的项目并不多，许多专业发展或教师成长计划似乎无法有效地支持教师的教学实践和学生学习。[①]对于如何使教师专业发展有效，教师专业发展成功的特征是什么，达令-哈蒙德等在综合了35项研究的基础上给出了答案，其中每项研究都包含了教师专业发展或教师学习、教学实践和学习成果之间的积极联系。[②]

多项研究已经证明，有效的、高质量的教师专业学习具备以下几个重要特征。

1）与特定的课程内容和标准相关，即教师专业学习聚焦于与特定课程内容相关的教学策略，以支持教室情境中的教师学习；支持教师课堂环境下的教师学习是那些侧重于与特定课程内容相联系的教学策略的学习。例如，包括有意专注于特定学科的课程开发，与数学、科学、阅读及写作等领域相关的教学法等。

2）融入了主动学习的要素。主动学习为教师提供了获得实践经验的机会，使其可以设计和实践新的教学策略。主动学习的益处是它能够促使教师设计和尝试实施教学策略，让他们有机会为学生设计相同风格的学习。基于主动学习的专业发展促使教师使用真实的实践、互动合作和其他策略来进行深层嵌入的、高度情境化的专业学习实践。

---

① Darling-Hammond L. Teacher quality and student achievement: A review of state policy evidence[R]. Washington: University of Washington, 1999: 4-41.

② Darling-Hammond L, Hyler M E, Gardner M. Effective teacher professional development[R]. Palo Alto: Learning Policy Institute, 2017: 1-24.

3）嵌入了教师日常教学工作。达令-哈蒙德等早在20世纪末就将以日常教学实践为基础的教师学习视为一种最有效的教师专业学习方式，旨在增强教师针对特定内容的教学实践，目的是改善学生的学习。[①]教师专业学习主要以学校或教室情境为基础，整合教师的日常教学工作，找到解决真实问题的方案并对其进行评估，以作为教学持续改进过程的一部分。嵌入教师日常教学工作的专业发展实践还强调教师将其所学应用在实际中，并进行基于探究的教学实践及合作互动。

4）坚持协作的原则。实践表明，有效的、高质量的专业发展实践需要为教师提供相互交流及在专业学习中进行协作的机会。它通常发生在教师将新教学策略与其课堂教学内容相联系的实践中。通过协作，教师可以创建能够积极改变学科组、年级组甚至学校整体或地区的文化和教学情况的共同体。“协作”可以包含多个维度，从一对一或小组协作到学校范围内的协作，再到与校外其他专业人员的协作，包括跨区域的协作等。

5）提供了课程教学模式或模型。课程教学模式或模型为教师勾勒了教师教学实践的清晰轮廓。例如，在跨越多个区使用的专业学习程序中，教师专业发展着重于教师有效地教授基础科学所需的教学内容知识的类型。课程和教学模型以多种方式支持教师学习，如第一组教师分析了从实际课堂获得并由教师编写的教学案例；第二组教师在精心组织的协作小组中进行工作，以分析学生在课堂教学中学习的实例；第三组教师使用元认知策略来完善他们的指导方案。总之，这些类型的教学可以帮助教师认识什么是优秀的教学，并在课堂上实施新策略。

6）专家或导师参与。专家和导师支持直接针对教师个人需求和实践方面的专业知识共享。专家在课堂上可以是个性化的导师，也可以是工作坊的主持人，或者是通过技术与教育工作者沟通的远程指导者，以分享他们的专业知识和见解，或者以同伴的身份参与教师的交流或讨论。专家和导师的支持包括分享有关课程教学内容和实践的专业知识，直接关注教师的个人需求。

7）具有持续性和连贯性。有效的专业发展为教师提供了足够的时间学习

① Darling-Hammond L, McLaughlin M W. Policies that support professional development in an era of reform[J]. Phi Delta Kappan, 2011(6): 81-92.

知识、实践、实施和完善新策略，以促进其教学的改变。强有力的教师专业发展计划通常是在数周、数月甚至是数年的时间内让教师参与学习，而非短暂地参加教师工作坊培训。这种模式不仅为教师提供了在一个学期反复修改教学材料的机会，还可以使其在日常教学实践中运用学习成果。

8）教师支持和主动反思。教育者需要为教师留出内省的时间，向专家征求反馈建议，这样教师才能接受改进意见并改变自身的行为方式。当教师分析教学计划、演示课程或教学视频时，可能会进行自我反思，这也为其巩固所学内容提供了机会。对此类研究进行梳理的卡尔弗特（Calvert）同时提到，高质量、有效的专业发展的一个表现就是教师支持。①

笔者从专业实践角度将上述专业学习的 8 个特征融入了我国教师的专业学习之中。笔者还将专业学习共同体作为专业发展模型的例子，将这些有效元素结合起来，以支持学生的学习成果和教师发展的研究。这种协作和工作嵌入式教师专业学习可以促使教师进行有效的教学实践，从而改善教师的常规教学工作。另外，教育者和学校管理者需要为教师的专业发展创造条件，因为教师教育与教师专业发展实践对学校的整体发展及教育质量的提升有重要影响。

二、教师学习与专业发展的具体途径

1. 基于视频的教师学习

基于视频的教师学习是教育者借助技术工具进行学习的典型方式。众多实证研究表明，在教师学习方法与实践中，基于教学视频案例的学习是一种较为有效的专业发展或学习方式。笔者通过分析相关文献发现，在视频俱乐部中，一组教师通常定期聚集在一起，一位指导者使用视频录制设备对教师的课堂教学进行录像，并在下一次的小组会议上选择相关视频片段进行展示。视频俱乐部是一个围绕教师的教学视频开展学习而组建的俱乐部。他们现场观看这些课堂教学视频片段，并讨论视频中出现的突出问题。在讨论过程中，要求参与教师打破思维定式，从平时较少关注的教学实践细节入手，重新审视自己的

① Calvert G C. Professional Development Programs for Newly Appointed Faculty Members at Selected Private Liberal Arts Colleges[M]. Los Angeles: University of Southern California, 1973: 97-109.

教学常规和日常教学事件。有研究表明，视频俱乐部的活动体现了威尔逊（Wilson）等确定的促进有效专业发展的三个特征，包括主动性、合作性和情境性。①

许多研究证实了视频俱乐部活动的效果，如谢林等研究了美国某学区4所中学的数学教师的学习，这些教师参与了为期一年的系列视频俱乐部会议。随着视频俱乐部会议中研讨持续时间的变化，成员的会话从主要关注教师观念和实践逐渐转变为关注学生的行为和语言。此外，成员对课堂中学生各个方面表现的讨论逐渐由简单复述转向详细的分析与思考。观看视频的教师逐渐从课堂中的学生的观点角度，重新设计教学问题和组织对教学问题的讨论。②研究结果表明，通过观看发布的视频资源，结合具体的教学反思，教师能够学习到什么是有效的教学实践。此外，通过观看自己的视频，他们的关注重点由课堂管理转向教学过程。通过观看同事的视频，他们还学到了新的教学策略并更能理解班级学生的思考和想法。

研究表明，如果没有充足的视频分析经验，仅仅通过观看课堂视频，教师往往不能获得深入的教学见解和观点，而有一定视频分析经验的教师能够从基于视频的专业发展干预中获益。另外，一些研究者和教师还认为观看视频的作用是深化自己的认知。例如，莱姆基（Lemke）指出，视频可以帮助教师真实地体验教学。③米勒（Miller）等将视频称为间接经验，认为它可以给教师提供足够的关于教学事件的内部信息。④戈德曼（Goldman）使用“沉浸”一词来描述视频对教师深度参与某个主题的影响，还将教师对视频呈现的教学实践与其自身经历建立联系的能力描述为“共鸣”。⑤引发共鸣的可以是自己的教学体验，也可以是教学文化环境中同事的典型教学方法或教学实践。视频以真实的方式呈现了复杂的课堂环境，它允许作为学习者的教师将其与自身的教

---

① Wilson S M, Floden R E, Ferrini-Mundy J. Teacher preparation research: An insider’s view from the outside[J]. Journal of Teacher Education, 2002(3): 190-204.

② Sherin M G, Han S Y. Teacher learning in the context of a video club[J]. Teaching & Teacher Education, 2004(2): 163-183.

③ Lemke J. Multimedia literacy demands of the scientific curriculum[J]. Linguistics and Education, 1998(3): 247-271.

④ Miller S M. A research metasynthesis on digital video composing in classrooms: An evidence-based framework toward a pedagogy for embodied learning[J]. Journal of Literacy Research, 2013(4): 386-430.

⑤ Goldman R, Pea R, Barron B, et al. Video Research in the Learning Sciences[M]. London: Routledge, 2014: 213-232.

学联系起来。正如谢林等指出的，视频对教师有激励作用。[①]从这个角度来看，教学视频能促进教师激活相关知识。为此，笔者认为，视频可以增强学习者的沉浸式、共鸣式、真实性和激励性体验。基于视频的教师学习面临的一个挑战是教师和同伴如何对视频进行生成性分析与讨论。卡兰德拉（Calandra）等发现，在教师观看视频的过程中很少提供或不提供指导时，教师基于视频的反思通常只关注课堂实践的表面现象，而未深入理解教学实践的本质。[②]此外，博尔科等的研究也表明，在基于视频的小组讨论中，教师的固定会话模式是较为普遍的。[③]

2. 基于信息技术支持及协作的教师专业学习

21 世纪初以来，随着信息技术和互联网的迅速发展，教师个人或者共同体利用信息技术、网络进行专业学习或发展成为极为便利的实践。利伯曼（Lieberman）等通过对教师个人或者与他人合作利用信息技术进行专业学习或发展实践的分析，为我们提供了通过合作和同伴互助进行教师专业学习的途径——基于信息技术支持的教师合作学习。[④]

（1）教师与同伴互助的专业学习

很长时间以来，关注教师教育与教师专业发展的研究者通过大量调查研究，证明了教师独自学习及孤立地进行教学实践是一种较为低效的活动。换言之，教师的孤立工作和单独进行的继续学习对教师个人和学生的发展都是不利的，教育工作者需要认识到教师之间进行协作的重要意义。事实上，一些研究已经表明，教师有计划并长时间地与其他教师合作，可以建立与他人合作和共同学习的共同体。典型案例是美国国家写作项目（national writing project，NWP），在项目运行的 30 年里，参与的教师遍布美国 200 多个地区。[⑤]项目成果分析表明，教师通过写作实践达到了可以将自身的实践经历作为学习对象的

---

① Sherin M G, Han S Y. Teacher learning in the context of a video club[J]. Teaching & Teacher Education, 2004(2): 163-183.

② Calandra B, Gurvitch R, Lund J. An exploratory study of digital video editing as a tool for teacher preparation[J]. Journal of Information Technology for Teacher Education, 2008(2): 137-153.

③ Borko H, Whitcomb J, Liston D. Wicked problems and other thoughts on issues of technology and teacher learning[J]. Journal of Teacher Education, 2009(1): 3-7.

④ Lieberman A, Pointer M D. Making practice public: Teacher learning in the 21st century[J]. Journal of Teacher Education, 2010(1-2): 77-88.

⑤ 任明满. 美国国家写作项目四十年发展及其启示[J]. 教育探索，2019（3）：109-113.

程度，并将教学实践与他人分享。

（2）有指导的学习共同体的专业学习

随着教师合作学习实践的逐渐深入，一些研究者逐渐意识到，当前为教师专业发展提供的学习和指导模式需要进行改变。与以往不同的是，受行动研究和学习的启发，研究者需要在教师专业学习或发展中扮演重要角色。笔者认为，作为行动研究的参与者，研究者本身对教师学习与专业发展效果就有重要影响，因此其本人可以和参与教师一起构成专业学习共同体，从而提升教师专业学习的成效。20 世纪 90 年代初，霍德（Hord）在富兰、彼得·圣吉（P. Senge）等的研究的基础上，首次提出了“专业学习共同体”的概念，他将其描述为学校管理者和教师在共同的情境中聚集，并关注当前学校的发展和教学，开展持续的合作与分享活动，将建构的策略应用到实际行动中，以增强教师的教学效能和学生的学习效果的实践共同体。[①]路易斯（Louis）等对 24 所学校中的专业学习共同体的教学实践的有效性进行了研究。结果表明，共同体中的教师大多发展出了“真实教学法”，促进了学生的深层次思考，改进了课堂教学实践，促进了教师教学质量和学生学习成就的提高。[②]

（3）教师网络研修共同体的专业学习

随着信息技术的发展，多媒体工具越来越为大众所易得，这也为教师学习与专业发展提供了更大的可能，如这些工具可以被用来捕捉教学和学习的轨迹和空间。实际调查发现，一些中小学教师几乎每天都会使用数码摄像机、计算机和电子交互白板，并且他们尝试使用这些技术来与他们的学生和同伴进行联系。很多教师利用新媒体撰写关于教学实践的博客，创建有关学生表现的视频播客，通过电子邮件与学生家长联系，并且将相关技术整合到他们的教学法中，不断发展和丰富专业学习共同体的实践。当前，关于教师专业学习（包括在线环境）的研究指出，教师专业学习共同体正在网络中真实构建并发挥效用。笔者认为，通过信息技术辅助教师专业学习共同体的实践，教师可以跨越时空，与来自不同地区的教师共同学习，就教学难题进行讨论，这样节约了资

---

① Hord S M. Professional learning communities: Communities of continuous inquiry and improvement[J]. Change Strategies, 1997: 71.

② Louis K S, Marks H M. Does professional community affect the classroom? Teachers' work and student experiences in restructuring schools[J]. American Journal of Education, 1998(4): 532-575.

源，使教师合作具有了可能性，促进了教师的参与、合作、反思和行动，从而提高了专业共同体实践的效率，提升了教师的教学效果和学生的学习成就。[①]

社会心理学研究启示我们，公开员工的绩效可以提高整个群体的绩效。同理，笔者及团队进行了有效假设，即公开教学经验可以促进教师的教学，所有的教师都能够从公开其实践经历并与他人分享的过程中获益。在这个意义上，“公开”意味着把与实践相关的知识和事件、对实践的反思呈现给对其感兴趣的教育听众。技术创新并不是目标，而是促进专业共同体分享实践过程的途径。共同体中的教师会从与其他老师一起公开的教学实践中共同学习，公开化最有利的结果是促成新的关于教学的对话。

---

① 转引自崔迪，姚伟. 美国教师专业学习共同体的历史演进及发展趋势[J]. 现代教育管理，2017（5）：112-117.

第三章　工作嵌入式教师专业学习的理论和方法

第二章阐述了好老师培养和个人特质的相关研究，本章在现有教师教育与教师专业发展取向的基础上，着重讨论和描述实践-专业学习取向和工作嵌入式教师专业学习方法的理论。与传统的实践-经验、技术理性、实践-反思取向不同，实践-专业学习取向强调教师重新回归到自己专业的课堂情境中，以现实主义为导向，在实践中开展专业学习。工作嵌入式教师专业学习是这种取向的代表性专业学习方法。与“一次性专业发展”模式不同，工作嵌入式教师专业学习是一种情境化的、基于教师日常实践的学习。通过对工作嵌入式教师专业学习的理论、方法、特征、内容的考察，笔者认为工作嵌入式教师专业学习模式代表了有效、务实的教师学习发展方向。与以往的取向不同，它强调教师要立足于自身的课堂和实践，将专业学习融入日常教学实践中，结合学生的学情开展教学设计和教学实践。本章将分析这种取向的教师专业学习方法。

第一节 学习科学视域中的教师学习

近年来，在学习科学领域，教师学习研究开始引起学习科学研究者的关注。他们开始关注教师如何运用教学技能在课堂中开展日常教学。有学者指出，教师几乎是所有正规教育的基础，是课堂干预的最终解释者和教学效果的主要监控者。学习科学主要关注课堂教学的变革，关注课堂教学中的“教师效应”，这种转变既是合理的，也是有效的。学习科学对教师如何学习教学技能和教师应用学习科学创造的新课程、技术能力的关注，对于教师和教育管理者无疑是重要而有意义的。

一、学习科学与教师学习研究

近年来，索耶等组织了世界范围内的学习科学家开展有关真实情境中人类学习的研究，并编撰了两版《剑桥学习科学手册》。《剑桥学习科学手册》的著者重点关注学习环境的设计，应用学习的新科学来建构课堂内外的有效学习环境。这是一门将研究与实践整合起来的“设计科学”，专门为现场学习而设计。这一取向的目标较为务实，不是向教师传输研究的结果，再由教师根据自己的情况改善教学，而是基于人是如何学习的最新研究成果提供教学设计方面的知识。与解释性科学的目标不同，设计科学不是为了解释事物以某种方式运作的原因，而是为了提供事情需要如何做的方案。因此，立足于学校的特定实践进行教学研究和设计，是该手册主要的特色和贡献，索耶将这一学习科学命名为学习的新科学。

教师学习概念源自学习科学领域，21 世纪以来，学习科学受到了前所未有的重视。自从 20 世纪 50 年代心理学家斯金纳发表《学习的科学与教学的艺术》以来，经过长达 70 多年的研究与实践，学习科学取得了长足的发展。事实上，学习科学发展至今，在世界范围内形成了三种不同的研究与实践取向，包括致力于“人脑是如何工作的”脑与神经科学研究、关于“人是如何学习的”认知与行为研究，以及“教育者是如何设计的”设计科学实践。[①]

在第一种取向中，学习科学家借助脑与认知神经科学的研究成果理解“人脑是如何工作的”，由此形成了系统的理论，并介绍给教育实践者。教师通过应用这些理论，开发出了更加有效的教学方法。第二种取向是将视野放置在更广阔的领域中，将来自认知科学、发展心理学、神经科学、人类学、医学、教育学，以及学科学习领域关于“人是如何学习的”研究成果系统化，以更好地将学习科学领域的研究发现与实际课堂教学连接起来，促进这些成果转化为有效的教学实践。

这两种取向逐渐形成了两大研究与实践共同体。一是以经济合作与发展组织（Organization for Economic Co-operation and Development，OECD）为主的学术团体带领世界范围内神经科学、认知神经科学、认知科学、医学和教育学领域的专家，将这些学科进行融合，形成一套新的话语体系，他们侧重研究学习行为的生理和心理机制，如“学习脑”与“教学脑”，并用于指导教育和教学实践。[②]二是以美国教育研究协会（American Educational Research Association，AERA）为代表的学习科学研究共同体。[③]这两种取向的目标是建立描述性、解释性，以及预测人类学习行为及其发展的可靠模型与通用理论，作为指导实践的理论。

基于学习科学的教师学习研究给教师学习指明了前进的方向。例如，学习科学研究者开发了课程材料，开发了教育软件，并为教师教育与教师专业发展提供了指导（包括教师的正式学习和非正式学习）。学习科学关注的是特定情境下的教师教育与教师专业发展实践，这为科学地指导教学改革和政策制定提供了指引。学习科学的多元学科整合特性也为教师教育与教师专业发展研究者提供了全面而又与众不同的研究视角，在整合了教育学和心理学等学科的观点后，改善了认知发展研究，帮助我们理解了在教师整合知识的过程中特定内

---

① 徐晓东. 为教育和教学改革而设计——《剑桥学习科学手册（第二版）》评述[J]. 中国电化教育，2020（7）：20-29.

② 周加仙. 一九九〇年代以来世界学习科学的发展及其对教育的启示[J]. 教师月刊，2019（8）：8-25.

③ R. 基思·索耶. 剑桥学习科学手册（第二版）[M]. 徐晓东等译. 北京：教育科学出版社，2021：15.

容是如何变化的。学习科学还为教师学习研究提供了新的理论和方法论，设计实验研究丰富了教师学习理论，也丰富了教师学习研究的方法论。我们可以发现，基于设计的研究、会话分析、情境认知理论，以及分布式认知理论等学习科学领域的理论和方法论在教师学习研究领域的影响不断扩大，教师学习研究得到了进一步的创新和发展。[①]

此外，情境化是近年来学习科学研究的核心，而学习科学研究的对象是学与教的过程和结果，既关注学生是如何学习的，又关注教师是如何教学的，即“学习教”的过程。在关注到教师如何运用教学技能时，即以何种方式开展教学时，教师学习研究开始引起学习科学者的关注。我们知道，早期的学习理论主要研究实验室情境下的儿童学习与成人学习，这一研究趋势在20世纪80年代后受到情境学习理论研究者和学习科学家的批判。他们认为学习是发生在真实世界中的，而不是在实验室中。因此，作为一种典型的成人学习方式，教师学习受到学习科学研究者和教育工作者的广泛关注，他们纷纷将情境学习理论应用于教师个人或集体的专业实践中。

二、学习的新科学中的教师学习研究

苏联教育心理学家维果斯基的研究表明，知识是由个人在社会文化和现实世界中通过相互交流、讨论与实践建构的，是嵌于情境和社会中的，需要通过基于真实情境的学习而获得。[②]它具有社会性、个体间性、默会性和可变性等特征。教师学习是一个持续的、扎根于日常教学情境的和主动的发展过程，与学习科学研究对象的情境性特征相一致。在众多关于教师教育与教师专业发展方式有效性的研究中，研究者发现，当教师互相交流，对理论或经验进行实践，以及反思个人的教学时，其教学效能感和知识获得感会有明显的提升。学习科学提供的情境视野、实践基础和学习工具对教师的情境知识的获得、专业能力和实践素养的提升有重要意义，为教师基于日常教学进行个性化和持续性

① R. 基思·索耶. 剑桥学习科学手册（第二版）[M]. 徐晓东等译. 北京：教育科学出版社，2021：25.

② 转引自梁爱民. 维果斯基心理发展视角下社会建构主义学习理论的构建与应用研究[J]. 山东外语教学，2011（3）：64-66.

的情境学习提供了理论根基和实践途径。

学习科学的社会性和情境性为教师教育与教师专业发展提供了有效性理论，还通过教师和情境的交互创造了多种有效的教师教育与教师专业发展途径。莱芙（Lev）和温格（Wenger）受到屠夫和护士从新手成长为熟练者的过程的启发，认为教师成长过程也遵循专业学习共同体的学习规律：由“边缘性参与”到“核心参与和决策”。笔者认为，促进新手教师和经验教师成长，也必须通过教师专业学习共同体引领这一途径来实现。这一途径注重促进教师交流经验，进行反思，并通过专业探究，在他人的协助下获得实践知识。教师专业学习共同体中的新手教师通过“合法的边缘性参与”观察教师课堂的教学情况和教学行为，体验并模仿专业教学实践过程，逐渐成长为经验丰富的教师。经验丰富的教师则通过在共同体中共享专长、交流合作、理解及内化他人的经验，对自己的教学实践进行示范，掌握实践性知识，促使自己专业知识的增长和能力的提升。

此外，在情境视野和专业实践的基础上，学习科学从学习的不同方法和不同内容的研究中对专家教师和新手教师的特征进行了区分，论证了专家教师的专长对新手教师专业成长的重要意义。它的核心思想是当学习者参与到与专家教师相似的实践活动中时，能较为深入地学习深层知识，提升专业能力。因而，学习科学通过认知专家的学习方式和知识表征，来理解学习的发生机制。对教师学习而言，教育研究者从专家教师的专业实践和有效教师教学的研究中得到启示，包括有效教师的知识基础、认知结构、教学思维、教学表现和情感特征等，设计教师教育与教师专业发展的途径和策略，促进教师开展有效教学，发展适应性专长。适应性专长通常指个体不仅能完成当前的任务，还能通过相关知识提出解决新问题的方法。教师的适应性专长对于其在真实情境中培养学生的问题解决能力和创造性才能具有积极意义，即教师不仅能熟练地进行教学实践活动，还能适应性地发现和解决教学问题，发展学生的适应性专长。适应性专长对教师学习实践的启示是促进同伴间发展元认知，不断学习交流，在他人的协助下通过个人实践和反思提升适应力和学习能力，促进个人教学专长的发展和学生学习成就的持续提高。

在第一版《剑桥学习科学手册》中，菲什曼（Fishman）等指出，学习科学研究者应该承担起这样的责任，将来自基于设计的研究及其案例研究中的小规模研究结果转移到大规模研究中甚至是教师教学与学习过程中，这样将会更容易传递信息，也会促使政策制定者制定政策时考虑教师教育与教师专业发展及相关的安排。[①]这些应用和实践无疑又需要在真实情境中进行。菲什曼等直截了当地指出，学习科学视角下的教师学习研究主要聚焦教师开展教育活动所需的知识、专业身份认同感和教学信念，以及这些领域是如何影响或塑造他们的教育工作情境的。[②]学习科学研究者从学习者的角度出发，指出教师知识与情境的联系至关重要，因为增长的教师知识如果不能迁移到实践情境，学生的学习就不会发生改变，教师学习的意义也会大打折扣。此外，强调在真实实践中学习而不是在实验室里学习的学习科学研究者指出，教师学习的研究应聚焦嵌入课堂情境中的教师实践，并促使教师在教学的设计、实施和评价过程中与他人协作，共同促进教学，使自身实践在他人提供的认知工具和课程材料中得到支持。本书中的工作嵌入式教师专业学习理论及其相关个性化和持续性教师专业学习实践与学习科学的理念一致，包括真实情境、基于课堂、教师协作、专家指导、持续学习、个性发展、面向全体、指向学生学习成就和教师教学效果等。此外，工作嵌入式教师专业学习注重教师学习的主动性，强调教师将专业学习实践嵌入自己的课堂教学过程中，并在专家导师和同事的促进下，运用信息技术来改进教学实践，丰富教学理论和方法，进而促进自身专业能力的提升及教学实践效果的改善。

第二节　教师教育与教师专业发展取向的转换

20 世纪 60 年代初，美国哲学家库恩（Kuhn）在阐述科学革命的结构时首先提出了“范式”这一概念，即从事某一科学的研究者群体共同遵从的世界观和行为方式，包括共同的基本理论、观念和方法，共同的信念，以及某种自然

---

① R. 基思·索耶. 剑桥学习科学手册[M]. 徐晓东等译. 北京：教育科学出版社，2010：609-627.

② R. 基思·索耶. 剑桥学习科学手册（第二版）[M]. 徐晓东等译. 北京：教育科学出版社，2021：732-752.

观（如形而上学假定）三方面的内容。他将科学革命的结构分为四个范式，并将范式转换理解为理论上的根本假设的转变。[①]通常情况下，如果稳定的范式未能运用适当的方法解决目前的问题，范式就会发生转换，即范式发生转移。近年来，教师教育与教师专业发展领域关于范式转换的研究逐渐增多。国内学者洪明认为，教师教育和教师专业发展领域的范式转换既是思想和理论的变革，也是从关注“理论”到关注“实践”的转换。张奎明指出，教师教育领域正在进行以行为为主的理论和知识观为支持的传统教师教育范式向强调以经验基础、参与合作和反思探究为支持的教师教育范式转变。[②]美国学者达令-哈蒙德提出，21 世纪教师教育的范式应具备诸如优质教学实践嵌入教师教育课程、专业标准引领教学实践、融入真实情境和案例研究、学会反思、与专家导师合作等特征。[③]

近年来，教师教育与教师专业发展的取向也在发生转换。从教师教育与专业发展的历史脉络来看，其出现过众多的取向和转换，如理查森等的实践-理性取向、沙科纳（Zeichner）的个人探究学习取向转换、科萨根的现实主义取向、达令-哈蒙德的实践-反思取向及伊润特（Ernest）的问题解决取向等。受这些取向和转换思想的影响，笔者通过对国内外教师教育与教师专业发展的发展历史和线索进行梳理，将教师教育与教师专业发展阐述为四种取向，分别是 19 世纪末兴起的实践-经验取向、20 世纪中期兴盛的技术理性取向、20 世纪 80 年代后开始的实践-反思取向，以及 21 世纪初在学习科学研究影响下所建立起来的实践-专业学习取向。本节笔者将重点阐述这四种取向及其形成的历史脉络。

一、实践-经验取向

19 世纪末，教育者普遍认为，教学的技术并不是通过专门的教育练就的，而是在实践中以师徒制的方式通过经验获得的。新任教师在师范学校中主要学习学科知识，而教授知识的技能或技巧则是在其任教后通过校长或学校其

① 托马斯·库恩. 科学革命的结构[M]. 金吾伦，胡新和译. 北京：北京大学出版社，2022：13-28.

② 转引自周成海. 国际教师教育范式转移及其哲学基础[J]. 外国教育研究，2008（12）：1-6.

③ 转引自周成海. 国际教师教育范式转移及其哲学基础[J]. 外国教育研究，2008（12）：1-6.

他管理者指派的熟练教师的示范及指导并对其进行模仿而获得的。例如，在早期师范学校中，教师培养多是采用学徒制，在教学实践中进行指导，其中教师的学科知识与实际效用的不匹配逐渐成为焦点。因此，自20世纪初开始，教师专业理论和教学实践的不对等一直是各国职前和在职教师教育与教师专业发展的主要特征，并部分地影响了后来兴起的高等学校教育学院及在高等学校以外的地方建立的教育学院进行教师培养的发展实践。

20世纪早中期，国内师资培养和专业发展研究与实践迅速兴起，并在职前和职后教育阶段发展出教师教学技能培养的两种途径。其一，在职前教育阶段，师范生通过见习、听课和教育实习获得教学知识；其二，新任教师入职后，学校领导通过师徒结对方式让经验丰富的教师帮助新教师获得教学经验和管理技能，如“传帮带”和“青蓝工程”等。其后，国内中小学开始的科组教研活动对于新教师教学能力的提升起到了重要的促进作用。例如，教师集体外出观示范课与公开课制度，这种模仿学习对于教师获得教学常规技能有着积极影响。实际上，相互模仿的学习方式在国内已有2000多年的历史，《礼记·学记》曰“相观而善之谓摩”，意指教师之间通过相互观察、彼此切磋琢磨，可以改善自身的实践。①

二、技术理性取向

19世纪末至20世纪初，在教师教育与教师专业发展的实践-经验范式发展的同时，随着教育学和心理学的迅猛发展，教师教育领域出现了从以讲座形式为代表向教师系统化地传授教育学和心理学知识的理论和实践，技术理性取向正式初露端倪。20世纪七八十年代，受行为主义思潮的影响，按照某种既定方法向教师传授某一特定内容的“技术理性”取向在教师教育与教师专业发展中开始占据主导地位。根据格罗斯曼等的分析，技术理性取向下的教师教育和教师专业发展途径着眼于特定的教师教学策略，以帮助教师进行从教育理论到实践的转化，旨在发展微格教学法。②微格教学以教学技术和技巧为基础，

① 转引自高时良. 学记评注[M]. 北京：人民教育出版社，1982：113-126.

② 帕梅拉·格罗斯曼. 专业化的教师是怎样炼成的[M]. 李广平，何晓芳等译. 北京：人民教育出版社，2012：76-82.

专注于识别与学习成果高度相关的教学行为。教师指导者通过简化常规教学过程来培训教师的这些技能。教师在简化的情境中练习应用这些特定技能，并对应用效果进行反馈，这是教师培训的最初形式。教师教育与教师专业发展领域由此出现了两种重要取向。一是职前教师培养的“程序化”，教育者首先将未来在教室中可能应用到的技能一一列出，然后再以讲座形式或在微格教室中向职前教师传授理论或进行以能力为基础的形式化训练。二是对于在职或职后教师的专业发展实践而言，设计者采取了在教师共同体中通过分析好老师的特征，让新任教师模仿好老师的教学行为，或由通过有指导者参与的学术研讨会或讲座形式，介绍教育理论和优秀案例，使新任教师通过主动学习并在实践中运用已有的知识和技能来提升自身的专业水平。因此，教师被认为是一个优秀的教学理论与实践的“翻译者”，是教学理论传输的“管道”。

技术理性取向的持有者认为，专业发展不是个人独有的，任何教师都可以有效应用习得的教学理论与技能，并且不受个人特质和环境的影响。但在一项综述性研究中，科普兰德（Copeland）发现，尽管类似的微格教学培训方法可能会增强教师的自信心，但他们并不总是在教学中使用在微格教学中学到的技能。[①]格罗斯曼指出，许多微格教学培训方法通常无法实现其目标，并认为微格教学研究也存在重大问题。[②]例如，一些研究缺乏理论指导，或研究方法缺乏严谨性。一些研究者通常没有收集关于微格教学中技能的实际使用情况数据，而在微格教学培训中，由技能向教学实践的转移是最重要的目标。麦克劳德（MacLeod）认为，关于微教学的有效性研究存在争议。[③]其他研究结果也都表明，从理论到实践转移的技术理性模式在教学中几乎没有产生任何作用。正如巴伦（Barone）等的调查指出的，大部分教师教育课程都是一些几乎与实践无关联的形式化理论。[④]塔巴克尼克（Tabachnick）等的研究结果表明，随

---

① Copeland W D. Some factors related to student teacher classroom performance following microteaching training[J]. American Educational Research Journal, 1977(2): 147-157.

② 帕梅拉·格罗斯曼. 专业化的教师是怎样炼成的[M]. 李广平，何晓芳等译. 北京：人民教育出版社，2012：135-147.

③ MacLeod G. Microteaching: End of a research era?[J]. International Journal of Educational Research, 1987(5): 531-541.

④ Barone T E. Educational platforms, teacher selection, and school reform: Issues emanating from a biographical case study[J]. Journal of Teacher Education, 1987(2): 12-17.

着教学现场工作经验的积累，教师在接受师范教育期间发展出的众多想法和教育理念逐渐地被“洗劫一空”。[①]与此同时，许多教师虽然明确地认识到专家提出的理论在实践中不能得到有效的运用，却有着一种辜负专家期待的感受。原因在于，由专家建立并设定的一般化理论知识和教学方法与教师个人实践和现实教学的不匹配关系被逐渐放大，致使专家型教师的地位受到威胁，教师与其的关系逐渐疏远。因此，与实践-经验取向相似，技术理性取向由于未能充分发挥其应有的功能而受到社会和教育界强烈的批判。

事实上，在培训课程中学习的知识和掌握的能力很难帮助教育者来描绘未来的实践。正如库伯（Combs）等主张的，教学专家的理论与方法无法直接作用于初学者的学习。[②]教师教育者卢卡斯（Lucas）的研究表明，教学能力测试的预测效度很低，主要被用于对教育质量进行评估。[③]随着各国教育质量评价改革政策和学区教育质量问责制的实行，这种技术理性取向下建立的微格教学和培训及基于胜任力的教师专业发展模式在各国依然存在，其积极意义则体现在部分地解决了各国短期内师资数量短缺的问题。

三、实践–反思取向

20 世纪 80 年代开始，在以人为本的教师教育（human-centred teacher education）理念的影响下，职前教师教育领域出现了一种与能力或技能为本不同的教师教育观。它倾向于将职前师范生作为一名未来教师来看待，即作为成人学习者来看待。实际上，人本主义教师教育起源于人本心理学，创始人是罗杰斯（Rogers）和马斯洛（Maslow）。20 世纪 70 年代后期，库伯等就在佛罗里达大学推广了这种方法，随后被各国的教师教育者熟知。罗杰斯和斯科特（Scott）认为，人本主义教师教育的首要宗旨是教师必须认清自身及其教学参考框架、价值观及教学偏见，明确个人专业成长的核心角色。[④]它与同时期兴

---

① Tabachnick B R, Popkewitz T S, Zeichner K M. Teacher education and the professional perspectives of student teachers[J]. Interchange, 1979(4): 12-29.

② Combs A W. The Professional Education of Teachers: A Humanistic Approach to Teacher Preparation[M]. Boston: Allyn and Bacon, 1974: 43-65.

③ Lucas C J. Teacher Education in America[M]. New York: Palgrave Macmillan, 1999: 123-153.

④ 转引自曹树真. 论罗杰斯的师生观[J]. 外国教育研究，2000（6）：1-6.

起的在职教师强调教学反思的教师专业发展理念一致。重视反思的教师教育者认为，在职教师或职前师范生在教育培训或实习期间应该结合学生、课堂、学校情况及所教授的内容来学习。因此，在人本主义教师教育观和教学反思观念的影响下，教师对自身教学的反思一时成为个人专业发展的重要途径。事实上，教学反思最早由杜威提出。20 世纪 80 年代，舍恩发展出“反思性实践家”概念[①]，使反思成为教师培训项目中不可或缺的重要组成部分，实践-反思取向由此出现。舍恩将反思分为“行动中反思”和“对行动反思”两类。麦卡平（McAlpine）等随后又提出了“为行动反思”的观点。[②]21 世纪初，国内学者陈向明在此基础上发展出了实践-反思的教育质性研究范式。[③]国内学者孙杰远认为，通过对自己和他人的教学经验与方法进行反思，并内化为自己的教学行为的过程，是促进教师教育与教师专业发展最直接和最有效的手段。[④]

事实上，这种强调教师个人主体性和反思性的专业发展方式有利于教育管理者和教师将注意力聚焦于教师本人，对教师教育的发展和教师专业成长具有积极意义。教育政策制定者通常从专业能力方面强调教师教育成果的重要性，而教师教育者和研究人员则着重强调教师个人特征的重要意义，如热情、友善、灵活或对学生的关爱。让教师现场观课或观看教学视频的做法并不能促使教师提升教学能力，也不能改变教学现状。其后，伴随着教师教育与教师专业发展的生态范式的出现，导师的角色和作用受到广泛关注，“文化”“共同体”“合作”“境脉”等关键概念被频繁提及。因此，单纯地依赖教师自身的经验不能实现有效的教师专业发展，对新手教师来说，在教学实践中，导师扮演的是支持者角色。笔者发现，多数新教师认为他们的教学参考了导师的意见，这使他们能从专业知识角度去思考和分析教学实践。

近年来，在关注教学的复杂性和教师本人教学实践的特殊性的趋势下，教师教育与教师专业发展领域开始关注个性化和持续性的专业学习途径。国内

---

① 转引自洪明.“反思实践”思想及其在教师教育中的争议——来自舍恩、舒尔曼和范斯特马切尔的争论[J]. 比较教育研究，2004(10)：1-5.

② McAlpine L, Weston C. Reflection: Issues Related to Improving Professors “Teaching and Students” Learning[M]. Berlin: Springer, 2002: 59-78.

③ 陈向明. 范式探索：实践-反思的教育质性研究[J]. 北京大学教育评论，2010（4）：40-54，188.

④ 孙杰远. 当代教师道德养成特征与发展策略[J]. 广西师范大学学报（哲学社会科学版），2012（5）：125-129.

外普遍开展的以大规模讲座为主要形式的各级各类培训，虽然在促进教师更新理念和获取新知识上有积极作用，但其与校情、学情及教师的发展需求无关，没有关注到教师个体所处的情境等特殊因素，且不能满足教师日益增长的个性化发展需求，效果不佳。

四、实践-专业学习取向

基于三种教师教育与教师专业发展取向，笔者在广泛调研和深入研究的基础上提出了实践-专业学习取向。笔者通过对技术理性取向的批判，强调教师应该重新回到实践中，从教学实践中学习。当然，这里所说的实践不是指以往的实践，更不是指在以往的实践基础上的教学经验的积累，而是指在实践基础上实现教师的专业学习，即在教学中进行专业化的学习。这种学习将理论和实践进行整合，具有系统化、个性化和持续性等特征。另外，笔者认为，与“在实践中进行反思”的取向相比较，反思只是专业学习中的一种方式而已，专业学习涵盖的范围更广，如包括主动学习和专家指导、提供反馈和共同反思、个性化和持续性的专业探究和循证的实践，以及信息技术为教师学习赋能等。

笔者认为，促进教师专业成长不能单纯地依靠在实践中汲取经验，更不能仅依靠听讲座来获得理论知识，也不是仅凭借个人的独立反思就能成为好老师，而是需要教师重新回归到自己的日常生活之中，立足于自身的教学和工作实践，在专家指导和同伴参与下，与专家和同事一起探究，共同反思和一同学习。实践-专业学习取向强调的是立足于教师工作或实践的学习，是个性化的学习。它能够促进教师持续学习和成长，是持续性的学习。在教师的专业学习中，教师从同事和专家的经验中学习，从教学实践中学习，体现出了学习的社会属性。教师专业学习的目标与众不同，直接指向改变教师的知识和实践，以及提高学生的学习成就。与教师专业发展相比，教师专业学习的内涵更加丰富，它意味着教师对学习的积极投入和主动参与，同时能得到专家的指导。专家和同事能为教师专业学习提供有效的反馈，与教师共同进行反思。教师则以专家的视角观察课堂，以同事的视角看待问题和分析问题，并采用专业探究方式开展教学研究，以研究的结果为基础开展循证实践。此外，在此过程中，信息技术能为教师专业学习赋权增能。

第三节　工作嵌入式教师专业学习方法

正如前文所述，为回应世界范围内对提高教育质量和教师专业发展效果的诉求，近年来，各国的研究者逐步致力于转变教师专业发展的取向，使其更加务实和有效，从而提高学生的学习成就。从教师培养的历史线索来看，教师教育和教师专业发展先后经历了实践-经验、技术理性、实践-反思、实践-专业学习四种取向的转换。本节主要论述实践-专业学习取向下的工作嵌入式教师专业学习兴起的背景、工作嵌入式教师专业学习方法及其特征。

一、工作嵌入式教师专业学习兴起的背景

实践研究表明，在现有的职前教师教育课程与在职教师专业发展项目中，虽然专家认识到了教师教与学的专业理论的多样性，但与学生学习问题和课堂实践相关的知识内容相对匮乏。正如库班（Cuban）在综合学校改革会议上的讲话中指出的，教育改革存在着内在的悖论："教师既是问题，也是解决方案。"[①]教师及其教学实践过程成为教师教育与教师专业发展、教学变革不可或缺的重要因素。兴起于20世纪80年代后期的工作场所学习，因其个性化、连续性、实践性的特点，成了成人教育中促进工作嵌入式学习的有力方式。但对于教师教育与教师专业发展中的工作嵌入式学习的实践场，国内外学者则未探索出明确、有效的实践途径。

近年来，美国众多教育研究者和政策顾问纷纷开展了对教师培训或专业发展的研究和效果评估，研究结果表明教师培训对学生学习成就和教师成长的影响较小。例如，达令-哈蒙德在对全国性的教师暑假专业进修效果进行调查

① Cuban L. Improving urban schools in the 21st century: Dos and don'ts, or advice to true believers and skeptics of whole school reform[C]. Denver: OERI Symposium on Comprehensive School Reform Research and Evaluation, 2001: 1-35.

后认为，一般的理论讲习班、教师示范课实践、短暂的集中培训对教师教学没有产生显著影响，并且在提高学生的学习成就方面的作用微小，与专业教师学习所需的组织及人力、物力资源相比，其影响甚微。①

从国内来看，教育部自 20 世纪末和 21 世纪初启动了新的基础教育课程与教学改革，相关部门也纷纷启动了地区和学校的课程教学、教师发展和学校管理等试点改革与实践。为了配合改革的要求，教育部联合财政部等多部门自 2010 年在全国范围内实施“中小学教师国家级培训计划”（简称“国培计划”）。自 2012 年开始，教育部将“国培计划”纳入贯彻落实《国家中长期教育改革和发展规划纲要（2010—2020 年）》的教育发展重大项目中，将其作为加强幼儿园、中小学教师队伍建设的一项重大举措。具体来看，“国培计划”的宗旨是示范引领、促进改革和补足短板。起初，它以培养乡村教师为重点，通过对中小学和幼儿园教师的教学技能的专项培训来提高其教育教学能力和专业化水平，以此带动各地各类学校教师的全员培训工作的开展，大幅度提高了新课程改革背景下教师队伍的整体素质，为促进学前教育普及、义务教育均衡发展和基础教育质量提高提供了师资和教学方面的保障。

2014 年以后，在“国培计划”的带动下，各地逐渐形成了“国培-省培-市培-县培-校培”五级联动的新型教师培训网络，并在此基础上打造了一支高水平、专业化的教师培训专业队伍，以期探索出一条促进中小学教师素质和能力提升的中国道路。近年来，教育管理者和研究者开始关注学前教育阶段的师资培养和教师队伍建设。2021 年，《教育部 财政部关于实施中小学幼儿园教师国家级培训计划（2021—2025 年）的通知》下发，明确了“十四五”期间“国培计划”的基本思路、重点工作和保障措施，包括推进教师培训提质增效和教师队伍高质量发展。该文件从培训内容体系、培训机制、能力建设、监管评价机制四个方面，明确了十项重点工作。在培训机制方面，该文件特别强调各地要实施分层分类精准培训，建立教师自主专业发展机制，开展教师自主选学试点，强化培训学分银行建设，并尝试推进教师培训与学历教育衔接。

通过对“国培计划”实施情况的调查，李瑾瑜等认为“国培计划”对培

---

① Darling-Hammond L. 有力的教师教育——来自杰出项目的经验[M]. 鞠玉翠等译. 上海：华东师范大学出版社，2009：35-43.

训模式的总体要求是以学科为基础，以问题为中心，以案例为载体，理论与实践相结合，研究总结教育教学经验，帮助教师解决教育教学过程中所面临的实际问题。①此外，“国培计划”首创了置换脱产研修模式、混合式培训模式、主题式培训模式和跨年度培训模式。基于信息技术发展的背景要求和教师多样化的学习需求，“国培计划”还积极创建和推行了集中面授、网络研修、校本研修和现场实践相结合的混合式培训模式。集中面授重在问题诊断和经验总结，帮助参训学员确立发展目标，拟定研修计划，明确研修路径，提升网络研修能力，组建学习共同体；网络研修主要依托网络研修社区，教师在专家的组织引领下进行小组协作学习和个体自主学习；校本研修包括开学前请专家进校讲座、定期组织专家听评课等；现场实践则结合校本研修，通过线下有组织的学习和个体自主学习，将所学内容应用于教育教学实践中，加深专业理解，解决实际困惑，丰富自身的经验，生成研修成果，改进教育教学理念和行为。“国培计划”推行的混合式培训模式，促使教师边学习、边实践和边提升，实现了教与学、学与用的有机结合，也推动了信息技术与学科教学的深度融合。为了使教师培训更加切合教师教育与教师专业发展的需求，避免培训目标与内容的脱节，“国培计划”推动主题式培训，倡导“开展主题鲜明的培训”。针对教师培训的“一次性”任务现象，“国培计划”明确提出了承担院校或机构要科学诊断教师的培训需求，分类、分科和分层设计递进式培训课程，积极推行跨年度递进式培训。②“国培计划”首创的许多模式使我国教师培训在常规模式的基础上，又有了多样化的、更加符合教师专业学习特性的模式。笔者认为，其目的是使教师真正成为培训的参与者和学习者。

二、工作嵌入式教师专业学习方法及其特征

如前文所述，教师知识的获得并非独立的过程，它不仅需要扎根自身的课堂实践，而且需要教师转变观念及深入进行专业学习，摒弃传统和错误的学生学习规律（如记忆）和教学规律（如提供大量练习）等方面的一些偏见和先

① 李瑾瑜，王建. “国培计划”对我国教师培训的创新性贡献[J]. 教师发展研究，2017（2）：1-9.
② 李瑾瑜，王建. “国培计划”对我国教师培训的创新性贡献[J]. 教师发展研究，2017（2）：1-9.

入为主的观念。通常情况下，在这些偏见和固有观念的影响下，教师对教学过程的理解往往是不完整的，有时甚至是不准确的，以致无法有效地指导其实践。教师在日常教学中形成的“常识理解”影响了其对新信息的吸收，使教学培训的作用大大降低。为了对发现的新知识建构理解，教师需要进行独一无二的、个性化的专业学习实践，并反思和分析数据，与专业学习共同体中的同伴进行讨论。随着教学的进行，教师能够围绕核心实践来进行新的理解，可以更有效地进行反思，并指导其日常教学决策，这也是工作嵌入式教师专业学习的过程。

达令-哈蒙德等指出，工作嵌入式教师专业学习主要以学校或课堂实践为基础，通过整合教师教学实践及其专业发展过程，促使教师、共同体主动探索和评估解决真实问题的方案，以增强教师设计和实施特定内容的教学能力，达成改善学生的学习及提升教师专业能力的目的。[①]笔者认为，工作嵌入式教师专业学习已经成了一种新的学习方法。需要指出的是，与其他研究者的观点不同的是，笔者认为教师工作嵌入式专业学习不仅是一种方法，而且涵盖了众多关于教师学习的新观念和新理论，其中，学习是指嵌入工作的学习，它代表的是一种有效和务实的教师专业学习新方法。

与以往的参与学习不同，工作嵌入式教师专业学习强调在不干扰教学秩序和关注个人实践的情况下，组织教师从课堂教学过程中进行专业学习，大大提高了教师专业学习的效率，务实而高效，为教师非正式学习提供了理论与方法。

从教师教育和教师专业发展几种取向的特征来看，工作嵌入式教师专业学习与其他教师学习方法和教师专业发展的内容、模式不同。诚然，教学培训可以增加教师的陈述性和程序性知识，并为教师专业实践奠定基础，却不一定能促成教师的有效教学。在复杂的教学情境中，教师需要具有以说明性和程序性知识为基础的原理性或因果性知识，以便其在应对复杂的教学问题时能有目的和有意识地采取行动。此外，为了促进有效教学，教师还必须学习教学技术性知识——知道何时何地应用专业知识，以及如何评估教学效果。借助教学技

① Darling-Hammond L, McLaughlin M W. Policies that support professional development in an era of reform[J]. Phi Delta Kappan, 2011(6): 81-92.

术性知识，教师可以评估学生成绩和教学结果，以促进学生的学习。

此外，工作嵌入式教师专业学习强调教师实践的共享和持续特征，因此需要教师积极参与教学共同体的合作实践。典型的方式是课例研修，如教师借助日常授课和与学生的课堂互动，以建构特定学生在特定情形下与特定教师就特定想法进行互动的新实验。其中，当教师观察并反思学生探索实践的过程时，必须保持对学生行为的及时理解并做出回应，教师还要不断协调特定的学习目标、课程内容和教学策略，以适应学习者个性化或特定的学习兴趣和需求。

为了对实践-经验、技术理性、实践-反思、实践-专业学习四种取向进行对比，突出四种取向的关键特征和适用对象，为教育改革者和政策制定者设计教师专业发展的项目和途径提供依据，笔者从兴起时期、理论基础、关键特征、典型实践、适用对象及发展效果六个方面对四种取向进行了比较，具体如表 3-1 所示。

表 3-1　四种教师教育和专业发展取向的比较

历史线索	实践-经验	技术理性	实践-反思	实践-专业学习
兴起时期	19 世纪末	20 世纪中期	20 世纪 80 年代	21 世纪初
理论基础	经验主义	行为主义	认知主义	社会建构主义
关键特征	经验模仿	形式化训练	经验反思	基于课堂的学习
典型实践	学徒制和见学	微格教学	课例研修	工作嵌入式专业学习
适用对象	新入职教师	职前教师	经验教师	在职教师
发展效果	效率低	效率极低	附加条件有效	务实和高效

第四节　工作嵌入式教师专业学习的特征与内容

众多有关教师专业学习或发展实践的有效性研究证明，没有长期的、既定的和循序渐进的持续性专业学习，教师很难获得专业发展。笔者认为，有效的教师专业化学习应是一种结构化的、持续性专业学习，其目标是改变教师专业实践和学生学习的效果。笔者以下对工作嵌入式教师专业学习的特征进行了详细分析，旨在为研究者和教育工作者设计和实施有效的教师专业学习或发展方案提供参考。

一、工作嵌入式教师专业学习的特征

从内涵来看，工作嵌入式教师专业学习中教师及其同事可以根据学生的认知发展水平来选择课程标准与教学大纲，设计教学方法及发展特殊领域的教学论。它突破了对课程难易程度取“平均值”的思维的束缚，对学生的要求可能高于或低于现有的课程标准。此外，工作嵌入式教师专业学习的重要目标之一是提升学生的学习成就。换言之，教师专业学习的目标不仅应指向教师教学行为的改变，更要提高学生的学习绩效。因此，工作嵌入式教师专业学习的关键是了解学生学习及教学的过程。

（一）教师学习的主动性

主动性是工作嵌入式教师专业学习的首要特征。工作嵌入式教师专业学习的核心是教师直接参与正在学习的实践，并确定将学生和课堂联系起来的实践对象。其中，正在学习的实践可能是核心教学实践，也可能是教学常规。例如，在课例“如何在小学五年级一堂空间概念数学课开展探究式学习”中，教师学习的实践是探究式学习，而空间概念和学生主体则是教师学习的特定对象。此外，学习的内化过程被认为是教师学习主动性和积极性的明显标志，因而教师学习是一种“适应机制”。教师将新知识与已有图式进行整合，以期达成真正的理解，而不是不经过内化便简单地接受新知识或进行教学模仿。民俗教育学直接指出，模仿只能达成形似，而做不到神似。要达到神似，教师必须了解行动的成因。因此，教师需要了解问题的本质，并形成自己独特的见解和教学实践知识。换言之，教育和教学现象的因果性和基于因果的推理对教师有效运用知识至关重要，而主动和积极学习正好串联起了教师学习这一连贯的认知过程。

（二）教师学习的个性化

工作嵌入式教师专业学习同时强调教师专业学习的个性化，指的是教师个人选择与需求、教师个人实践和经历，以及教师专业学习的社会化特征，即教师学习是与他人合作进行学习而非独自埋头苦干。笔者及团队建构的“专家进课堂”“专家引领的研学助教”“现象为本课例研修”等个性化专业学习模式，摒弃了传统教师学习中的“个人化”的做法，倡导教师与同事间的相互启发、切磋琢磨等。[①]例如，当建立了一个由专业知识库构成的教师专业学习资源网站后，教师可根据个人需要，通过下拉菜单方式，选择自己需要的内容。值得注意的是，当前越来越多的研究者认同学习的社会性特征，即认为学习不再是个人的事情，而是一个共同学习的过程。对于教师学习而言，反思是核心要素，即使被认为是属于个人内在认知过程的反思，教师也需要借助专家和同事的视角内化共同体成员的思考。因此，教师的学习和思考不是独立的，而是一个社会性的过程。

（三）信息技术和学习环境的支持

学习科学视野中有关成人学习理论与实践的研究表明，当成人进行自我指导并在已有知识的基础上获得新知识和技能，认识到所学知识之间的相关性及其对个人发展的意义时，学习效果最佳，也就是说在日常实践中获得了建构扎根理论的知识。因此，有效的教师专业学习应基于学生和教师的表现方面的证据来分析学校的需求，从而开展专业实践。教师通过对教学数据的分析来制定教师专业学习目标并使其与学生学习过程保持一致，以在地区和学校的改善计划与工作嵌入式教师专业学习之间建立强大的联系，从而提高整个教育系统工作的有效性。工作嵌入式教师专业学习通过专注于与教师高度相关的具体教学行为，使其积极主动地参与和构建专业知识。此外，学校的文化环境也会影响教师的学习过程，学校领导可以通过组建专业学习共同体、创设学科教研的场景，来建构教师持续学习和团队合作的组织文化。

（四）兼顾教师和学生的发展

正如扎根教师日常教学实践的教师专业学习呈现的那样，工作嵌入式意

---

① 徐晓东，李王伟，赵莉. 专家引领下现象为本的课例研修模式及其效果研究[J]. 电化教育研究，2020（10）：106-113.

指教师将专业学习的重心放在课堂教学上，保证专业学习实践的连续性和效率。目前，关于教师学习，有几个不同的层次。第一个层次是传统学习模式，如各种培训计划中的集中讲座式教师专业发展，主要关注教师对新理念、新方法和新技术的学习；第二个层次是校本教研模式，聚焦教师对特定科目内容和学校相关校情的学习，如听评课中专家讲授如何对教材和课标进行处理的相关内容；第三个层次的教师专业学习则聚焦于教师自身所处的教学情境，关注教师所教班级的学生及教学内容，是促进教师个性化发展和学生学习成就提升的显性方式，即真正意义上的工作嵌入式和聚焦内容的专业学习。嵌入工作和基于内容的专业学习对满足不同环境中学生和教师的需求尤为重要，因此教师及其共同体可通过统计分析将学生学习的成就数据与教学内容知识、学生思考知识以及教学智慧连接起来，促使教师创造性地发展教学实践并创建自己的教学理论，从而实现教师和学生共同发展的目标。

（五）专家导师与促进者的作用

通常情况下，教师专业实践的改善有赖于教学问题的解决与对教学效果的评估，循证教学实践中的持续合作为其提供了可能。教师的合作实践不仅使其在协作解决问题方面的经验得以丰富，而且使整个学校与科组教师的专业教学知识和个人实践知识得以建构，从而促使其对优秀教学实践的理解达成共识。其中，教师合作实践中的促进者及其专业能力是工作嵌入式教师专业学习效果的重要影响因素。合作伙伴可能是专家导师、学科组长或者同事，他们除了具有促进实践的专业知识外，还具备促进人际交往和合作的技能，并能支持教师进行团队合作，以增强教师教学与学生学习之间的联系。专家导师的指导是工作嵌入式教师专业学习的重要元素。通常，教师专业学习或专业发展的设计者可依据教师个人需求来设计包括内容知识和经过实践检验的实践性知识的指导环节，通常是在教师日常实践中配备双导师，即大学学科教学法教授和中小学教学名师或教研员。

二、工作嵌入式教师专业学习的内容

“实践”一词在教师教育领域被频繁提及，研究者通常将其与学习教学的过程及效果相联系。通常，以课堂为中心的教学涉及教师、学生和内容三个因素，并且各因素间存在复杂的相互作用。例如，教师需要充分考虑本班学生的智力和认知水平、学习能力和成绩，以及学习动机和兴趣爱好等，以此安排教学进度。此外，在课堂中，学生并不仅是个体，还是一个群组成员，他们会围绕学习内容在小组中进行交互。在教学中，教师有时需要将学生视作个体，有时需要将其视为整体。此外，教师在课堂实践中还要考虑教学与学习内容的关系。教师与学科内容的关系不同于教师与学生以及不同小组学生之间的关系，每名教师与学生间的社会关系会自发地和教师与学科内容之间的关系发生作用。在教师备课或准备教学工作时，学生家庭状况、区域社会文化都是在进行教学实践之前需要厘清的。因此，教师学习时必须置身于自身的教学实践中，如此学习教学核心实践才会有效。

学术界普遍认为，学习教学与实践存在四种关系，即在实践中学、从实践中学、学习的实践和为实践而学。因此，教师专业学习语境下的实践也具有四个层次的内涵，即教学作为理论应用的实践、教学作为积累的实践、教学作为未来绩效的实践和教学作为共同体的实践。教学核心实践包含教师自身的实践、同事的实践及名师的实践三种形式。美国教育学者兰帕特认为，与理论相对的实践是指实践是实现某一想法的过程，而从学习教学的角度来看，学习教学存在的问题导致了专业学习理论与实践的割裂，并对教师学习教学的理论建构和行动产生了较大的影响。[①]例如，当前国内教师教育课程提供的教学理论与利用微格教学训练职前教师教学技能的实践，以及在职教师专业发展培训中以讲授新理论为主的集中讲座式模式，都折射出了技术理性取向下的专业学习或发展模式对教师发展的不利影响。

由“实践是人们的习惯性行为过程”而演绎出的“教学作为实践的积累”的观点认为，教师的教学行为是经由一系列日常教学实践积年累月而形成的一些教学惯例、习惯方式或实践模式。在个性化和持续性的专业学习中，研究者发现所有教师都会遵循某些教学惯例，例如，教师在正式上课前都会强调一些纪律性问题。再如，在理科教学中，大多数教师会采用“演、讲、练”模

① Lieberman A, Pointer M D. Making practice public: Teacher learning in the 21st century[J]. Journal of Teacher Education, 2010(1-2): 77-88.

式，即按照先做实验，然后讲解与归纳，最后在下课前让学生做练习的实践过程。在其他课堂中，教师通常会采用温故知新的模式，即首先复习旧课程，然后讲授新内容。正因为如此，教师教学需要从实践开始。新教师掌握教学的核心实践可以避免由失败导致的早期精力耗竭。此外，掌握核心实践能使新教师逐渐获得成功，进而激发他们的工作热情、增强信心，有勇气去面对新的挑战。

三、工作嵌入式教师专业学习中他人的角色

笔者认为，专家导师和促进者在工作嵌入式教师专业学习中具有重要作用。嵌入日常教学的个性化和持续性专业学习实践与其他教师专业发展项目的主要区别在于，它是专家指导下的教师专业学习实践，教师知识的“获得”或“形成”都是借助专家和同事的协助完成的。专家和同事在此过程中起到了中介作用，而教师通过内化专家和同事的观点而获得成长。例如，教师借助专家的视角看待问题和解决问题，内化同事的观点并付诸行动，这都是在他人的协助下发生的变化，即学习中的个体性被内化为个体内要素的过程，这是一种适应机制。工作嵌入式教师专业学习中的“学习”与学习是个体内在认知的过程的观念不同，它重视学习的社会属性。认知心理学家皮亚杰（Piaget）认为，不管是指向外部的动作，还是内化为自身的思维动作，个体的每种心理反应都是一种适应。[①]因此，适应可通过两种形式来实现。一是同化，即把环境因素纳入机体已有的图式或结构之中，以加强和丰富主体的动作。具体而言，就是主体将外界的元素整合到一个框架之内，当主体获得新经验时，这一框架总是在校正经验，即同化经验，使其符合已有的图式。通过同化，主体原初的认知结构和理解水平会改变他对周围环境做出反应的方式。二是顺应，即改变主体动作以适应客观变化。顺应和同化是互补的过程，个体通过同化和顺应的形式来达到机体与环境的平衡。如果机体和环境失去了平衡，个体则需要改变行为以重建平衡和适应，这也是心理发展的本质。

---

① 皮亚杰. 发生认识论原理[M]. 王宪钿等译. 北京：商务印书馆，1981：145-162.

第五节　工作嵌入式教师专业学习的方法

教师的学习必须根植于自己的实践场域，立足于课堂。然而，这样的学习并非通常意义上的中小学校本教师培训计划。中小学校本教师培训计划通常倾向于最大限度地减少理论内容，并致力于培养新教师的实践智慧。在英国，一些观察家和政策制定者一方面认为学校课程的理论内容很重要，另一方面却倾向于通过以能力为基础的实践智慧来主宰教师的专业“培训”计划。事实上，轻理论和轻实践两种极端的教师专业学习实践都有其不足，研究者通常倡导理论和实践并重的专业学习实践。如何实现这样的专业学习目标呢？笔者的研究与实践证明，以探究为本的实践符合其特征和目的，即促使教师在实践中不断进行问题探究，并辅以坚韧不拔的行动，最终建立一个符合自身实践规律的理论，这一过程不但改进了教师自身的实践，也丰富了教学理论的内容。笔者通过梳理，归纳了近年来嵌入学校环境或教师教学实践中的专业学习方法或途径，大致包括课例研究、案例方法、基于视频的专业学习、核心实践法、反思促进法等，为教育管理者和一线教师进行专业学习实践提供了参考。

一、课例研究

“课例研究”是较为经典的教学研究，也是通常所称的日常教研。20 世纪末，课例研究或“授业研究”首先在日本兴起，日语又称“jugyokenkyn”。课例研究通常是一位教师在一组同伴面前准备并且教授一堂课，典型特征是教师共同体通过观摩其他教师的实际课堂教学，并采用灵活的方法和工具，合作分析课堂教学信息，收集资料与证据，促进个体和共同体的反思与专业能力的提升。伴随着日本文部科学省教学改革的推进，有的地方会出现数百名教师一起观察一节课的现象，随后教师参与到课后讨论中，一起分析这节课的优点和不足，以向执教教师进行提问，使教师专业学习过程植根于教师自身的日常教学实践。另外，教师有时也会以小组的形式一起工作和备课。实际上，这些研究课堂的实践为教师向他人学习及完善自己的实践并且与他人合作深入理解教学的复杂性提供了机会，其关注焦点都是对“以课为单元和对象”的研究，并为学校教师创建了合作的文化，突出了教学公开本质的重要性。

课例研究实践的著名传播者施蒂格勒（Stigle）比较了美国、日本半个世纪以来教师改革的推进路径，对日本通过课例研究促使教师构建的持续教学改进系统进行了分析，使立足于课堂实践的教学研究范式得以确立。[①]英国的教师研究者在改善本国教师的教学实践时，借鉴课例研究过程发展出促进职前教师专业发展的“课例改进”模式，即以反思性评价为重点，通过职前教师的集体备课教研、分析学生、观察课堂、分析教学效果等方式，促进其教学技能的提升和学习质量的提高。[②]笔者借鉴国内学者李树英等归纳的“课堂学习研究”的基本流程，分析了课例研究实践的基本过程，包括教师及同事选择课题进行合作设计并确定学习内容—教师课堂实践与课堂观察—教师课后讨论共同改进设计—教师进行课堂再教学—教师反思课堂和分享教学[③]，如图 3-1 所示。

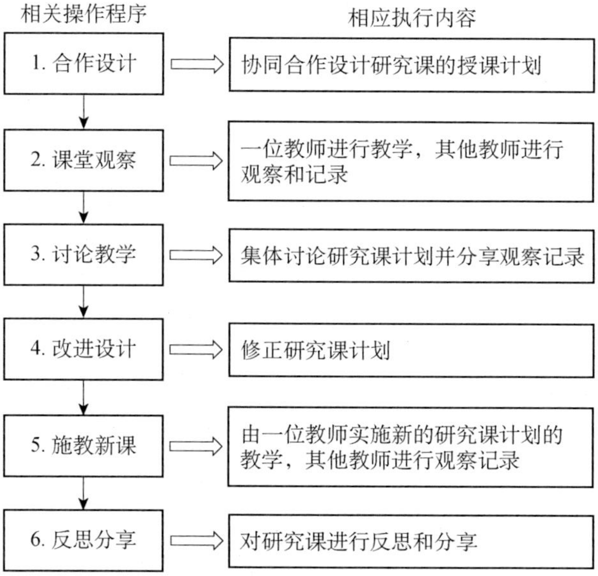

图 3-1 课例研究的内容和实施过程

---

① 转引自赵莉. 专家引领下的课例研修效果研究[D]. 广州：华南师范大学硕士论文，2019：25.

② 转引自安桂清. 国际比较视野下的课例研究：背景、现状与启示[J]. 教师教育研究，2014（2）：83-89.

③ 李树英，高宝玉. 课堂学习研究实践手册[M]. 合肥：安徽教育出版社，2011：17.

其后，有研究者从教师共同体的实践立场出发，发展出课例研修专业学习方式，并将课例研修过程定位为在真实课堂教学情境下，专家、教师和管理者基于特定课堂研究的技术、工具和方法，对特定的课堂教学问题进行解构、分析、反思和示范，促成教师教育教学知识、能力和素养持续性生长的专业研修模式。笔者认为，课例研修是一种根植于教师的教学实践、落地于中小学校本研修的持续性专业发展方式，它以教师的日常课例为基本单元，由教师共同体就其中的主题、学情、教情和效果展开探讨，协同解决课例中出现的典型问题，启发教师思考，比较不同问题解决方案的优劣，联系自身教学过程，反思教学策略和改进方法，再由共同体成员一致确认解决方案，并进行教学实践改进与反思，是一种融入教师日常教学的个性化和持续性的专业能力提升途径。

二、案例方法

与课例研究类似的工作嵌入式专业学习方法是案例学习方法。20 世纪 90 年代中期，案例方法的先行研究者莫塞斯（Merseth）认为，采用案例方法来组织导师和新教师之间的对话，可以有效地支持教师的自主学习或专业发展。案例方法包括小组讨论案例、扮演案例中角色的和编写案例。[①]

传统上，案例通常以对现实情况的书面描述、口头陈述、录像或计算机模拟的形式出现。格罗斯曼指出，案例可以帮助教师学习教学思想，反思困境和探索可能采取的行动。[②]达令-哈蒙德等认为，当教师对精心选择的案例进行反思时，他们对案例中包含的教学原理或困境的理解得到了增强。达令-哈蒙德等还提到了两个需要注意的方面。第一，如果教师对学生的了解有限，可能会导致“误诊”或无法找到解决案例所涉问题的有效方法。第二，教师可能缺乏将案例的具体内容与理论联系起来的能力。基于对案例学习研究文献的回顾，格罗斯曼认为，有些证据表明案例确实促进了教师对教育问题的有效分析，尽管没有很多案例表明其可以对教师的学习产生影响，但是格罗斯曼强调

---

① National Research Council. International Comparative Studies in Education: Descriptions of Selected Large-Scale Assessments and Case Studies[M]. Washington: The National Academies Press, 1995: 3-6.

② Grossman R W. Encouraging critical thinking using the case study method and cooperative learning techniques[J]. Journal on Excellence in College Teaching, 1994(1): 7-20.

需要进行更多研究，以帮助教师教育者了解能促进教师专业学习的案例的特征。[①]

三、基于视频的专业学习

将案例融入教师教育的一种具体方式是录制教学视频。基于视频的专业学习，最早可以追溯到20世纪60年代美国斯坦福大学艾伦·柯林斯（A. Collins）博士及其同事共同创立的微格教学。[②]它是一种利用现代视听手段，以少数学生为对象，以小型课堂为形式，以小的课题为内容，在较短的时间内通过小规模的教学实践，培养职前和在职教师的教学技能的系统方法。微格教学随后传入澳大利亚、英国、日本、中国、南非等许多国家和地区，并得到了深入、系统的研究与实践，其核心目标是培养和提高教师的教学技能。布劳沃（Brouwer）通过对388项关于使用数字视频研究的分析指出，基于视频的专业学习，即通过视频学习来提高教师的专业教学能力，它会影响教师的认知和教学。此外，有关视频使用有效性的研究表明，使用视频是改善教学实践效果的有效策略。[③]例如，罗斯（Roth）等对48名教师进行的一项研究表明，视频的使用提高了教师的教学能力，以及他们在课堂上运用教学策略的能力。[④]克斯汀（Kersting）等对36名教师的视频使用情况进行了研究，发现视频对教师的知识生成甚至学生的学习都有影响。[⑤]

基于视频的专业学习又是教师的教学分析能力形成和发展的过程。教学分析过程通常包括对课堂视频的观察和反思。因此，教学分析能力又具体表现

---

① Grossman R W. Encouraging critical thinking using the case study method and cooperative learning techniques[J]. Journal on Excellence in College Teaching, 1994(1): 7-20.

② Ledger S, Fischetti J. Micro-teaching 2.0: Technology as the classroom[J]. Australasian Journal of Educational Technology, 2020(1): 37-54.

③ Brouwer C N. Imaging teacher learning. A literature review on the use of digital video for preservice teacher education and professional development[EB/OL]. https://hdl.handle.net/2066/115293, 2011-04-11/2021-09-11.

④ Roth K J, Bintz J, Wickler N I Z, et al. Design principles for effective video-based professional development[J]. International Journal of STEM Education, 2017(1): 1-24.

⑤ Kersting N B, Givvin K B, Thompson B J, et al. Measuring usable knowledge: Teachers' analyses of mathematics classroom videos predict teaching quality and student learning[J]. American Educational Research Journal, 2012(3): 568-589.

为课堂视频观察能力和教学反思能力。观察与反思常常是同步进行的，但是又各有侧重。课堂观察是对课堂教学进行客观诊断的过程，旨在发现教师教学的优点和不足。课堂教学的复杂性，使得现场观摩难以把握教学的全貌，有些事件稍纵即逝，编码结构也往往比较模糊，视频则可以弥补现场观察的不足，具有易获得、易编辑、易分析及易共享等特点。有研究者比较了不同特征的视频在促进教师深入讨论学生思维过程中的作用。教学反思能力，尤其是协作反思能力是教师专业学习要实现的重要能力目标。教师通过观察他人的教学视频，尤其是优秀教师的视频，可以找到有效的教学思路与策略，经过教学反思，实现从模仿到教学创造的转变。此外，同伴互助及专家引领下的协作反思能帮助教师发现自己教学中存在的问题，帮助其分析问题、解决问题，从而促进教师教学能力的提高。罗萨恩（Rosaen）等通过比较基于视频的反思和基于回忆的反思，发现基于视频的反思有如下特点：①基于视频的反思更具有针对性；②基于视频的反思聚焦于教学过程，而基于回忆的反思聚焦于课堂管理；③基于视频的反思较少关注教师自身，而是会更多地关注学生。[①]

此外，基于视频的专业学习或专业发展也注重对教师专业学习环境的设计，以有效地支持教师学习。教师专业学习环境设计有两个特征。第一，以教学视频为核心，运用超媒体技术全面展示教学理论与实践的联系。威斯康星大学和罗格斯大学合作开发的“中小学教师教育项目”（the elementary and secondary teacher education program，eSTEP）课程中包括一个超媒体图书馆，该图书馆将学习科学的概念与教师的课堂录像数据库连接在一起。[②]项目设计者的目的是希望教师利用工具将丰富的理论知识与职前教师可能遇到的真实情境联系起来。第二，为教师的学习活动提供支持。教学策略框架（strategic teaching framework，STF）项目的设计，一方面体现了认知学徒制的特点，在线学习环境中有教学视频案例；另一方面体现了认知弹性理论的特点，将一门课作为分析单元，课堂教师、学科内容专家和课堂外的教学法专家可以从多个视角对学科内容进行评论。另外，要想使教师发展获得良好的效果，应根据职

① Rosaen C L, Lundeberg M, Cooper M, et al. Noticing noticing: How does investigation of video records change how teachers reflect on their experiences?[J]. Journal of Teacher Education, 2008(4): 347-360.

② O’Donnell A, Hmelo-Silver C E, Erkens G I J. Collaboration, Reasoning and Technology[M]. Mahwah: Erlbaum, 2006: 171-196.

前教师的学习目标对视频材料进行调整，并且视频材料的学习需要与辅导员和同伴协作进行。摩尔-鲁索（Moore-Russo）等强调需要为职前教师提供一个框架来支持他们对视频案例的分析。[①]沃尔什（Walshe）等认为，360度视频在支持实习教师对其实践和专业发展的反思方面具有显著潜力。[②]

国外基于视频的教师专业学习是一种建立在实践基础上的反思性学习，它摒弃了传统的单纯的理论讲解，也不再采用单纯的外在的教学技能模仿与矫正方式。这种方式强调发挥视频分析在教学理论与教学实践之间的桥梁作用，以促进教学理论与教学实践的紧密结合。为了实现这个目标，国外视频案例本身的设计及其分析过程都突出强调了理论与实践的紧密结合。国内一直重视基于视频的教师专业学习研究与实践，但与国外相比还有非常大的提升空间，存在视频内容粗加工、视频支持技术单薄和视频资源应用范畴有限三大问题。这就需要我们合理借鉴国外的理论与实践成果，不断提高基于视频的教师学习效果。国情不同，教育、历史、文化传统不同，因此要在合理借鉴国外经验的基础上，开展基于视频的教师专业学习本土化创新研究。笔者在关于工作嵌入式专业学习的研究与实践中，广泛运用了教学视频，并且将教学视频及分析称为“可读实践的技术”。

四、核心实践法

将实践引入教师教育的方法也被称为核心实践法。这种方法最初建立在牧师和心理医生进行专业准备的基础上。它的本质是教师教育者或专家导师为新任教师提供从事实践的机会，这些实践是接近于专业的实践。例如，初学者被要求在与真实教学情景相似的情境中行动，但又不那么复杂或危险。当教师在学校常规课堂之外的情况下这样做时，就有很多机会走出行动的圈子，与他人（如同伴）进行对话，接受建议，并尝试新的行动。格罗斯曼等主张围绕核心实践开展这种活动。其中，确定核心实践的标准有以下几点：一是它们在教

---

① Moore-Russo D A, Wilsey J N. Delving into the meaning of productive reflection: A study of future teachers' reflections on representations of teaching[J]. Teaching and Teacher Education, 2014(1): 76-90.

② Walshe N, Driver P. Developing reflective trainee teacher practice with 360-degree video[J]. Teaching and Teacher Education, 2019, 78: 97-105.

学中出现的频率很高；二是初学者可以在不同的课程中进行这些实践；三是让初学者更多地了解学生和教学，保持教学的完整性和复杂性。[①]福尔扎尼（Forzani）指出，虽然核心实践方法的实施过程与传统的微格教学方法较为相似，但其实践内容和特征有显著的区别。[②]随着全球教育变革的持续推进，教育工作者越来越重视锻炼学生的思维，重视提高教学效率，重视教学实践，因此核心实践法的特点是将对技术技能的关注与专业判断等结合起来。

核心实践是实践型教师教育的重要组成部分。例如，数学教师教育领域的学者已经确定了一套可以跨学科和跨层次实施的实践，再如，领导公开讨论，实施课堂话语和工作的规范和惯例，以便新手教师能够有效地传授教学内容知识。巴拉宏（Barahona）在《外语教学中翻译作为核心教学实践的潜力》中为了确定和描述在智利环境下有效教授英语的核心实践[③]，通过德尔菲法设计了一项以调查智利英语教育专家组的观点为中心的研究。基于对文献的分析，他设计了以下问题来指导研究：在智利公共系统中，外语专家认为哪些教学实践是有效学习英语的核心？进行核心实践有哪些启示和限制？专家组成员有 46 名英语教育工作者被其他教师教育者推荐为语言教师专家，31 名在职学校英语教师被相关机构认定为专家。这项研究的数据是通过两轮问卷调查和一次焦点小组会议产生的。笔者根据文献综述列出英语教学八项核心实践的初步清单，具体研究过程与结果如表 3-2 所示。

表 3-2 英语教学的八项核心实践

核心实践	教学活动
促进对目标语言的理解	用英语作为教学手段，使用一系列策略和技术（手势、具体对象、视觉效果等）来增强语言的可理解性。为学生提供常用的表达方式来支持其对话，使其有效地使用语码转换
构建课堂话语共同体	让学生以小组形式参与交际任务，用英语与师生互动
指导学习者解释和讨论真实的文本	以书面或口头文本为基础进行讨论（重点是口译），实施包括预读/预听/预习、略读、指导等在内的活动

① Grossman P, Hammerness K, McDonald M. Redefining teaching, re-imagining teacher education[J]. Teachers and Teaching: Theory and Practice, 2009(2): 273-289.

② Forzani F M. Understanding “core practices” and “practice-based” teacher education: Learning from the past[J]. Journal of Teacher Education, 2014(4): 357-368.

③ Barahona M. The potential of translanguaging as a core teaching practice in an EFL context[J]. System, 2020, 95: 1-14.

续表

核心实践	教学活动
通过例子在有意义的语境中教授语法	通过在故事、诗歌、轶事中嵌入的例子来呈现语法结构，吸引学生从例子中构建规则
注重与文化产品相关的实践和观点	设计课程的重点是文化文物，以了解自己和其他文化。将内容与其他学科联系起来
提供口头方面的纠正反馈，以优化学习者的表现	使用各种策略（如重铸、重复、提示）来提示学生的错误，并允许他们修改自己的答案
为学生设定长期和短期学习目标	建立一个对学生有意义的、符合国家标准和国际标准的英语学习目标
选择和设计评估任务，以展示学生在课上和课间的学习成果	使用广泛的形成性评估任务（如出境票、can-do 陈述、检查表）来告知学生学习效果

五、反思促进法

20 世纪 80 年代以来，反思是教师教育学中的关键词，尽管很少有高质量的研究关注反思在教师教育中的重要性。最初，教育研究者关注的是如何对反思进行概念化以使其变得可操作和有效。其后，随着教师对教学反思的关注不断深入，不同学者对反思的认识呈现出不同。例如，许多研究者强调了反思在教育中的某些价值或意义。另外，几乎所有学者都同意反思是一种特殊的思想形式，这个概念最先在杜威的著作中被发现。他将反思定义为个体进行坚持不懈的、活跃的认真思考。[①]洛克伦（Loughran）等认为反思是有目的、有意识地探究自己的思想和行为。[②]

在关于反思水平及深度的研究中，研究者通常运用反思水平层次的分类法来界定不同的反思。正如盖尔福索（Gelfuso）等所言，一般教师遵循低反思水平模式，认为高级教师只将高反思水平的经历描述为高反思水平的经验。[③]

---

① Rodgers C. Defining reflection: Another look at John Dewey and reflective thinking[J]. Teachers College Record:The Voice of Scholarship in Education, 2002(4): 842-866.

② Loughran J, Gunstone R. Professional development in residence: Developing reflection on science teaching and learning[J]. Journal of Education for Teaching, 1997(2): 159-178.

③ Gelfuso A, Dennis D V. Getting reflection off the page: The challenges of developing support structures for pre-service teacher reflection[J]. Teaching and Teacher Education, 2014, 38: 1-11.

戴维斯（Davis）区分了生产性反思和非生产性反思，认为非生产性反思是描述性的，反思内容缺乏重点，依赖于教师自身的判断-心理框架，并且不包括对教学的分析或评估。富有成效的教学反思包括质疑假设，对不同观点持开放态度，并促使教师进行深入分析，整合知识并能观察和参与、分析课堂教学中的相关要素之间联系。①科萨根等提出了基于螺旋反思模型的教学方法，通过几个阶段来促进职前教师的反思，包括回顾行动；对教学基本方面的认识；试图建立替代行动方法；审视自己的实践。②当前，这个模型得到了世界各地教育工作者的广泛认可，并在各地教师专业学习与反思中得以成功应用。

六、组建专业学习共同体

研究者认为，当职前教师参与到共同学习的实践中时，其反思水平和效果就会得到提高。在理想情况下，教育者应该创建一个学习共同体，使教师能在其中对教学实践中的共同经验和教学问题进行专业协作和反思。有时，这样的社区被称为实践共同体。情境学习的集大成者之一温格将其定义为一群人共同关注或热爱他们所做的事情，并通过定期互动学习如何做得更好③。王江汉等运用在线共同体理论，从社会文化活动理论的视角，以 iResearch 在线外语学术科研平台“我来读文献”活动在线外语教师学术共同体为例，探讨了该共同体的构建模式与实施特点。④这个活动邀请有丰富经验的研究者为领读者，带领参与者同读一篇期刊论文或一部专著，目的是通过提高参与者阅读文献的能力，提升其选题、研究设计和学术写作等方面的能力。图 3-2 为该活动的一般流程。

---

① Davis E A，Ann A. Characterizing productive reflection among preservice elementary teachers: Seeing what matters[J]. Teaching and Teacher Education, 2006(3): 281-301.

② Korthagen F A J. Reflective Thinking as a Basis for Teacher Education[C]. Washington: ERIC, 1985: 3-14.

③ Wenger E. Communities of practice[J]. Communities, 2009(5): 57-80.

④ 王江汉，段长城. 在线外语教师学术共同体的构建与实施模式——基于 iResearch 外语学术科研平台的研究[J]. 外语电化教学，2017（3）：85-91.

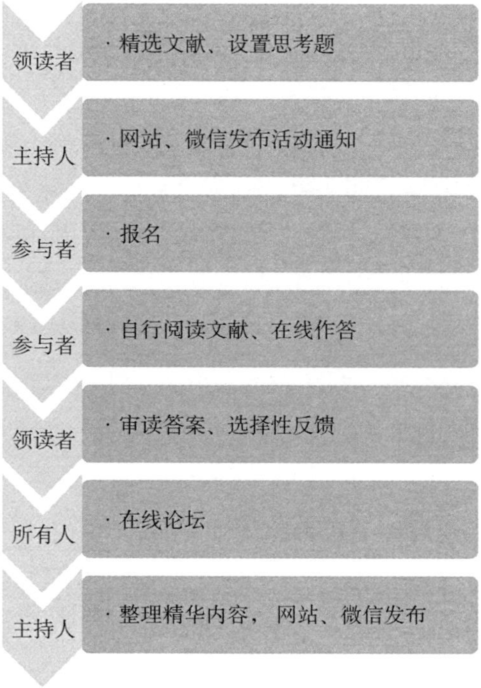

图 3-2 iResearch“我来读文献”活动流程

研究者选择 3 名参加“我来读文献”活动 3 期或 3 期以上的外语教师为研究对象，以探究相对稳定的共同体成员对这一共同体的认识、参与情况和感受。研究者收集了研究对象网站记录、书面回忆性自述、问卷、访谈和论坛即时交流记录五方面的数据。通过收集与分析数据，研究者发现专业学习共同体的构建和实施存在如下特点：“领域”针对性强、“社区”互动性强和“实践”有深度。[①]

韦肖等对以学习共同体为中心的 11 项研究进行了分析。研究结果表明，学习共同体对学生和教师的学习很重要，有时被称为变革性学习。韦肖等认为专业学习共同体基本脱离了传统专业发展的模式：教师通过合作探究探索教学的新思路和新方法，充分利用学生学习过程和效果的数据，提高了学生的学习效果和自身的教学质量。[②]李（Lee）等也发现了在线学习小组的积极成果。

① 王江汉，段长城. 在线外语教师学术共同体的构建与实施模式——基于 iResearch 外语学术科研平台的研究[J]. 外语电化教学，2017（3）：85-91.

② Vescio V, Ross D, Adams A. A review of research on the impact of professional learning communities on teaching practice and student learning[J]. Teaching and Teacher Education, 2008(1): 80-91.

他们强调，安全地揭示一个人的真实身份，对创造对话和改变观点很重要。[①] 有学者探讨了变革型领导、专业学习共同体、教师学习引导等更多以学习者为中心的教学实践的途径。研究者采用结构方程模型对莫桑比克的95所小学的518名教师的问卷调查数据进行了检验。[②]数据分析表明，变革型领导对教学实践的影响是实质性的、间接的，主要通过专业学习共同体和教师专业学习来实现。专业学习共同体对教学实践的影响更大，它的作用既有直接的，也有间接的，是通过教师专业学习来实现的。研究结果表明，专业学习共同体在教育变革中起到了核心作用。它以相互协商、信息交流和集体决策为特点，是实现教学实践变革的有效途径。[③]

七、教育叙事

通常，教师在专业学习共同体中进行合作的一种特殊方法是相互讲述故事或进行教育叙事。笔者认为，这是记录教师学习这一复杂过程的有效方法。通过叙事，教师可以对教学实践过程进行更深入的分析，增强自身的洞察力，有效地促进其对自身教学的思考和改进。教育学者的大量研究表明，教师叙事即讲故事的方法一直与其将教学反思、专业学习和教学改变有直接或间接的联系，其对于促进教师的专业成长和提升学生的学习成就有积极意义。[④]

此外，与教育叙事方法相似且同属叙述的其他方法是教师个人进行的自传写作。这种写作可以有不同的侧重点，如教师个人较好的体验或不满意的经历、身份认同、归属感及专业成长等。此外，教师也可以使用分享故事的方式

---

① Lee K, Brett C. Dialogic understanding of teachers' online transformative learning: A qualitative case study of teacher discussions in a graduate-level online course[J]. Teaching and Teacher Education, 2015, 46: 72-83.

② Lee K, Brett C. Dialogic understanding of teachers' online transformative learning: A qualitative case study of teacher discussions in a graduate-level online course[J]. Teaching and Teacher Education, 2015, 46: 72-83.

③ Luyten H, Bazo M. Transformational leadership, professional learning communities, teacher learning and learner centred teaching practices; Evidence on their interrelations in Mozambican primary education[J]. Studies in Educational Evaluation, 2019, 60: 14-31.

④ 王彦，王枬. 教育叙事——从文学世界到教育世界[J]. 全球教育展望，2005（4）：34-39.

和同伴一起交流，这为教师进行个人反思及与同伴就自身教学进行集体反思提供了机会，能促使教师从不同的角度理解自身的教学经历。此外，教育工作者还可以通过教育叙事将教学实践与理论联系起来，以促进教师的实践知识和理论知识的积累。

八、行动研究

笔者认为，教师及共同体积极主动地开展行动研究，是教师进行工作嵌入式专业学习的一种主要方法。行动研究有两种方式：一种方式是通过对教学中的问题进行循环往复的反思性研究，促使教师在此基础上付诸改进行动，不断地改进自身的教学专业实践，以提高教师的教学效果和学生的学习绩效。这种方法提升了教师本人的教学能力，促进了其专业成长。另一种方式是使教师在行动研究中成为真正的研究者。这种方式的基本假设是，教师在同事参与或专家指导的基础上，将研究和教学实践结合起来，剖析教学或课堂上遇到的问题、问题产生原因及解决方法，通过付诸实践，尝试改变教学和学生的学习成就，以此发展自身的研究辅助型实践，并在此基础上建构关于教学的实践知识或理论，进而指导自己的教学实践，这样就真正形成了边做、边学和边研究的询证实践过程。笔者认为，这是行动研究最具有教育理论意义和实践价值的体现。

学界通常认为，行动研究用于教师专业学习或发展，以改进课堂教学为目标，并通过教学研究的方式来改善教学实践。根据课堂教学改进目标以及解决问题的方法等的复杂性，教师开展行动研究的时间可能会持续一年甚至更长。笔者认为，作为一种以行动研究为手段的教师专业学习方法，行动研究主要是引导教师通过观察和反思，借助学习科学、教学理论及方法对教学中遇到的问题进行分析，并在此基础上进一步采取行动解决这些问题，进而提高教学效果，达到提升教师专业能力的目的。因此，行动研究能为教师解决实际教学中遇到的问题提供强有力的支持。

与教师合作学习过程类似，教师开展的行动研究有时不是单独进行的，他们通过合作进行研究并与他人分享。另外，从行动研究的循环过程来看，行动研究有助于保证教师专业学习的持续性，并成为教师帮助其他教师的一种有效方式。行动研究鼓励教师支持彼此的智力和专业成长，并使教师认识到应该通过增加教学知识和提升能力来提高教师的专业社会地位和身份认同感。在理想情况下，积极参与教学研究也有助于为理解教师学习教学新理论的内涵和过程奠定基础。例如，笔者带领研究团队开展的“专家进课堂、评课促成长”“专家引领的研学助教”“专家引领的现象为本课例研究”等方式都是以公开化的教师专业学习为基础，同僚间开展具有共享性质的教学研究，教师与同伴切磋琢磨、相互启发，实现共同成长。

九、教师研究

笔者认为，在教师专业学习或发展中，随着教育领域实证主义和质性主义研究的发展，相对于反思促进法和教育叙事，甚至是行动研究等教师专业成长途径[①]，教师研究受到了广泛关注，即教师根据自己的教学实践收集数据，然后进行反思和改进，以促进教师专业知识和能力的全新建构，有时称为教学实践研究。例如，美国教师教育学者科克伦-史密斯（Cochran-Smith）等认为，教师研究是促进教师成长和发展的基本工具。[②]他们引入了“探究态度”这一概念，以此增强教师课堂实践中知识与行动之间的关系。当教师将自己的课堂和学校作为有意义的调查和探索对象时，其产生的实践知识称为实践性知识，它不同于外部专家提供的理论化的实践知识。

目前，关于教学探究和教师实践者研究的几种途径对教师教育和专业学习都很有帮助，这几种途径的目标和侧重点不同。例如，行动研究专注于教师教学实践的改进和学生学习成就的提高。早在 20 世纪 80 年代初期，就有研究者对行动研究的基本过程进行了分析，包括行动、观察、反思和计划四个循环迭代的阶段。[③]21 世纪初兴起的自学研究的主要目标是使教师在教学实践中不断加深对自身扮演的角色的理解，职前教师可以通过它来加深对实

---

① 袁振国. 实证研究是教育学走向科学的必要途径[J]. 华东师范大学学报（教育科学版），2017（3）：4-17，168.

② Cochran-Smith M, Lytle S L. Inside/Outside: Teacher Research and Knowledge[M]. New York: Teachers College Press, 1993: 5-36.

③ Stephen K, Robin M, Rhonda N. The Action Research Plan[M]. Berlin: Springer, 2014: 1-31.

践的了解。

十、档案袋

20世纪80年代，博尔科等率先将档案袋引入教师教育和教师专业成长领域，以激发职前教师对其教学实践的反思与评估。①达令-哈蒙德等将档案袋看作证明教师的思想、学习方面的表现的证据。②档案袋的组成部分包括直接来自教学的文档，如学科课程或单元计划、教学大纲、讲义、带有教师评语的作业和学生示范作业的复印本、教学现场照片、课堂录像带、专家评课工作坊的录音带、教师所获奖励证明或组织学生开展主题班会的实践记录等。另外，档案袋还可以包括教师日志、学科课程的政策和详细内容、自身的反思记录及他人对自身教学评价的文件等。

奥内尔（Oner）等在教师教育中使用了基于网络的档案袋，并证明了其能促进职前教师的高水平反思。③教师教育者与职前教师对档案袋价值的理解可能有所不同，从而导致了两者的认识和实践行动的不一致。出现这种不一致的原因可能是其关于档案袋的内容和组成无法达成共识。职前教师也可能对制作档案袋花费的时间与其价值是否成正比感到疑惑。④造成这些不一致现象的原因还可能包括教师教育者未明确说明档案袋的目的，职前教师的教学环境不同，形成性评估与总结性评估的要求具有不确定性等。布罗特（Breault）认为，教师教育者必须向职前教师说明制作档案袋的目的，这是教师创建有意义的档案袋的重要前提。⑤舍恩指出，职前教育领域可以通过设置专业实习课程来为职前教师提供一种部分简化现实教育情境而非完全简化现实世界教

---

① Borko H, Putnam R T. Learning to teach[A]. In D. C. Berliner, R. C. Calfee (Eds.）, Handbook of Educational Psychology. Macmillan Library Reference USA: Prentice Hall International, 1996: 673-708.

② Darling-Hammond L, Snyder J. Authentic assessment of teaching in context[J]. Teaching and Teacher Education, 2000(5-6): 523-545.

③ Oner D, Adadan E. Use of web-based portfolios as tools for reflection in preservice teacher education[J]. Journal of Teacher Education, 2011(5): 477-492.

④ Breault R A. Dissonant themes in preservice portfolio development[J]. Teaching and Teacher Education, 2004(8): 847-859.

⑤ Breault R A. Dissonant themes in preservice portfolio development[J]. Teaching and Teacher Education, 2004(8): 847-859.

学的情境空间，使其在这一情境空间进行专业教学实践和练习，以丰富专业教学知识和提升能力。①笔者认为，尽管开始时这样的专业学习情境可能会让职前教师或新手教师感到无所适从，但它仍然具有近似于真实教学情境的作用。

① Schön D A. Educating the Reflective Practitioner: Toward a New Design for Teaching and Learning in the Professions[M]. San Francisco: Jossey-Bass, 1987: 125-146.

第四章　个性化和持续性教师专业学习研究

本章重点阐释了实践–专业学习新取向，讨论的重点是该取向的基本特征和实践方式，以解决如何使教师专业学习保持个性化和持续性的问题。教师单独埋头苦干，并不能在短时间内准确地把握实践中各种复杂的关系和不断出现的新问题，因而笔者提出的个性化和持续性教师专业学习是指教师根据个人的特点、独特的经历、特殊的实践及学情和校情，在专家的指导和同事的参与下进行的共同学习及反思学习。为此，学校需要为教师提供练习机会，如果教师没有机会对学到的新内容进行练习，就不会促进专业发展和成长。本章还将介绍为支持教师个性化和持续性专业学习而增权益能的两种信息技术工具，即 Transana 和 Nvivo，借助这两款自上而下和自下而上挖掘知识的软件工具的帮助，教师的洞察力得到显著提升。

第一节 个性化和持续性专业学习的理论基础

现有的一些教师专业发展理论虽然对学习教学即理论学习的主张进行了批判，又过分地强调了学习教学只是反复地在实践中汲取经验和教训。个性化和持续性的教师专业学习反映的理念则强调学习教学并非单一地边做边学的工作，而是必须遵循从边做边学再到研究的发展过程。这里的“研究”与现有以备课为主的“教研”不同，它强调在教师的协助下将教学理论和实践整合，并重构教学理论，进而成长为专家型教师的过程。从成人学习理论角度出发，作为成人的教师应该通过自身建构理论的方式来进行专业学习。

一、最近发展区理论

维果斯基于 20 世纪 30 年代提出了“最近发展区”（zone of proximal development，ZPD）这一重要概念。维果斯基在《最近发展区的理论：教学过程中的儿童智慧发展》中指出，儿童的智力至少有两种发展水平——实际的发展水平和即将达到的水平。儿童自身现有的心理机能的发展水平和在成人的指导帮助下所能达到的解决问题的水平之间存在差异，实际的发展水平和潜在的发展水平之间的距离，就称为最近发展区，又称潜在发展区。所谓“潜在的发展”，意味着儿童接受成人的启发与指导后，在与伙伴合作中解决问题时所能达到的水准。这个事实在实际上具有绝对性的原则意义，不仅完成了教学过程与儿童发展之间关系学说的根本转型，而且在成人发展方面也可以迁移。[①]个体的最近发展区是随着个体与他人的互动不断发展和变化的。在接受帮助或指导帮助他人的过程中，个体通过帮助和互动挖掘自身的潜力，完成了

① 王文静．维果茨基“最近发展区”理论对我国教学改革的启示[J]．心理学探新，2000（2）：17-20.

个体依靠自身的实际能力无法完成的任务。在这个过程中，个体的潜在的知识与技能就显现出来了，转化为现有的发展水平，而最近发展区又更新为新的潜在的知识与技能，它是随着个体的成长而发展的。[①]在融入课例研究的教师专业发展模式中，教师正是通过构建学习共同体，互相合作、探讨与反思，并从支持者（研究者或专家）身上获取帮助、借鉴经验，通过教学实践将其内化吸收，以达到改进教学的目的的。这个过程的循环往复就是教师个体最近发展区不断更新迭代的过程。

二、相互启发理论

笔者认为，相互启发是指在相互启发对方的同时，个体间互相启发，自己不仅是启发者，还是受启发者。其中，受启发包含了两个层面的含义：第一，通过他人的提示而受到启发；第二，自身在启发他人时也受到他人的强化，从而重新进行自我认识，实现自我启发。[②]其过程可以分为两个阶段：主体间的相互启发和达成个人内在启发的自我启发。相互启发原理有两个方面的特征：一是主体间的相互启发体现了平等的、互为主体的人际关系；二是主体的自我启发源于自我意识和自我调节，能促进其自主发展。互相启发的主体之间共同分享经验，相互理解，能实现意义共建共享，共同发展人际关系。

笔者在其他文章中指出，主体间启发的认知机制的过程主要有四个方面的内容（图 4-1）：受启发源于对“原型事件”的激活；关键的提示信息会导致启发活动的产生；启发活动的核心是建立新的不同于旧知的联系，实现类比认知；启发活动的结果表现为打破思维定式，相互理解，以及修补心理模型。[③]相互启发的认知体现出一种以人际互动的功能性交流为特征的社会行为，这种行为是双向的，是主体间基于个体差异的多向互动。大量的研究显示，相互启发不仅发生在专家（或熟手）和新手在真实问题情境的对话过程中，也经常发

① 转引自王颖. 维果茨基最近发展区理论及其应用研究[J]. 山东社会科学，2013（12）：180-183.
② 徐晓东. 校际协作学习相互启发的原理及其教育价值[J]. 教育研究，2011（8）：103-107.
③ 任英杰，徐晓东. 相互启发的认知机制及其教育意义[J]. 电化教育研究，2014（6）：29-33.

生在有差异的同伴之间。在教师专业学习过程中，教师不仅可利用自身与专家之间的差异来实现彼此启发，也可以在专业共同体内通过交流经验实现与同僚之间的启发。

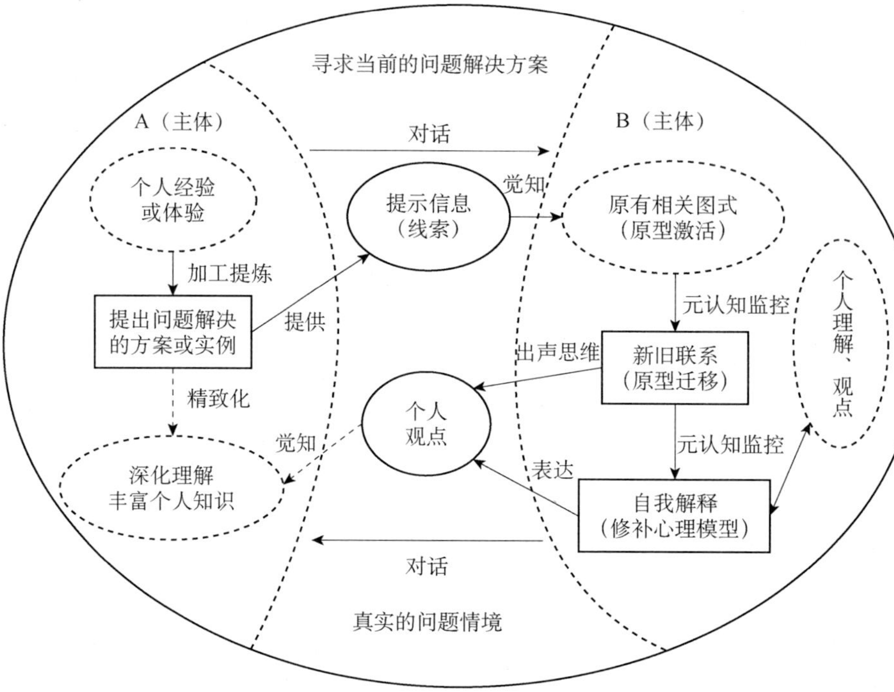

图 4-1　相互启发的认知过程图

三、教师专业发展理论

美国学者富勒（Fuller）是最早开始对教师专业发展理论展开研究的学者，于 1969 年编制了“教师关注问卷”，从此拉开了对教师专业发展理论进行研究的序幕。[①]此后，研究者开始将研究重点转向对教师专业发展相关理论的关注。国内学者朱旭东认为，教师专业发展的理论模型是由教师专业发展的内涵、基础、层次、机制和环境等构成的，并提出了教师专业发展的基础包括教师知

① 转引自何荣宗，李大鹏. 教师专业发展理论的几点启示[J]. 龙岩学院学报，2006（1）：64-66，69.

识、教师精神和教师能力等方面。[①]对于教师专业发展的定义，不同的研究者有不同的理解与解释。其中，英国著名学者戴（Day）对教师专业发展的定义较为全面，认为教师专业发展包括两类：一是教师在实践中的学习；二是教师有意识、有计划地从直接或间接地作用于个人、小组和学校的课堂教学质量提升的活动中获得发展。在这个过程中，教师批判性地发展知识、技能和情绪智力，从而使他们在职业生涯的各个阶段进行有品质的专业思考和实践。[②]国内学者赵明仁指出，教师专业发展的概念发生转向，其不是简单地指教师专业发展作为教师学习的过程，还包括教师专业发展作为探究的过程以及教师专业发展作为人的发展的过程。[③]王晓莉认为，教师专业发展是对教师专业化理论进行扬弃的实践，教师专业性则是教师专业发展的根本动力和内在依据。[④]

四、教学反思理论

教学反思是促进教师成长的策略之一。相较于传统的教师教育与教师专业发展取向，教学反思在目的、假设以及推进策略上都有着本质的不同，如图4-2 所示。[⑤]富兰和哈格里夫斯（Hargearves）强调教师在教学实践的反思中获得个人成长，这也是自我理解取向教师发展的实质。[⑥]陈惠邦认为，教师实践中具有巨大的可以挖掘的价值，而挖掘这种价值的主要工具就是反思，反思是教师学习的核心动力。[⑦]赵明仁认为，从教学反思的意涵来总结，其概念为“情境中的建构”，其特征为“困惑中的探究”，其作用为“增强专业自主性”。[⑧]

---

① 朱旭东. 论教师专业发展的理论模型建构[J]. 教育研究，2014（6）：81-90.

② Day C. Developing Teachers: The Challenges of Lifelong Learning[M]. London: Routledge, 2002: 2-3.

③ 赵明仁. 教学反思与教师专业发展——新课程改革中的案例研究[M]. 北京：北京师范大学出版社，2009：9-10.

④ 王晓莉. 教师专业发展的内涵与历史发展[J]. 教育发展研究，2011（184）：38-47.

⑤ Osterman K F, Kottkamp R B. Reflective Practice for Educators: Professional Development to Improve Student Learning[M]. California: Corwin Press, 2004: 14-20.

⑥ 周益发. 迈克尔·富兰的教育变革思想评析[D]. 南昌：江西师范大学硕士学位论文，2008：30.

⑦ 陈惠邦. 明日的师资培育：台湾当前教改现象的反思与前瞻[J]. 内蒙古师范大学学报（教育科学版），2003（1）：1-5.

⑧ 赵明仁. 教学反思与教师专业发展——新课程改革中的案例研究[M]. 北京：北京师范大学出版社，2009：17-27.

对于情境中的建构，可以从四个方面来解释：教学反思是慎思的过程；教学反思是意义产生的过程；教学反思是理论、知识和实践整合的过程；教学反思是针对实践活动而进行的思维过程。对于困惑中的探究，有七个方面的体现：其一，教学反思起源于教学实践中的惊奇与困惑；其二，教学反思是一个批判性的思考过程；其三，教学反思是一个探究性的过程；其四，教学反思是对具体情境进行概念化的过程；其五，教学反思是从过去经验引向未来的行动；其六，教学反思是教师主动进行学习的过程；其七，教学反思是从多元视角重构情境的过程。对于增强专业自主性，表现在三个方面：教学反思使教师产生有意义的行为，能提高教师采取知情行动的可能性；教学反思能够使教师发展关于实践的基本理论；教学反思是教师教育与教师专业发展的有效策略。从本质上来说，教学反思是情境化的、意义赋予的、慎思的，理论、知识和实践整合的过程，其促进教师专业学习的途径是识别、评价以及改变隐藏于行为背后却又能够引起教师行为变化的假设和信念。①

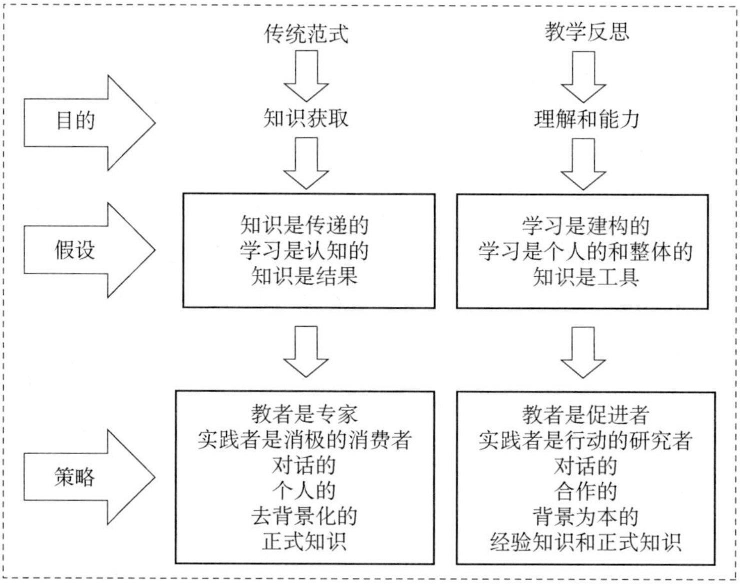

图 4-2 传统范式与教学反思的比较

① Calderhead J, Gates P. Conceptualizing Reflection in Teacher Education[M]. London: Routledge, 2003: 11-23.

第二节　个性化和持续性教师专业学习的实践途径

随着2018年全国教育大会的成功召开和《教师教育振兴行动计划（2018—2022年）》的颁布，教师教育与教师专业发展被提到前所未有的显著位置，高素质、创新型、专业化的教师培养迫在眉睫。然而，与过去“国培计划”“全国中小学教师信息技术应用能力提升工程”不同的是，教师对于集中到培训机构参加培训、接受讲座式和传授式培训的方式逐渐失去兴趣，并存在教师在实际教学中几乎不能有效应用集中培训时专家教授的理论知识和案例方法，以及教师在实际教学中遇到的问题与集中式培训中获得的知识相脱节等问题，进而成为研究者和教师长期探讨的问题症结。随着教师主动学习的积极性的增强和建构主义理论的不断发展，笔者从教师的教学情境出发，对其实际教学内容、过程和方法进行了观察与反思，针对其自身教学特点和专业素质量身定制了教研培训及提升方案，出现了“专家引领下的教师个性化学习”新趋势。①

一、专家引领

笔者从教育哲学和学习理论中发现，专家引领对教师教学和学生学习具有重要意义。在教师从新手成长为熟手、教学专家的过程中，专家是组织者、反馈者和评价者。社会文化理论的开创者维果斯基认为，教学应该先于学生的发展，有指导的教学是不断创造新的“最近发展区”，通过“支架”作用引导学生的认知达到更高的水平。同样，在建构主义教学的代表性模式——支架式教学中，维果斯基认为，如果教师能有技巧地参与和指导儿童的主动学习，为儿童提供适时、恰当的支持，儿童的高级心理机能和问题解决能力将得到较大发展。这充分说明了有指导的教学和有指导的学习在个人发展和社会历史发展

---

① 徐晓东，宁艳，李散散等. 教师学习和学习方法研究进展与课题[J]. 远程教育杂志，2011（5）：22-33.

中有重要作用。在成人学习中，由于学习者特定的心理状态、认知水平和动作技能的发展，有指导的教学与有指导的学习能使学习者的自信心显著增强，并能促使其灵活运用多种策略应对复杂问题情境，建构高阶认知与提高实践技能。

最为典型的是学习科学研究先驱艾伦·柯林斯在此基础上于20世纪80年代发展出的“认知学徒制”模式，它是成人发展中“专家”指导下的教学与学习理论的有力代表。[①]原因是专家能注意到新手学徒注意不到的情境特征和问题。有关学习科学的许多研究还表明，与那些不太熟练的个体相比，专家和教师更善于监控自己的思维，能更精确地判断问题的难点，从而更有效地分配时间。此外，他们更善于评价自己的进步、预见自己实践教学的结果。[②]

专家指引的教师课堂教学反馈、访谈和调查资料证明，专家参与教师课堂的设计、实施、策略指引和评估组织、学生回答的反馈等环节，能为教师课堂问题解决和学生学习效果提升提供更为丰富的经验支持，并能帮助其拓展看待教学实践问题的视角，导向教师的边研修边发展的进程。以传统的课例研修和科组集体备课活动为例，教师组成教师共同体，开展集体教学研修，对课堂、教学内容和方法方面的问题展开探讨，寻求教学策略、解决重难点问题的最佳途径。然而，一个重要且不容忽视的问题是，在基于教学同事、相似的教学情境的集体研修中，一些日常教学中重要且关键的问题不易被发觉，且对于实际教学中遇到的共性问题，一些教师常常束手无策，仅采取基于经验的做法无法使教学过程产生根本性的改善，学生的学习动机和效果无法得到显著改善。[③]因此，专家和研究人员的专业支持与指导对教师共同体的研修尤为重要。换句话说，专家和研究人员不仅能发现教学情境中难以发现的问题，还能从方法论和教学本质维度帮助教师及其共同体反思教学难题，彻底解决教学过程中的问题与学生学习的共性问题，指明学科教学发展的方向，促进教师主动

---

① Collins A, Brown J S, Newman S E . Cognitive apprenticeship: Teaching the craft of reading, writing, and mathematics[J]. Knowing Learning & Instruction : Essays in Honor of Robert Glaser, 1987: 453-494.

② R. 基思·索耶. 剑桥学习科学手册（第二版）[M]. 徐晓东等译. 北京：教育科学出版社，2021：116-124.

③ 徐晓东，何小亚，周小蓬等. 专家进课堂项目促进教师专业发展的研究[J]. 中国电化教育，2016（1）：95-102.

建构技术支持的教学实践性知识。[①]

二、其他的可能方式

实际上，工作嵌入式教师专业学习是个性化和持续性教师专业学习或专业发展的最有效途径和实践方法。[②]通常，学校科组主要协调教师从事“互动、整合、实用和注重结果”的教学工作，或从事学科教研活动的组织和实践，其活动方式包括指导、课例研修、行动研究、虚拟教练以及专业学习共同体等。[③]笔者将工作嵌入式教师专业学习的实践方式总结为如下10种。

1）行动研究。教师选择教学某一问题来进行系统性的实践调查，以改善教师的即时课堂教学。他们需要在参考相关文献和理论的基础上记录数据，得出关于教学如何影响学习的结论，并为未来的教学决策提供依据。

2）案例讨论。案例讨论能使教师从旁观者角度对教学片段进行客观、严谨的分析，并就不同的案例研究目的，如教学的示范决策或学生的想法，选择包括视频和多媒体等在内的多种教学形式。教学视频案例还为教师深入分析学生的思维提供了契机。

3）专家指导。专家指导与教学辅导的区别在于，其对教学技术方面的关注，而非广泛的非学术性教学过程。通常，专家在适用的学科领域和相关的教学策略方面具有一定的专业知识。他们一般通过演示、观察及与教师进行策略和知识方面的对话来为教师提供持续不断的跟进指导。

4）关键友谊小组。教师定期举行会议并分析教学事件，包括学生作业、课程计划或评估之类的教学材料，或是交流讨论教学方法与学生需求及面临的挑战等。

5）名师辅导。新入职教师通常会跟随有经验的教师进行学习，其途径可以是直接指导、课程教研或同伴支持等，也包括各种教师实践与反馈活动。笔者开展的专家进课堂等教师专业学习项目中，名师一般为来自市一级、区一级

---

① 李散散，徐晓东，杨刚. 基于视频的教师学习研究[J]. 教育信息技术，2014（6）：47-51，46.

② Darling-Hammond L, Wei R C, Andree A, et al. Professional learning in the learning profession: A status report on teacher development in the united states and abroad[R]. Oxford: National Staff Development Council, 2009: 4.

③ Fogarty R, Pete B. Professional learning 101[J]. Phi Delta Kappan, 2009 (4): 32-34.

的研究院的教研员或一线教学名师。他们不但掌握了丰富的学科知识，了解被指导教师所在学校的学情和校情，还具有较强的指导技能。

6）数据团队。教师定期举行研讨会议，以分析教学测试成绩或教师日常评估结果。教师共同体通过学生成绩和评价数据探测关于学生学习和课程教学的知识，以设计改进教学的方法。

7）课例研修。选取可研究的主题，教师协制订教学计划并实施。课后，教师共同体协作研讨课程的优点及需要改进之处，授课教师随即进行教学改进。

8）档案袋。教师需要随时将个人的教学计划、方案、发展记录和学生材料、教学绩效及反思材料等组装成册，并开发个人档案袋，以便不定时地反思自身的实践。[①]学校行政人员还会定期组织教师会面，让其展示及交流个人档案袋及作品集，供其他同事学习。

9）教师共同体。教师经常聚集，以分析各自的教学实践，讨论教学改进策略，并进行课堂教学实验及合作报告反馈结果。霍德（Hord）曾指出有效的专业学习共同体应具有 5 个属性，分别是支持和共享的领导、集体创造力、共享的价值观和愿景、支持的条件，以及共享的个人实践。[②]

10）研究小组。学科内的教师组成教学小组，从教学问题出发，采集相关数据，循据改进教学。教师个人先行阅读相关改进材料与方案，然后展开反思与讨论，并进行专门的课题研究与实验，最后尝试改进教学效果。

第三节　个性化和持续性教师专业学习的设计

一、个性化和持续性教师专业学习的设计背景

大多数教师教育与教师专业发展都是以教师走出课堂的形式开展的，在

① DiRanna K, Osmundson E, Topps J, et al. Assessment-Centered Teaching: A Reflective Practice[M]. Berkeley : Corwin Press, 2008: 13.

② Hord S M. Professional learning communities: Communities of continuous inquiry and improvement[J]. Change Strategies, 1997: 71.

脱离自己熟悉情境的情况下学习抽象理论及相关经验。这些内容没有顾及教师教育与教师专业发展的个性化、地域差异和学校文化。为此，笔者进行了相反的专业实践尝试：专家深入学校，走进课堂，开展个性化的指导。教师则在实践中学习同事和专家的经验，从真实的教学过程中学习。在这个过程中，笔者发现教师通过专家视角注意到了过去没有注意到的问题。笔者认为，专家和同事的视角调节着教师的注意和思考，从而引导他们关注哪些教学特征是重要的、有用的。通过他人所持有的知识和实践视角的启发来学会教学，共享是关键。通常情况下，教师不能直接通过自身的感知和经验实现专业成长，所以新手教师一般会将专家及其所持有的实践视角视为专业成长的最重要的资源和支撑。①从教学实践过程来看，专家的评议和示范仍是教师比较喜欢的指导方式。

近年来，学者对实践中坚持“划一式培训和集中传授理论的教研”倾向的批判尤为强烈。美国教育学者达令-哈蒙德的一项调查结果显示，90%以上的参加培训的教师认为，培训对其教学实践和学生成绩的影响很小，虽然在培训中学到了新知识，但自己不知道如何将其应用到自己的课堂中去。②研究发现，产生这一问题的根源在于培训与教师的个人需求联系不大，致使其不能较好地将所学知识和技能与教学联系起来，在实际应用中因缺乏理论的指导和示范而无法将专业技能迁移到新情境中去，教学效果大打折扣。因此，学校和教育管理者不应简单地将教师学习和工作看成教师自己的事情，而是要强调教师在工作情境中通过集体学习等方式来提高教学和专业水平，从而提高教学质量，给予教师合作、反思、探究和实践的机会，允许教师在教学实践中提出疑惑，继而进行探索解决，这样效果可能更加有效。这种学习方式也体现了教师学习的积极性、主动性、个性化和持续性。

2016 年 12 月，中国教育学会副会长、华东师范大学终身教授袁振国在全国“教师培训者联盟”成立大会上所做的“教师培训的历史转型”报告中指出，作为提高教师专业水平的重要方式，教师培训要转变观念，使教师从被动

---

① Ingersoll R M, Strong M. The impact of induction and mentoring programs for beginning teachers: A critical review of the research[J]. Review of Educational Research, 2011(2): 201-233.

② Darling-Hammond L, Richardson N. Research review/teacher learning: What matter?[J]. Educational Leadership, 2009(5): 46-53.

培训向主动培训转变，关注教师的个性化成长需求，以教师为本进行供给侧结构性改革。因为每一位教师的学科背景、成长经历和经验、课堂实践与自身期望不同，要助力教师进行个性化和专业化发展，促进其超越学科的综合素养的养成及对人工智能等新技术时代的适应。[①]李希贵认为，不同学科之间的教师在培训中有着不同的需求和追求，即使是同一学校、同一学科内部，不同教育背景、年龄、教龄、性格、阅历或性别的教师的需求都不尽相同，并且不同教师对培训方式、培训时间、评价途径和效果产出的偏好也可能不同，有的教师偏好培训后心得反思、有的教师偏好培训后案例描述等，因此要为教师构建个性化的培训课程体系。[②]朱旭东[③]和申继亮等[④]认为，教师专业发展要面向个性化，使每一位教师根据自身的特点、独特的经历和特殊的实践，在共同目标的引领下，探寻个体自我发展的新路径和新模式。

同一时期，《教育部关于大力推行中小学教师培训学分管理的指导意见》指出，“培训课程分层应以教师发展阶段为基础，以能力诊断为依据，根据教师年度发展和周期性发展需求，进行递进式设计，推动教师持续成长”。中国教育学会进行的专项调研发现，教师成长中个性化学习的需求强烈，并于2017年1月成立了教师专业发展研究中心，决定对我国教师学习从理念、内容、模式开展系统化研究，有效落实教师专业发展的个性化、持续性发展的解决方案。[⑤]2018年4月，青岛市教育局启用个性化教师培训平台，为全市中小学幼儿园教师提供个性化的培训选择，帮助其提升专业能力。[⑥]这种将培训内容交由教师自身决定的个性化培训，提高了教师在职期间学习的积极性，改善了教师自身的教学实践，以个性化培训引领了教师的专业发展。然而，笔者通过对有关教师教育与教师专业发展报告的分析发现，虽然被动性培训逐渐转变为教师主动参与培训，但仍没有摆脱教师脱离课堂实践单纯学习理论的弊端。

---

① 袁振国. 教师培训的历史转型[J]. 未来教育家，2016（12）：8-9.

② 李希贵. 构建个性化教师培训课程体系[J]. 中小学管理，2013（3）：43.

③ 朱旭东. 论教师专业发展的理论模型建构[J]. 教育研究，2014（6）：81-90.

④ 申继亮，姚计海. 心理学视野中的教师专业化发展[J]. 北京师范大学学报（社会科学版），2004（1）：33-39.

⑤ 中国教育学会. 中国教育学会“教师专业发展研究中心”成立大会暨“首届全国教师专业发展研讨会”成功召开[EB/OL]. http://www.cse.edu.cn/index/detail.html?category=31&id=30，2017-01-14/2021-09-13.

⑥佚名.我市启动教师个性化培训[EB/OL]. http://www.qdcaijing.cn/paper/cjrb/html/2018-04/10/content_267796.htm，2018-04-10/2021-09-13.

美国学者罗伯特·E. 弗登（R. E. Floden）在谈到“改进教师培养”时指出，教师培养是一项复杂的工程，鲜有教师培养项目使用数据系统将其过程与教师教学实践联系起来，由此造成了项目的低效率。[①]受此启示，笔者在原有的校际协作学习和协作教研理论与实践的基础上，对基于个人经验和实践的教师专业发展进行了探索，并在新疆部分地区组织了网络校际协作教研，运用网络校际协作学习平台和数据，帮助教师发展基于校情、师情及学情的教师知识和教学能力。在这个过程中，笔者组建了由大学学科教学法教授构成的理论专家团队和由中小学名师或经验丰富的教研员构成的实践导师团队，深入新疆地区，走进教室开展面对面的听评课指导。两类导师的职能和指导内容不同，大学教授从理论角度出发共同分析教师行为背后的成因，名师、教研员从实践角度建立改善实践的行动策略和方法，达到了相互补充的目的，由此逐渐形成了个性化和持续性的教师专业学习新模式。[②]

二、个性化和持续性教师专业学习的实施方法与原则

笔者在梳理教师教育与教师专业发展历史时发现，一些相似的培训情境和过程造就了不同的发展结果，其原因在于教师的反思水平不同，有的教师专业发展仅流于表面经验或实践形式，没有剖析和阐明实践背后的原理，或是教师不知如何结合自身的教学实践进行反思，致使专业发展效率低。此外，教师在专业发展或培训中没有理论支持和指引也是造成低效的原因之一。若有专家或导师在教学理论与实践之间搭起桥梁，促进教师洞悉教师实践与关键事件及其原理间的因果关系，课堂教学便会有显著改善。因此，笔者提出了从教师个人实践-反思到教师集体反思，到实践-专家引领的学习，再到实践-专业学习的教师个性化专业发展取向。[③]

个性化和持续性教师专业学习改变了以往培训重理论、轻实践，只培训好老师等做法，真正将提升教师的教学能力作为重心，以全体教师作为培育的对象，

---

① 北京师范大学教育学部. 第四届全球教师教育峰会在京召开[EB/OL]. http://news.bnu.edu.cn/zx/zhxw/124847.htm, 2021-10-26/2021-11-03.

② 赵莉，李王伟，徐晓东. 个性化和持续性教师专业发展模式的构建与效果研究[J]. 中国电化教育，2021（5）：110-117，123.

③ 徐晓东，何小亚，周小蓬等. 专家进课堂项目促进教师专业发展的研究[J]. 中国电化教育，2016（1）：95-102.

将真正需要提升教学能力的新手教师、青年教师和教学能力薄弱的教师作为重点培育的对象，将教学分析软件所提供的客观、科学的数据作为教师协作讨论、交流、反思、评价的基础。同时，深化参与校际协作教研的教师对教学中的问题的把握、觉察，为其提供看问题的新视角并进行科学分析，由学科理论专家、具有丰富教学经验的实践专家进行指导，在这种“二对一”的符合个人风格和具有个性化的指导中，切实提高培养对象的教学能力。具体实施方案如下。

1）以大学学科教学法专家和教研名师为主体组建导师组。笔者聘请了几所大学专门从事学科教学研究的大学教授、具有多年中小学一线教学工作经验的教学名师或教研员担任培养对象的导师。来自大学的学科教学法教授作为理论导师，根据自己的专长，从教与学的理论、学科知识角度对教学事件进行学理分析，并从中导出用于教师课堂决策的科学结论，笔者将这一过程称为“就事论理、依理定性”。来自教学一线的教学名师或具有多年教学经验的教研员作为实践导师，根据自己的专长，从教育方法、技术、技艺等实践角度对教学事件进行现象学分析，并根据自己的以往经验与培养对象合作建立解决方案，提出解决问题的策略，笔者称这个过程为“就事论事、据此决策”或“按事支着儿”。这为个性化和持续性教师专业学习实践的有效实施提供了智力资源。

2）面向新手教师和青年教师量身订制培育方案。笔者选取的培养对象以青年教师为主，打破了传统以“骨干教师培训”为重心的培训常规，以切实推进教育的均衡发展，促进教育公平。笔者深入学校发放问卷、对校长等进行访谈，在校长推荐的基础上，选定有意愿参与的培养对象，并对培养对象做基线调研，建立个人成长记录档案袋，经过与学科专家进行“会诊”后，为其量身订制培育方案。在项目开展之初，专家还将向全校教师尤其是培养对象所在班级学生发放问卷、进行前测（内容包括学业成绩、能力倾向、理解度等），以此作为教师研修中期、结束时比较的基础和依据。

3）专家进校利用科学的工具剖析教学。在笔者设计的教师个性化和持续性专业发展项目中，首先，学科专家每月会安排一定时间进入学校，通过现场课堂教学实录，获取关于教师即培养对象的第一手资料，由助手对课程内容进行数字化处理及转录，利用专业软件（如 Transana）进行教学分析，将分析结果上传至“校际协作教研平台”，再通过“校际协作教研平台”进行网上研讨与评析，专家与培养对象根据分析结果现场进行个性化教学剖析，启发教师共同修改、优化教案，进行基于上述分析的教学设计。其次，培养对象在新课中应用教案，再次听课、拍摄教学录像。最后，发放问卷或进行标准化测验，实施教学效果的后测。专家根据前后测结果，对教学效果进行检验。

4）采用“二对一”指导模式。笔者在个性化和持续性教师专业学习实践的专家指导中采用了“二对一”的“认知学徒制”方式，即在学科教学法专家对培养对象进行“一对一”指导的基础上，再增加中小学一线名师的指导，即针对一名培养对象，配备两名导师。这两名导师中，一位是具有学科专业背景的大学教授，另一位是具有丰富教学经验的中学教师。根据培养对象的视频分析数据，两位导师联合做出科学评估，并制订专门的提升教师教学能力的预案，结合教师教学计划和意图等认知信息的分析，强化导师之间、培养对象之间有效的互动，使其从理论到实践突破原有的认识，找出自己在学科知识、教学知识和技能等方面的不足，分析教学薄弱环节，纠正教学方法偏差，全面提升教师的教学能力。

5）采用以提升能力为核心的“螺旋式”培育模式。专家团队每月定期进入学校，针对培养对象制订具体的培育计划，通过设计研究的实践过程，建立能够提高教师教学能力的有效培训程序：收集和分析数据→多次迭代培训程序应用的实验处理→递归至第一步实施修正的培训程序→对培训实践过程进行迭代。在这种迭代培训实施的过程中，每一次都是教学能力的“螺旋上升”，而不是一种简单的重复。此外，学生理解程度的评价和分析、校际协作教研同伴的建议和指导，以及专家和助理提供的软件分析结果，三者构成了教师教学反思的“镜子”，可以促使教师重构教学行为，切实提升教学能力。

6）对教师专业学习效果进行科学的评价。个性化和持续性专业学习模式借助国外专业的课堂教学行为分析软件 Transana 对教师的课堂实录进行分析，然后将客观、科学的数据作为教师协作讨论、交流、反省和评价的基础，依托相关网上交流平台（如新疆克拉玛依教育城域网流媒体平台），深化参与校际协作教研的教师对教学中问题的把握和觉察。同时，为教师提供看问题的新视角，通过以学科教学设计专家和具有丰富教学经验的学科教师为主体的导师组的指导，在“二对一”的指导中切实提高培养对象的教学能力。其特色是突破了传统的三级教研模式和当前流行的网络教研模式的局限。这一模式强调以日常教学和教学录像为研讨对象，教师要将自己的讲课实录，通过网络视频的形式发布，与诸如广大教师、学科教学法专家和教学设计专家等具有不同知识背景的人员，具体讨论课堂教学中的问题。这样既真正实现了教师教研与日常工作的紧密结合，即所谓的“教研融入日常”，还有利于各种不同知识背景的人员的智慧产生碰撞，扩大教师审视课堂的视野和丰富教师思考教学的思路。

第四节　基于数据驱动教师教研的信息技术支持

一、数字化洞察力软件平台 Transana 的应用

数字化洞察力软件平台 Transana 最初在 2002 年由美国威斯康星大学教育学院研究中心研究人员开发，用于视频录像数据的转换和分析，主要创作者包括克里斯·法斯纳克尔（C. Facsnachl）和大卫·伍兹（D. Woods）。它主要被用于帮助研究人员开展课堂录像的分析研究。其主要功能是将课堂录像数据转化为文字以进行分析，为研究者提供了全新的观察录像的方式，即创建文字并将其放置在录像数据框架下，再通过软件平台的工具对录像数据进行组织、截取、标识和记录，以适应手工的录像编码和数字化分析的不同需要。此外，和其他量化和质性分析软件相同，它提供了以录像标注关键词形式存储、查找大容量录像文件的功能，且截取片段没有数量限制，共可存储 8000 余节课的视频录像。

1. Transana 平台界面及功能介绍

在 Transana 基础版本即为拥有视频和音频数据的研究人员设计的平台中，使用主体尤其是需要直接分析媒体数据的学生和新手研究人员可以轻松地分析单个媒体的文件，并生成各种有用的报告，包括使用键盘快捷键可以快速轻松地进行转录和时间编码，可以剪辑、编码、分类和连接相关的媒体片段。教育者也可以直接在 Transana 中做大量的研究笔记和记录分析及备忘录。其中，整个录像数据输入、分析和结果导出的过程大约包括十个步骤。

1）使用脚本将媒体数据（音频和视频）导入和嵌入片段轴中。

2）从 Transcripts（软件平台脚本）中的视频数据捕获静止图像。

3）管理和分析较大的媒体数据集合。

4）对媒体剪辑进行编码和分类。

5）使用复杂的报告和分析工具从各种角度分析编码数据。

6）转录、分段、分类和编码任意数量的媒体数据。

7）定义转录快捷方式、文本模块，如演讲者姓名或经常重复的术语或短语，可以通过简单的组合键插入。

8）使用 Transana 平台的媒体转换工具转换不支持 MP4、ASF、WMV 等格式的媒体文件。

9）在上下文（情境）中定位媒体剪辑。

10）使用 Transana 的剪辑功能查看主题相似的媒体片段。

2010 年，笔者与大卫·伍兹联合开发的中文版本上线，在原有汉化功能的基础上增加了不少录像标注的便捷工具，大大方便了国内研究者对课例视频录像的分析与使用。

2. 基于课堂录像的跨校教研的分析过程

笔者以在新疆开展的基于课例视频录像分析的跨校教研为例，阐述利用 Transana 软件平台进行录像视频标注与分析的过程，其中教研与分析的过程如图 4-3 所示。

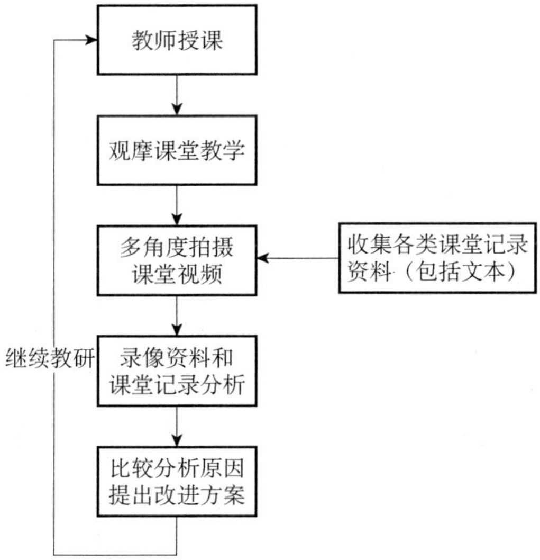

图 4-3　基于课堂录像的跨校教研的分析过程

需要说明的是，课堂记录和视频要尽量从多角度、多领域和多层次来展现真实的课堂，不管录像机是要跟随教师的互动和姿态，还是要从学生视角以及其与教师的互动视角，甚至班级的全景环境视角来观察教学等，都要使课例视频录像和记录既全面又可靠。此外，研究者和跨校学科教研共同体成员需要检查所收集的有关课堂教学的资料，不仅是单节课的，而且是系列课的，包括课堂实录、教师问卷、基于课堂录像的师生交流、各种学生习作，以及教师用于教学的各种资源。教师、学生与全景三种不同视角的镜头画面，会被用分画面的形式编辑在同一屏幕画面上，在师生交流意见时，可以被作为供师生双方共同参照的课堂教学"文本"。这种交流的目的是让师生共同理解有关课程教学事件的教学法意义。

视频分析的方法有两种：一种是研究人员与教师及共同体共同分析视频与记录；另一种是研究人员与教师及学生共同分析课堂及记录，从而改进课堂教学实践、提高教师专业水平和学生学习效果。在此种情况下，研究者通过与教师和部分学生分别观看录像，一边回顾课堂教学事件，一边对师生进行访谈，目的不仅在于让研究者通过听取课堂参与者——师生对具体课堂事件的解释而理解其意义，重要的是通过回顾，使教师通过课堂意义重构和反思，以改进其日后的课堂行动。

二、Nvivo 质性分析及其在学校个性化教研中的应用

与利用 Transana 进行课堂教学录像的编码分析相似的是，美国威斯康星大学、卡内基·梅隆大学、宾夕法尼亚大学，以及有关信息技术企业等的研究人员同样在数字化洞察力项目中使用了由 QSR 公司（QSR International Pty Ltd）开发的定量数据分析软件 Nvivo，并对其加以推广应用。Nvivo 软件主要对所得原始资料信息进行再次挖掘、分析和归纳，以得出相关可视化的结果，并组织管理相关资料。其中，处理音视频和文字资料是其优势，且极为便捷。Nvivo 的主要功能包括四个部分：数据的录入与拆分、数据的编码、节点编码的构建与整合，以及数据与结果的导出。[①]

① 转引自冯光. 基于 Nvivo 软件的课堂教学行为视频分析研究——以平吉堡某语文教师为个案[D]. 银川：宁夏大学硕士学位论文，2015：10-11.

笔者以 Nvivo11 软件为例，论述其在学校个性化教研中的数据驱动作用，以帮助研究者和教师分析其课后的访谈调查、反思日志和学生访谈数据，帮助教师建立课堂录像视频与实际教学效果及教师发展实践之间的联系，以构建基于合作的教学改进和专业水平提升策略与方法。软件可以有效分析多种不同类型的数据，如文字稿、音视频文件和图片等，是实现质性研究的有效工具之一。[①]Nvivo11 通过智能程序对质性研究的分析和观察做出全面深入的解读，从而帮助研究者获取合理、有效的信息。在 Nvivo11 软件中，创建好一个项目后，可以由多人协作完成项目，即项目小组成员各自搜集统计相关数据资料，通过初步整理导入项目中，小组成员可以先后对材料的内容进行编码、校对，确保编码客观有效，最后通过图 4-4 也可看出内容编码、概念整理、查询和关系/分析模型之间的相互影响，编码在概念整理的基础上形成了完整的节点系统，又通过查询的方式获得模式，确定资料的相互关系，便于研究者对资料进行深入分析。[②]

笔者以中学生物智慧课堂录像的分析来具体说明 Nvivo 软件的一般分析的操作流程。首先，在准备阶段，研究者需要将相关文字和音视频材料导入软件界面，建立项目工程并进行命名。其次，研究者需要建立节点及构建节点间的关系，根据生物课堂的结构，初步建立教师行为、学生行为和课堂教学行为三个父节点，而后依据生物智慧课堂的教学行为编码体系对各个节点建立其子

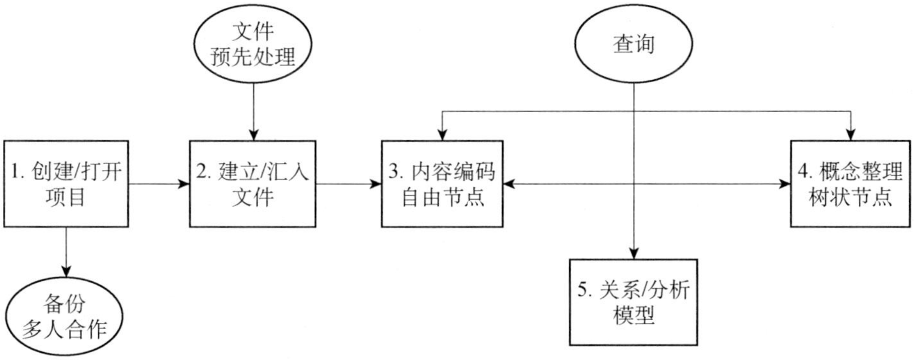

图 4-4　Nvivo11 的数据分析流程和概念结构

① 转引自何苗苗. 基于 Nvivo11.0 软件的大学生心理弹性保护性因素的质性研究[J]. 锦州医科大学学报（社会科学版），2017（3）：58-60.

② 万崇华，许传志. 调查研究方法与分析[M]. 北京：中国统计出版社，2016：420-421. .

节点。由于中学生物课堂教学行为编码表结构的一致性，各个子节点均是相同的，均对应课堂教学编码表中的教学行为编码。[①]再次，由于研究目的需要，需要对教学的要素及其过程建立的节点进行关联，产生一定的关系，便于分析教学效果及其影响因素。研究者根据中学生物智慧课堂的教学过程与要素，构建了教师主导、学生反馈和媒体交互三个节点的关系，对应教师行为、学生行为和课堂教学行为等节点。最后，研究者可依此建立的节点及其关系，进行录像视频片段的编码与分析。在对录像视频进行编码之前，研究者一般先对视频内容进行文字转录，避免直接进行视频编码造成的错漏和失误，这样也能在文字编码过程中减少人为视频编码误差的影响。研究者采用边播放视频边人为转录的方法进行会话和课堂教学行为的转录。其中的视频回溯功能也为研究者转录的精确性和时间的准确性提供了便捷的支持。

在对会话内容进行文本转录后，研究者随即进行了正式的录像编码，运用 Nvivo 软件功能对课堂教学行为包括言语进行了具体编码。案例中，教师播放视频，研究人员依据转录的文稿将其与视频的时间片段节点对应，并按照中学生物课堂教学行为编码进行编码确认。最后，研究者需要对相关编码进行统计、归类和分析，并以可视化的形式将其展示出来，以便研究人员结合相关理论和现象进行解释，得出相关研究结论，相关可视化结果如百分率、频次、占比和分类、节点关联图等的图片格式可保存为 JPEG、GIF 和 PNG 等格式。

① 方文琦. 基于 Nvivo 11 的中学生物学智慧教室课堂教学行为研究[D]. 武汉：华中师范大学硕士学位论文，2019：20-37.

第五章　专家进课堂模式与实践

本章主要探讨笔者于2011年开始带领专家团队在新疆克拉玛依市开展的“基础教育跨越式发展之‘百人’教师专业学习合作项目”。与传统教师专业发展方式不同的是，专家进课堂模式强调教师学习的情境性和实践性，即不让教师外出学习，而是引进专家到学校，开展实地指导，分析校情、师情和学情，由此为教师制订个性化成长方案，并开展实践指导，通常指导为期8个月。大学学科教学法教授作为理论导师定期走进课堂，听课、拍课，课后全科组教师围坐，利用视频中顿法在关键教学事件处暂停，与教师开展共同反思。隔日，作为实践导师的一线名师深入学校，或通过网络协作教研平台，利用视频和Transana分析结果召开全科组教师参与的名师工作坊，开展协作式研讨。理论导师与实践导师各有分工，指导方式也不相同。导师的作用是提供反馈信息和发起引导性注意。

第一节　专家进课堂模式的提出

一、专家进课堂模式的构建

2010年开始，笔者注意到，从前的教育管理者和研究者普遍认为，教师缺少有关教学的新理念、理论知识等，需要向教师传授这些新知识，因此在制订“专业发展计划”即“培训”内容时，刻意增加一些教与学的新理念、新理论，以及通过案例表征的新知识。但这种做法的最大问题是一些可供选择的学习内容与教师个人的教学实践无关，忽视了建构知识的情境与被培训教师所在学校的校情、学情和教师个人经历的差异性，教师无法将学到的知识转化为特定的教学决策和行动，也就无法转化为学生学习的成果。因此，笔者在新疆克拉玛依市“基础教育跨越式发展之‘百人’教师专业学习合作项目”中采用与上述做法相反的方式，不是让教师到专家那里去学习，而是将专家请进课堂，了解课堂实际情况，分析教师教学存在的问题及其原因，由此为教师量身定制专业学习方案，设计日常教学和教研过程，评估和反馈教学实践成效。笔者与大学学科教学法教授一起深入中小学课堂，基于教师本人的独特经历、特殊实践，立足于教师的课堂，探索个性化和持续性的教师专业学习新方法。笔者以中坚教师为培养对象，组织科组其他教师围坐和学习，进而影响整个科组，乃至全校各学科的教学实践，开创学校教师教学与整体发展的新方式。笔者称其为教师专业学习的专家进课堂模式，具体过程如图5-1所示。

2013—2014年，笔者在广东省广州市、韶关市、始兴县等地与合作学校开展了“专家进课堂”的双师指导模式实践，通过共同反思总结了这一模式的指导原则和核心实践。两位专家的指导各有侧重，大学教授主要从学科知识、教学法和教学理论角度，利用视频中顿法对教学中的关键事件进行理论性指导，笔者将其称为“就事论理，依理定性”。中小学教学名师的指导侧重于教

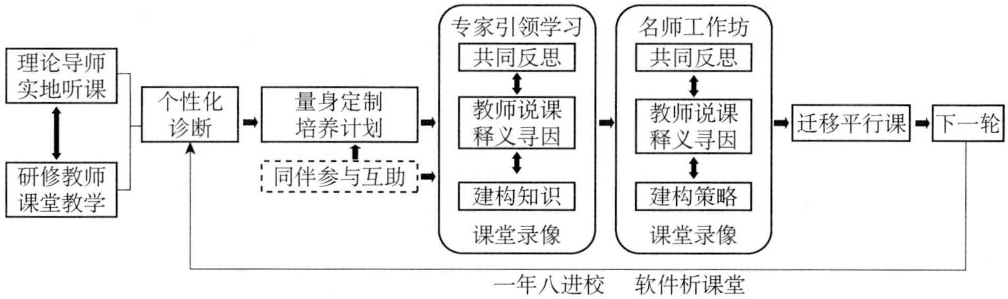

图 5-1　专家进课堂模式

师实践性知识和策略，利用视频和 Transana 分析结果，和全科组老师开展“协作式研讨”，笔者将其称为“就事论事，按事支着儿”。针对各位老师教学实践中的疑难，提供解决问题的策略。无论教师提出什么问题，实践导师总有几种方法供其选择。理论导师与实践导师指导内容各有分工，方式也不相同。导师的作用是提供反馈信息和发起引导性注意。

二、专家进课堂模式的特征

笔者所开发的专家进课堂模式是开创性的工作嵌入式教师专业学习的有意义尝试。它基于教师个人实践并具有一定的独特性，改变了过去外出集中培训与个人经验无关的陈旧方式，采用务实、科学和有效的方式，受到了教师的广泛欢迎。专家进课堂模式的特征如下。

1. 专家进课堂，诊断促成长；评课看录像，软件析课堂

笔者认为，无论是本地学校教师的指导还是异地学校教师的指导，大学学科教学法教授都要走出研究室，深入中小学听课、拍课；下课后，专家利用视频中顿法在需要评价的教学事件上停播录像进行评论，即边观看课堂实录，边评课。同时，研究者利用教学分析软件分析教学，为教研名师指导时提供参考或指引。

2. 教师工作坊，名师指方向

教学名师利用网络协作教研平台的视频会议系统或进校以面对面的方式开展指导。如果是当地的学校，那么教研员或名师可以直接深入学校、进入课堂对教师进行面对面听评课指导；如果是相隔两地的远距离学校，选派的是非本地教研员或名师，则采用协作教研软件系统，开展基于视频的在线指导。名师指导方式通常是“工作坊”，一般会以教师实践知识为核心指导教师进行教学实践，并对未来教学提出建议，与大学教授的指导相互补充，形成了完整、多角度和全方位的系统化指导体系。

3. 对象吃小灶，刺激科组长

在选择培养对象时，笔者与学校负责人在协商的基础上，确定选择中坚教师或青年教师进行指导，这与通常外出培训时学校管理者经常选派骨干教师（科组长）不同。笔者认为，科组长有着比普通教师或薄弱教师更高水平的专业实践能力和较为丰富的理论知识，只要稍加指点就会产生顿悟，启发其思考，他们通过旁听就可以获得对教学实践的洞察和理解，而不需要听评课式的指导，适合他们学习的方法应该是探究式研究型学习。基于这样的考虑，笔者与专家团队选取了青年教师或薄弱教师开展听评课式指导。培训结果也表明，这些教师的专业成长效率较高，有些培养对象在市级竞赛中取得了优异成绩，这大大刺激了科组长等优秀教师，他们感受到了同事进步带来的压力，意识到需要通过不断发展来维持领先地位，更加努力地学习。

4. 一年八进校，教学换新貌

理论导师和实践导师隔月交替指导，如 9 月理论导师进校指导，10 月实践导师进校指导，这样间隔着轮流去学校指导，一年八次进校。第二次进校指导时，在确认上一次指导的问题是否得到改进后，再决定其他指导内容并进行指导。在导师的指导下，培养对象彻底纠正了错误做法，真正地实现了转变，教师的教学效果也随之发生了变化。

指导和教研融入日常，不会影响正常教学秩序，学校不用为教师出差参加培训而担心由谁代课等问题。它可以带动学校所有教师的学习，激发其上进心，激发全体教师的教研热情，提升全校教师的教育教学能力，使学校教师的整体学习氛围更加浓厚。

与以往的教师外出集中听理论讲座、案例解读、听公开课等基于间接经验的专业发展模式不同，专家进课堂模式立足于教师自身的课堂和经验，立足于学校同僚与专家的解决课堂问题的经验和理论阐释，是基于教师个人直接教学经验的学习，是一种务实和真实的学习。它所采用的“专家进课堂，诊断促成长”“教师工作坊，名师指方向”“评课看录像，软件析课堂”等方法或技术，是促进实习阶段的职前教师专业学习、新任教师及在职教师专业学习的有效手段。

接下来，笔者将通过质性分析和实证检验的方法，在缜密设计、细致分析的基础上，解析这一模式是如何影响教师的教学行为的。

第二节　专家进课堂模式的效果

一、专家进课堂模式的实践设计

在华南师范大学的支持下，笔者与某市合作，进行学校教师专业学习实践与教师培养，并在项目实施后对教师的专业学习效果进行了检验。笔者将教师培养重点放在“学会教学”上，其中学科专家和教学名师对培养对象及科组的指导内容包括学科内容知识、教育学知识、学科教学法知识、教师实践性知识、技术-内容-教学法知识等。学校教师专业学习实践是在该校所在市教育局的支持下，经过笔者及团队与学校领导协商，选定了市内 13 所中学（含初中和高中）的 100 名青年教师作为对象，教师年龄为 23—46 岁，其中男教师为 46 人，女教师为 54 人，任教学科分别是数学、物理、化学、语文、英语。

二、调查结果及分析

在学校教师专业学习实践前期，笔者首先发放问卷进行基线调研，共计发放了 100 份关于培养对象的教学能力和态度的前测问卷，回收率为 100%；在项目实施结束后，发放并回收了项目实施后测调查问卷，发放

100 份，回收了 99 份，回收率为 99%。问卷调查侧重考察教师专业学习的 11 种核心知识和能力，包括常规性专长、适应性专长、教学方法与信息技术应用能力、教学决策与预见能力、教学设计能力、评估与评价的能力、学习与元认知能力、学科知识与教学组织能力、实践性知识、教师信念及教师职业态度等。

1. 前后对比看变化

结果显示，教师的专业学习实践取得重要成果，教师的 11 种能力相对于专业学习前都有不同程度的提高，提高程度较大的是学科知识与教学组织能力、教学方法与信息技术应用能力、教学决策与预见能力、适应性专长、教学设计能力，同时教师职业态度的转变明显。总体上看，教师的 11 种专业能力都有显著提升，如图 5-2 所示。

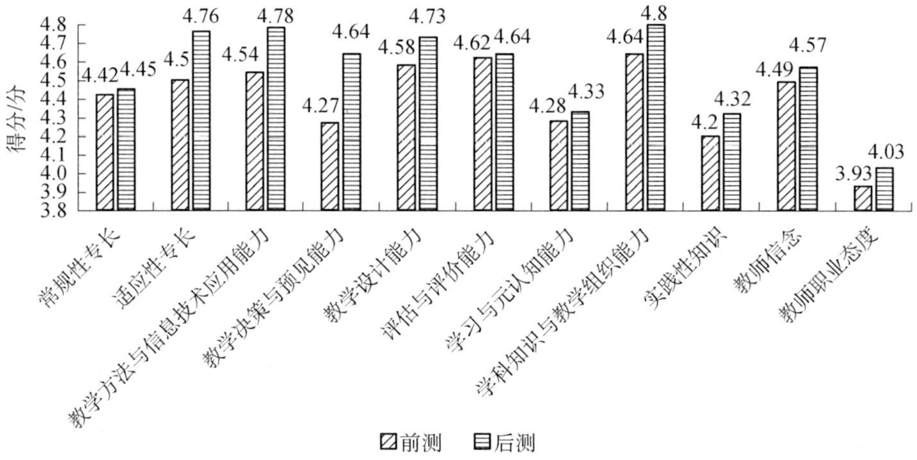

图 5-2 教师能力前后调查得分对比

2. 分析后测看现状

1）教师专业能力后测如图 5-3 所示。教师专业发展实践后的综合能力增强，11 种专业能力达到优秀的教师所占比例较高。

2）培训后教师的常规性专长情况如图 5-4 所示。在进行专业学习实践后，大部分教师的教学基本功扎实，常规性专长的优秀和良好比例总和为 91%，所有教师的常规性专长都达到了及格以上水平。

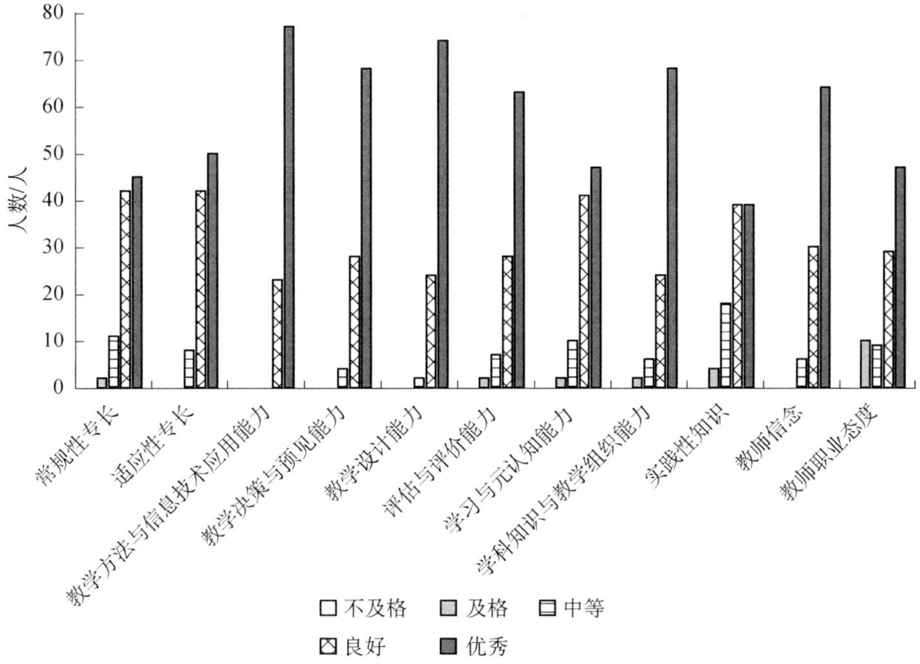

图 5-3　教师专业能力后测

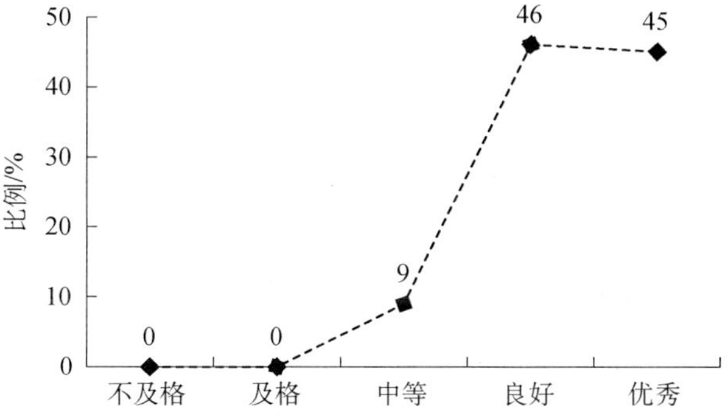

图 5-4　教师的常规性专长情况

3）培训后教师的适应性专长情况如图 5-5 所示。在进行专业学习实践后，教师适应性专长的优秀和良好比例总和为 87%，大部分教师关于多变和复杂教学问题解决的知识丰富了，都达到了及格及以上水平。

4）培训后教师的教学方法与信息技术应用能力情况如图 5-6 所示。在进行专业学习实践后，大部分教师能综合运用各种教学方法，努力实现信息技术与学科融合，优秀和良好的比例总和超过了 85%。

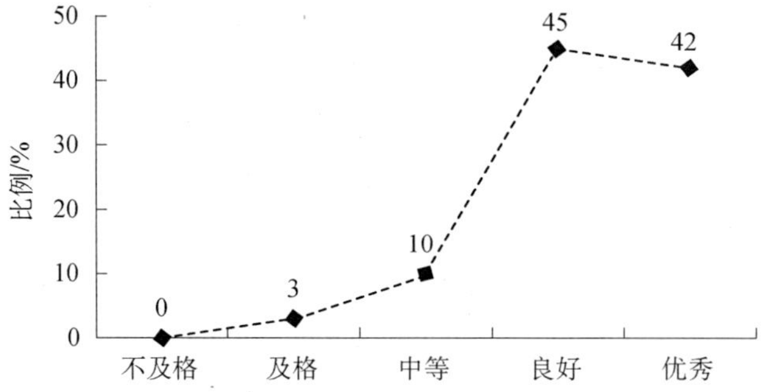

图 5-5　教师的适应性专长情况

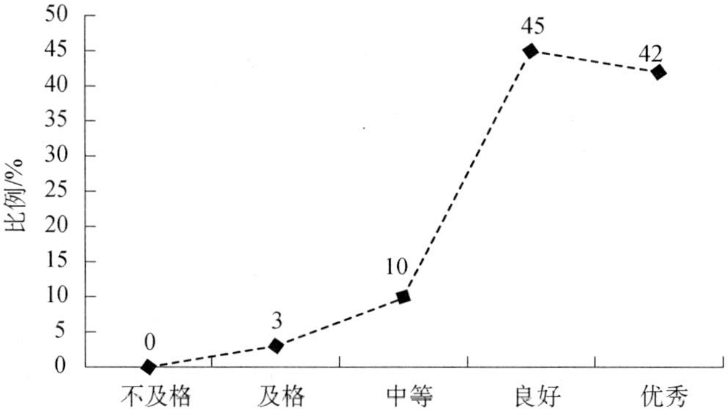

图 5-6　教师的教学方法与信息技术应用能力情况

5）培训后教师的教学决策与预见能力情况如图 5-7 所示。在进行专业学习实践后，教师能依据教学规律对教学情况进行预见和决策，优秀和良好的比例总和达到了 86%。

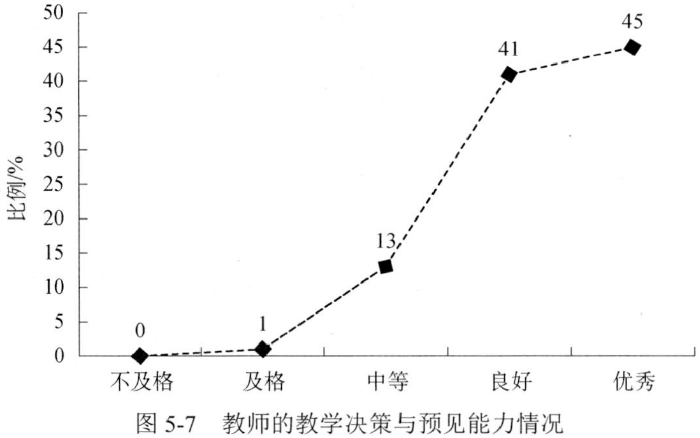

图 5-7　教师的教学决策与预见能力情况

6）培训后教师的教学设计能力情况如图 5-8 所示。在进行专业学习实践后，100%的教师能进行有效的教学设计，优秀和良好的比例达到了 89%。

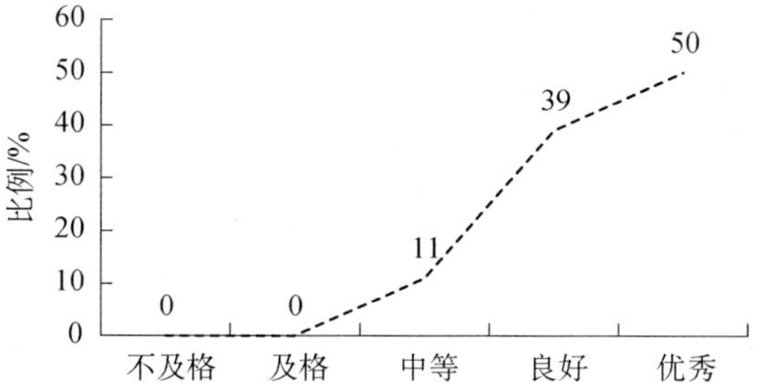

图 5-8 教师的教学设计能力情况

7）培训后教师的评估与评价能力情况如图 5-9 所示。在进行专业学习实践后，教师能依据教学规律对教学进行科学的评估和评价，优秀和良好的比例达到了 88%。

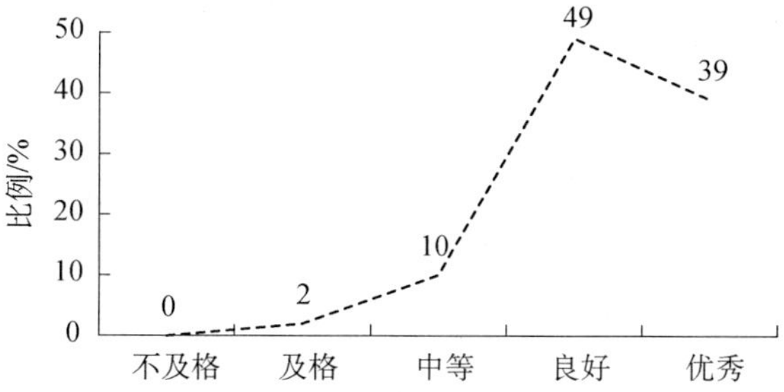

图 5-9 教师的评估与评价能力情况

8）培训后教师的学习与元认知能力情况如图 5-10 所示。在进行专业学习实践后，教师的学习与元认知能力增强，优秀和良好的比例达到了 86%，教师自我发展后劲足。

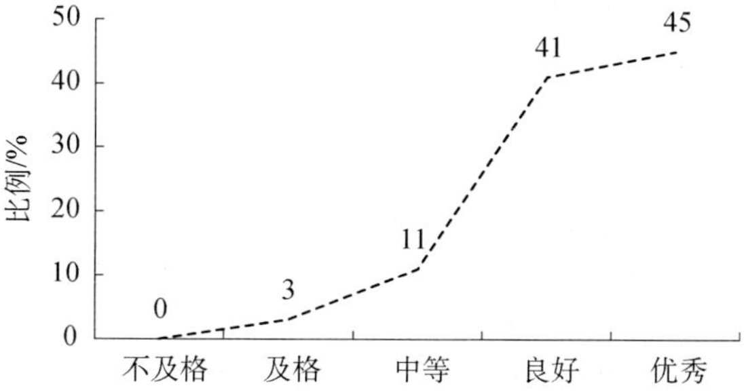

图 5-10 教师的学习与元认知能力情况

9）培训后教师的学科知识与教学组织能力情况如图 5-11 所示。在进行专业学习实践后，教师的学科知识和教学组织能力增强，超过 90%的教师达到优秀和良好水平。

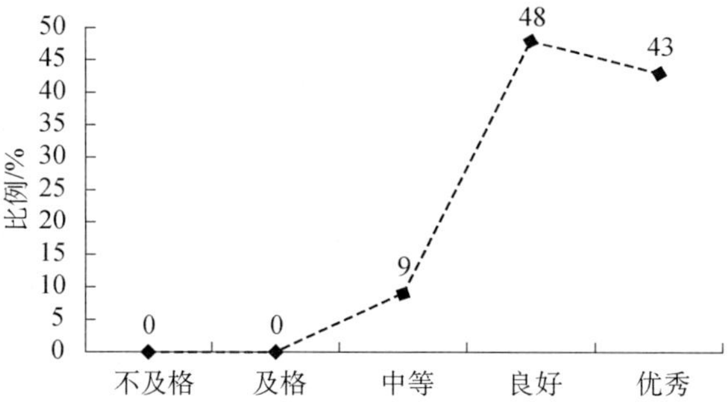

图 5-11 教师的学科知识与教学组织能力情况

10）培训后教师的实践性知识情况如图 5-12 所示。在进行专业学习实践后，大部分教师的实践性知识增加，优秀和良好比例达到了 78.24%，相对其他指标偏低，这也表明实践性知识增长是一个相对缓慢的过程。

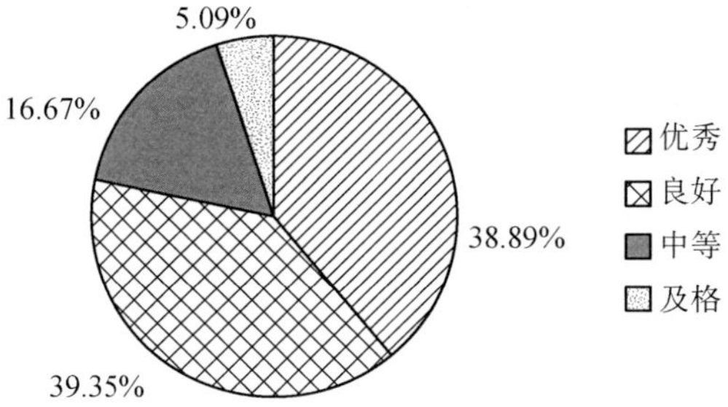

图 5-12 教师的实践性知识情况

11）培训后教师的职业态度情况如图 5-13 所示。在进行专业学习实践后，76.39%的教师职业态度表现为优秀和良好，95.14%达到及格及以上水平，有 4.86%的教师不达标，教师的职业态度决定着教育的质量，这些教师需要对教学态度进行改善。

12）培训后教师信念情况如图 5-14 所示。在进行专业学习实践后，93.75%的教师信念表现为优秀和良好，100%达到中等及以上水平。教师的信念决定了教育改革的成败和学生的学习绩效，调查结果表明基础教育课程改革新理念深深扎根于教师心中。

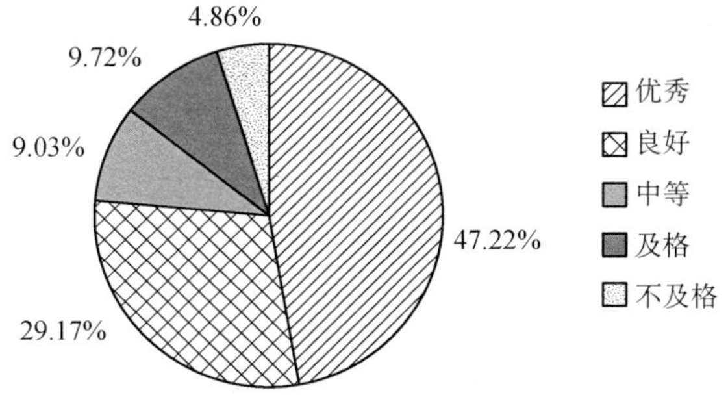

图 5-13　教师职业态度情况

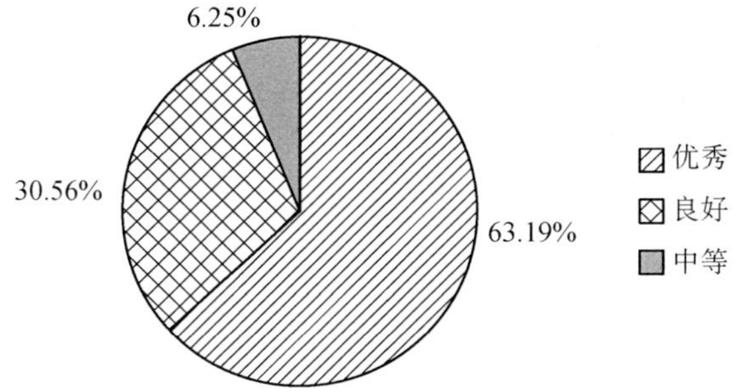

图 5-14　教师信念情况

13）培训后教师的教学科研能力情况如图 5-15 所示。在进行专业学习实践后，教师的教学科研能力优秀和良好比例达到 77%，中等和及格比例为 23%，教师科研能力还有较大的提升空间。

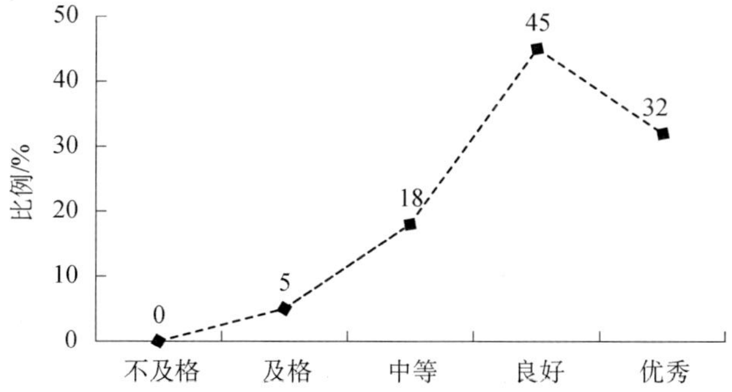

图 5-15　教师的教学科研能力情况

14）培训后教师的自我调控能力情况如图 5-16 所示。在进行专业学习实践后，教师的自我调控能力优秀和良好比例达到 82%，及格及以上为 100%，中等及以上为 96%，表明教师的自我调控能力还需要加强。

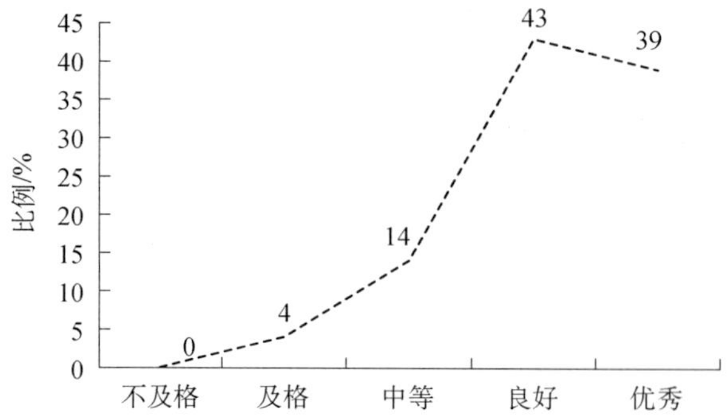

图 5-16　教师的自我调控能力情况

3. 教师的收获与建议

（1）教师的收获

在进行专业学习实践后，一些教师认为自己在教学知识和能力等方面都有不同程度的提高，58%的教师认为自己的教学方法与信息技术应用能力提升明显，超过 30%的教师认为自己的教学设计能力、学科知识与教学组织能力，以及学习与元认知能力方面收获很大，27%的教师认为自己的评估与评价能力有了较大提升，具体如图 5-17 所示。

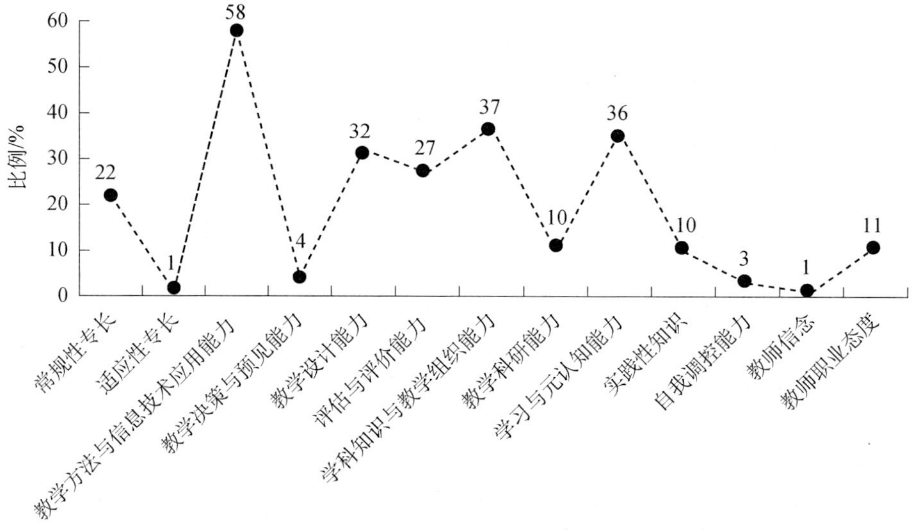

图 5-17　教师学习收获人数所占比例

（2）教师的建议

在学校教师专业学习实践上，42%的教师希望能观摩优秀课堂，15%的教师希望能提供教学教研指导，14%的教师希望提供深入的专业化与个性化指导，这为学校教师专业学习实践目标的设计以及改进方法提供了有价值的参考，具体如图 5-18 所示。

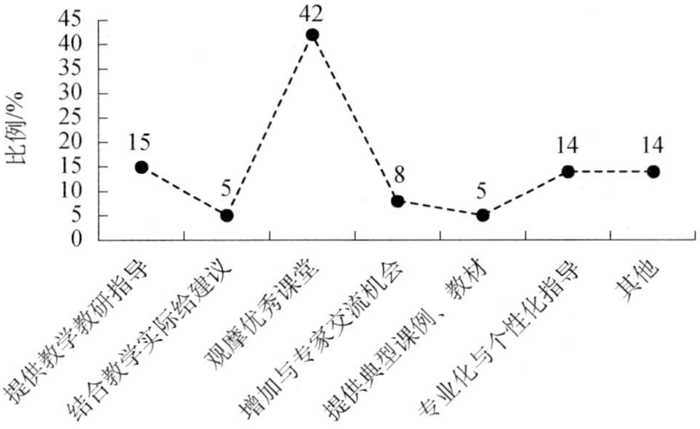

图 5-18 教师的建议所占比例

三、取得的成果

1. 专家进课堂，听课评课促成长

在首次专家进校指导后，笔者结合前测问卷分学科（初中数学和高中数学教师各 1 组、初中物理和高中物理教师各 1 组、化学教师 1 组、语文教师 1 组、英语教师 1 组）组织了 100 名培养对象进行座谈，通过自我介绍和访谈了解了培养对象的基本情况，再通过听课观察教师上课情况，制定了相应的指导方针和策略。

首先，针对教学常规中存在的问题进行指导。笔者发现，培养对象都会利用提问和学生回答问题的方式因势利导地展开教学，这是“教学常规”中的提问技术。但教师通常都不会问“为什么”，只选择对的答案，而忽略了错误的答案，这样做显然是为了执行预置的教学设计。教师为什么没有解释错误答案，可能情况如下：一是没有准备；二是教师缺乏灵活应对（即兴）策略和技能。此外，教师讲解或回应学生回答中的错误，会旁生枝节，影响教学计划。这样做既会伤害学生的自尊心、打击学生的学习积极性，也会使学生错失转变迷思的机会。通常，询问错误问题的原因是发现迷思概念、积累教学经验、开展以学生为中心教学的基础，名师和专家型教师都非常重视这个环节。当然，这需要教师有一定的实践知识和教学智慧，这是专家团队指导的重点。

其次，针对教师教学科研能力方面存在的问题进行指导。专家团队指导的策略是指出教师课堂教学中存在的问题并提出解决方法，介绍相关理论，抓住教学关键事件，“就事论理，依理定性，就事论事，据此决策”。另外，专家还会通过要求教师撰写教学研究论文的形式，指导教师总结成功的经验，并分析原因。教师在将教学行动转换成文字的过程中，系统梳理了教学思路，并通过用理论解释教学，获得了更深层的理解和启发。专家还会要求教师撰写论文，用理论来指导教学，提出新的教学设计，并尝试将其迁移到教学实践中，由此促进了教师的教学能力和科研能力的提升。

再次，针对教师的学科知识和教学设计问题进行指导。教学目标分析是教学的出发点，也是教学计划的基础，在笔者对教师进行调查以及首次听课过程中都反映出了部分青年教师对教学目标的把握和理解不够准确。例如，对于初中数学的教学目标“空间观念形成”，一些教师将教学重点放在了三视图的形成与概念解释上，在教学过程中只强调从物到形，忽视了从形到物。其实，后面的教学过程正是促使学生形成空间模式和概念的基础，也是课标中“根据几何图形想象出所描述的实际物体”所强调的，这些能力在生活中很重要。这也反映出了一些教师备课的特征，即备教材、备教法，忽视了备学生。因此，专家的指导从分析教学目标开始科学地界定教学内容，夯实学科知识，重视教学重点、难点和疑惑点，指导教师的教学设计。

最后，针对教学方法和以学生为中心等教学问题进行指导。一些教师在课堂中使用了学案，使本来是交互或合作探究的课堂变成了在教师思路引导下的学生默不作声地独立完成学案的沉寂的课堂；一些教师在讲课中节奏过快，甚至以“比谁回答最快”为标准来激发学生的学习动机，在这种情况下，学生来不及对材料进行加工或思考，只能靠短时记忆的提取来机械地回答问题；一些教师的教学以讲、演、练为模式，忽视了发现、探索的过程；还有一些教师在复习课上强调大量练习，增加了学生的认知负荷，这是一种记忆教学而不是理解教学。这些课堂要么忽视了作为主体的学生，要么增加了学生的认知负荷，影响了学生的理解，要么忽视了知识是需要建构的这一特征，要么没有领悟“练习只会造就更多练习，不能触类旁通”的道理，从而违背了学习科学规律，这都是专家和名师指导教师改进的出发点和重点。

2.“二对一”指导，全面提升培养对象的能力

在教师专业学习实践过程中，专家深入课堂听课、拍课，利用课堂实录和播放教学视频时的中顿法进行有效的指导。例如，从对教学目标的指导到对学科知识的重难点和疑惑点的指导，再到对教师实践性知识、教学设计、教学安排和课堂管理、教学决策、信息技术应用、教学研究（撰写教学研究论文，提高反思教学能力）、教学态度等方面的指导。专家首次指导侧重于教学常规，第二次指导侧重于教学目标分析、教学设计技巧和方法，第三次指导侧重于教学法和课堂组织管理、教学决策等，第四次指导侧重改变教学模式。每次指导都包含了学科知识重难点和疑惑点、教师态度和信息技术应用等方面。

3. 教师专业学习实践成效显著

通过一年八次指导，在参考了专家开展的中期评估、鉴定、后测调查问卷统计和分析之后，笔者发现有 99 名教师（其中 1 位教师没有提交后测问卷）在常规性专长、适应性专长、教学方法与信息技术应用能力、教学决策与预见能力、教学设计能力、评估与评价能力、学习与元认知能力、学科知识与教学组织能力、教师信念和教师职业态度等方面都得到了显著改善。

4. 教师学习资源得到丰富

在教师专业学习实践过程中，笔者共计拍摄了近 400 份课堂录像，这些课堂实录中都附带了专家的指导语。它为今后区域和学校的教师自主进修、教师间相互学习提供了珍贵的教育资源。它也是该市基础教育发展的时代写实，成了基础教育发展的历史记忆，真实地记录了教师的成长，为教师本人进行反思学习提供了材料。它还可以作为开发我国“一师一优课、一课一名师”教学实录数据库的素材，为教师互相观摩学习、相互借鉴提供了学习资源和基础。

专家进课堂模式受到学校和教师的普遍欢迎。专家指导融入教师的日常工作，立足于常态课，既可以充分展示教师教学的实际情况和发现存在的问题，又不会影响正常的教学秩序，学校不用因教师外出参训而担心代课等问题，便于学校进行管理。同时，全科组教师共同参与、共同反思、共同学习，能激发教师的学习热情，从而可以有效地解决教学中的“孤岛”问题。

第三节　专家进课堂模式实践的案例

专家进课堂模式已经在全国多个地区的多个学科得到成功实践。实际上，专家进课堂模式已经从最初的几个学科扩展到了中小学阶段的 19 个学科。这里主要介绍珠海市某中学、广州市某小学的专家进课堂教师专业学习实践项目开展情况。

一、案例一：珠海市某中学专家进课堂项目

（一）案例介绍

珠海市某区专家进课堂项目由区教育科研培训中心与笔者联合策划实施，2016 年 9 月开始，2017 年 3 月结束，为期 6 个月。

项目开展期间，由理论专家和实践专家共同组成的专家团队对区第四中学和区城东中学的 5 个学科分别进行了 6 次深入课堂听课及面对面的评课指导。学科教学法理论专家与在一线教学的实践专家隔月进行二对一指导。两类专家针对教师教学中存在的问题“就事论理，依理定性；就事论事，按事支着儿”，并重点引导教师思考“从教学关键事件中学到了什么”，根据自己多年丰富的实践经验，预测学生在学习过程中可能会出现的问题，为教师提供解决教学问题的策略和方案。

在第二次指导中，专家和名师确认上次指导的问题是否得到了解决，这种个性化和持续性指导能确保教师的问题教学行为都得到有效矫正，并且指导内容得到了有效落实。在项目实施期间，专家和名师也为参与旁听的 100 多名同事提供了间接的指导。为了进一步考察项目实施效果，笔者在专家进课堂项目实施后对所有参与项目的教师进行了问卷调查。

（二）效果分析

数据显示，在笔者的周密计划、专家的精心指导、区教育科研培训中心

的支持，以及受训教师的大力配合下，项目实现了预期的目标，取得了丰硕的成果。

（1）项目促进各学科教师专业发展与转变的整体分析

专家进课堂项目取得了重要成果，项目结束后，各学科教师专业素质题项的平均得分为 4.11 分，说明教师的整体转变很显著，语文学科教师平均得分均超过了 4.00 分，说明语文学科教师在专业发展方面有显著的提高，具体如表 5-1 所示。

表 5-1　项目促进语文学科教师发展与转变的整体分析摘要表

维度名称	$M_{总}$	*SD*	*n*	*M*	*Mo*
语文	128.03	0.78	31	4.13	4.00
整体	635.19	0.84	155	4.11	4.00

注：$M_{总}$表示所有题项总分，*SD* 表示得分标准差，*M* 表示每题平均得分，*Mo* 表示每题得分的众数，下同

（2）项目促进语文学科教师各维度专业发展与转变的分析

通过对珠海市某区城东中学语文教师问卷的描述性统计分析得出，语文教师的四个维度（知识、技能与能力、态度和理念）的平均得分为 4.01—4.32 分。数据显示，语文教师的整体专业发展与转变的平均得分为 4.13 分，比教师量表均值 3.00 分高出 1.13 分，这说明经过专家指导后，珠海市某区城东中学语文教师的整体水平有了显著的提高，具体如表 5-2 所示。

表 5-2　项目促进语文学科教师各维度发展与转变的分析摘要表

维度名称	$M_{总}$	*SD*	*n*	*M*	*Mo*
知识	48.12	0.81	12	4.01	4.00
技能与能力	54.08	0.74	13	4.16	4.00
态度	12.69	0.73	3	4.23	4.00
理念	12.96	0.78	3	4.32	5.00
整体	128.03	0.78	31	4.13	4.00

注：项目对语文教师四个维度的情况进行了调查，教师量表得分为 3.00 分

由表 5-2 可知，教师得分最高的维度是理念，平均每题得分为 4.32 分，标准差为 0.78，说明平均分与总分之间相差极小，高低分之间的差距也非常小。由此可见，教师在教育思想与教学理念方面均有显著的转变。态度的得分

排在第二位，平均每题得分为 4.23 分，教师在这个维度上转变较大，说明教师对本次培训指导的方式和内容是比较满意的。技能与能力、知识两个维度每题得分均在 4.00 分以上，说明通过专家的指导，语文教师的教学技能和学习能力有了较大提高。

（三）教师的收获

经过项目实施期间专家的指导，珠海市某区城东中学语文教师的收获主要有以下三点。

1）学习和掌握了新的教学方法。通过专家的听评课指导，教师学习到了很多教学方法，并将其运用到了实际的教学中。教师纷纷表示，这些新方法、新策略能解决课堂上遇到的大部分教学问题，并且提高了教学效果。

2）转变了教学理念。通过项目实践，教师的教学理念有了很大的转变。培训开阔了语文教师的视野，使其学习到了更多的教育新思想、教学新理念，教学思路更加开阔，从而提高了教学的有效性和教学质量。

3）增强了教学信心。通过项目实践，教师不但解决了许多教学中的实际问题，也勇于提出自己的疑惑与见解，得到了同事和专家的指导，教学态度有了很大的转变，增强了教学信心。

二、案例二：广州市某小学专家进课堂项目

（一）案例介绍

广州市某小学专家进课堂项目于 2018 年 3 月在小学语文和数学学科教师中开展，于 2018 年 6 月结束。项目开展期间，由笔者组织广州市教育研究院的语文、数学学科组长深入学校进行听评课及研讨式指导，指导内容涵盖教师专业学习全部内容，如教师知识、教学核心实践及教研模式等。专家进课堂指导共计 8 次，每月对每个学科进行两次指导，并且在指导的过程中通过访谈、听平行课等方式跟踪了解教师的需求与变化。后期专家团队在指导的基础上加入了备课环节，项目取得了丰硕成果。

（二）效果分析

通过分析后测问卷调查的结果，笔者以语文学科教师专业学习效果检验为例，对广州市某小学语文教师问卷进行描述性统计，得出语文教师转变的三个维度，即知识、技能与能力、态度与理念的平均得分为4.37—4.49分。整体转变程度均值为4.43分，高于量表均值3.00分，说明广州市某小学语文教师在三个维度上都有很显著的改变，具体如表5-3所示。

表5-3　项目促进语文教师整体转变的分析摘要表

维度名称	*SD*	*M*	*Mo*
知识	0.61	4.37	5.00
技能与能力	0.58	4.44	5.00
态度与理念	0.56	4.49	5.00
整体	0.59	4.43	5.00

注：项目开展前，通过对语文教师转变的三个维度进行调查，测得整体转变程度均值为3.00分

三个维度排在第一位的是态度与理念，教师在这个维度上的转变最大，平均每题得分为4.49分，与每题最高得分5.00分只相差0.51分。整体转变程度的标准差为0.59，说明高低分之间的差距非常小。由此可见，每位教师在教育思想与教学理念方面均有显著的改变。排在第二位的是技能与能力，教师在这个维度上的转变较大，说明教师对本次培训指导的方式和内容是比较认可的。排在第三位的是知识。语文是一个感性思维较强的学科，确实存在一些教师对学科内容知识理解不够透彻、对教学技能掌握不够全面等情况，通过本项目让语文教师对学科内容知识和教学技能有了更深入的理解、掌握。

（三）教师的收获

通过项目实施期间专家引领下的听评课过程实践，广州市某小学语文教师的收获主要有以下三点。

1）教学目标更加清晰、明确。通过项目实践，教师的教学目标制定能力得到了很大的提升。最初，教师在制定教学目标时普遍存在目标模糊、可操作性不强和层次不清等问题。在项目实践后，某老师反映“教学目标清晰了，并能区分好一、二层次目标”。教学目标是指导教师设计课程和实践课程的核

心，教学目标清晰、明确，可以使教师的教学设计能力得到很大的提升。

2）习作教学能力得到了提升。在对广州市某小学语文学科教师的指导过程中，专家对习作课进行了详细的指导。教师在实践—指导—再实践—再指导的持续过程中，掌握了习作课的教学方法和策略。有教师反映，学习到的习作教学的课型可以直接运用到课堂中去，尤其是习作评讲的课例，还能被用来构建恰当的教学模式，与年级教师分工，每个人负责两个单元的习作教学设计，实现了资源共享。可见，经过专家指导，教师对习作课有了较深入的理解，并能够将相关方法运用到教学中去。

3）教学内容的选取更准确。最初，教师在选取教学内容时，会出现教学内容分配不合理等问题，经过专家的指导，教师掌握了学科规律，在教学内容的选取上能够精确取舍、合理安排；教师掌握了学生的学习规律，了解了这个年龄段和认知水平的学生普遍存在的疑惑点；通过专家提示和询问，教师回顾了之前几轮教学中学生存在的疑惑，在专家的指导下，能够预测将要开展的教学会遇到什么问题，能够精准地把握教学的要点，实现精准教学。

第六章　专家引领的研学助教模式与实践

本章在专家进课堂模式的基础上，专门介绍了为教育欠发达地区中小学校开发的专家引领的研学助教模式。其与专家进课堂模式的不同之处有以下两点：首先，专家的指导覆盖教师教学活动的全过程——从备课（或称磨课）到授课，再到课后反思，专家对整个教学过程进行指导和评课。其次，关注支持学生学习所需的实际教学知识和技能。在以往的听评课指导中，教师会将更多时间花费在如何教上，专家一般也会在指导教的技巧上花费较多的时间和精力，很少关注对学生学习所需的知识或技能的指导，这也是目前我国教师专业发展项目效率低下的主要原因之一。

专家进课堂模式和实践虽然解决了教师专业学习的个性化问题，但缺乏针对性，也就是对学生的学习问题缺乏研究。如何使作为培养对象的教师真正参与到学生学习的领域中？这成为专家引领的研学助教模式需要解决的重要问题。为此，从技术的角度出发，笔者在设计该模式之初就意识到，一个项目的组织形式决定了学什么、如何学，决定了教师专业学习的效果。以往的教育技术学者在设计教师专业学习模式时，只是考虑了学习的形式，忽视了学习形式背后的约束条件即学习内容，造成了教学的低效率或事与愿违，这是值得注意的问题。专家引领的研学助教模式便将学生的学习规律和学习效果作为约束条件，通过这一条件使教师参与到对学生的学习规律和学习效果的学习之中。

第一节　当前校本教研的现状与问题

一、校本教研的发展

校本教研通常是指在中小学开展的以校为本的教研活动，是为了改进学校的教育教学，提高学校的教育教学质量和教师的专业水平，教师和教育管理者从学校的实际出发，依托学校自身的资源优势而开展的教育教学研究活动。[①]"校本"一词最早盛行于英美国家，具有"基于学校"的内涵。校本教研活动则在中国较为盛行，中国许多中小学均实施了校本教研活动。

1999 年，中共中央、国务院颁布了《关于深化教育改革全面推进素质教育的决定》，标志着我国从国家层面正式开始推行素质教育，实行素质教育成为教育领域的"基本国策"。[②]素质教育成为 21 世纪初中国基础教育的关键词，围绕素质教育开展的以校为本的课程教学改革拉开了 21 世纪中小学校本教研的序幕。2002 年，《教育部关于积极推进中小学评价与考试制度改革的通知》要求学校应建立以校为本、自下而上的教学研究制度。这是国家首次以文件的形式正式提出"校本教研"的概念。[③]随着新一轮基础教育课程改革的全面展开，我国中小学校本教研发挥着越来越重要的作用。面对新时代中国基础教育改革的宏大而深刻的历史语境，校本教研也需要转型升级，担负起时代赋予的新使命。校本教研在推动我国基础教育质量提升，特别是课程建设、课堂教学改进和教师队伍建设方面发挥了重要作用。

二、校本教研存在的现实问题

近年来，国内一些教育发达地区和处于教育改革前沿的中小学校根据自

---

① 韩江萍. 校本教研制度：现状与趋势[J]. 教育研究，2007（7）：89-93.
② 康宁. 试论素质教育的政策导向[J]. 教育研究，1999（4）：31-40.
③ 韩江萍. 校本教研制度：现状与趋势[J]. 教育研究，2007（7）：89-93.

身的实践经验和本校的实际问题，尝试对学校陈旧的教育和教学管理体制、教学模式和学习方法进行改革，并获得了成功。纵观这些改革过程，一个最直接或明显的变化是学生的学习绩效得到了明显改善，表现为考试成绩和升学率得以提升。学校的文化也因此得到改善，表现为教师教得轻松、学生学得快乐。

另一些学校虽然也在尝试改变，但修修补补式的改革或局部的改变并未消除传统教育和教学的顽疾，也没有抓住问题的本质。比如，就教学效率低下的问题来看，其根本问题在于教师对教学的研究（即教研）处于弱势，也就是说，提高教学质量的根本应该是改变教研的方式和理念，但教学改革的尝试未从根本上汲取成功案例教研方面的新理念、新方法及改革新经验。囿于经济条件和传统教师学习文化，一些教师对学校教育改革理论和方法知之甚少，更谈不上应用。针对其中出现的问题，笔者关注的是教研，重点讨论教研的改革。教研的本意是“教学研究”，包括研究课程标准、课程、教材、教学方法。如果站在新理念和新方法的立场来看，教研就是学习科学，强调研究学生的学习。因此，基于学习科学的教研是教师教和学生学的基础，也是课程与教学发展的关键。然而，当前的学校教研中还存在一些问题。

笔者通过调查发现，在教师对科学理论缺乏必要学习的情况下，如果单纯地让教师模仿同事的教学，没有指导者在理论与实践之间搭建桥梁，即使面对富含实践智慧和理论智慧的案例，他们也很难洞悉与知见其中的教育和教学原理，很难达到学会教的目的。相反，可能会强化一些定式的观念和做法。在现有的校本教研中，具体表现为较少有学科专家和一线名师的协助与带领，缺乏专家从理论到实践的指导，缺乏将理论与实践进行整合的引领，教师间同质化问题严重，同事之间的横向互助仅限于同水平的重复等。另外，教研活动中的备课组、学科组活动只局限于协商周考内容、出题、收教案、开展教学反思、布置下一项工作、开发校本课程、设计教学模式及收集和分享教学资源等行政化事务。

从实践角度来看，一些一线教师或教研员的研究表明，在一些学校，教研活动已经失去了教学研究的本意。有学者认为，制度化的教研使得相关活动“布置多、落实少”，并没有充分发挥其功能与作用，教师为了研究而研究，没有触及问题的实质。[①]王中男认为，校本教研忽略了专业引领，忽略了其他主

---

① 胡方，熊知深，傅瑜. 中小学校本教研实施现状调查[J]. 上海教育评估研究，2014（1）：45-51.

体，备课流于形式，缺乏实质内容，无法实现可持续发展等，都是目前我国校本教研中存在的明显问题。教师仅关注“磨课”，将教研局限在狭小的范围，难以有突破性的发展。同时，教研基本发生在学校制定的教研周期内，由于经验积累、成果推广的不足，教研难以得到持续的发展。①我国教师在知识共享上存在保守倾向，容易使探讨流于形式。一些学校的校本教研还处于低水平的重复状态，局限于经验交流，教师得不到期望的内容，进而失去了持续发展的动力。在一些农村地区，受客观条件的限制，教师缺乏专业引领、科学指导，教研活动更易流于形式。②除了教研方式上的问题外，我国的校本教研还存在教研制度不健全、缺乏纵向与横向的融合、缺乏专业引领、教研模式趋同、观课中缺乏先进的课堂观察工具和记录方法、缺乏对数据的分析、教师交流多凭借主观感受等问题。

笔者实践的改革是建立在对先进的学习科学、改革经验进行反思的基础上的，主导思想是以研究特别是本校教师的研究为基础，改革的重点是改变教研，使其能够发挥其原有的作用，为实现促进理解的教学、提高学生学习绩效服务，使得教师教得更轻松、效率更高，学生学得更快乐、更有效。因此，教师在教研活动中应对教学进行研究，核心是对学生学习规律、教师教学决策进行研究，旨在为解决教学中存在的问题提供理论依据和实践指南。这种研究是具有校本普遍性意义的科学研究，是面向本校教学和学生学习特点及规律的研究，是非常具体、系统化及高度情境化的研究，是学校教师可以完成的研究。比如，对“学生对新课内容的疑惑点是什么”的研究，是对考试出现问题时的错误原因、错误模式的研究，是对学生听不懂课的原因的研究。这些问题应该作为今后教师教研活动的重心及学科组和备课组的工作重点。同时，要对教师教学研究的方法、学生学习规律分析的方法等进行系统的培训。只有教师了解了学生的问题所在，对症下药式地开展教学诊断，有针对性地开展教学指导，才能够促进学生的理解，帮助学生解决面临的问题。为此，要做到研究的科学化和系统化，研究要能为教学和学习服务。

同时，非常重要的一点是，要将问题解决的指导思想和方案融入教研活

① 王中男. 校本教研存在的问题分析与路径选择[J]. 教育理论与实践，2014（2）：10-12.
② 韩江萍. 校本教研制度：现状与趋势[J]. 教育研究，2007（7）：89-93.

动中，以校本教研为载体，提升教师的知识水平和教学能力，研究学生的学习规律，促进学生的学习，以期解决学校的教与学存在的问题。教师应以促进学生对知识的理解和提高解决问题的灵活性为出发点，以激发学生的积极思考和反思学习的主动性为着眼点，在学生需要帮助时，提供相应的指导。为了开展有效的教学，教师应采用同伴相互教授、互相激励等策略，以顾及每一位学生的学习为原则，开展不同类型、不同层次的教学，最终实现“先学后教，人人达标”的目标。

第二节　专家引领的研学助教模式的设计

一、专家引领的研学助教模式的设计初衷

笔者认为，有效的教研是基于教师课堂实践、采用专家引领的方式的学习共同体式教研。教研中，教师之间围绕课程标准、教材、作业及各类考试中存在的共性和个性问题，归纳本校学生学习的重难点、疑惑点，分析疑惑点产生的原因，并有针对性地设计学案、小组讨论。教研的重点是教师通过备课组、学科组，探讨课程学习与讲解的重难点、疑惑点及学生学习的规律。这里的疑惑点是指学生在小组讨论中弄不清楚的重点问题，也是教师讲授的重点。对这些内容的研究，需要在专家的指导下，结合近年来各个学科取得的相关研究成果，以及教师经过长期教学积累的经验等进行。比如，数学中解题的系统性错误、物理中审题的错误和原理运用的错误（归纳分类的错误）等。这里的重难点包括学科概念、原理、方法、法则、定理、定律及结构等内容。这些问题大部分是可以通过学生的小组合作、同伴互助或同伴教学策略以及教师在课堂教学中的组间指导和个别指导等多种方式顺利解决的。重难点是相对稳定的，现有教材框定了这些内容，是教师熟悉的。教学实践的疑惑点则是针对学生在对重难点理解中出现的问题，是学生个体的差异（包括知识结构、认知水平、理解程度等）和学习具体情况的不同造成的，教师需要在学生自主学习阶

段有计划、有目标地搜集学生学习遇到的问题，并且在教研活动中与其他班级的教师进行讨论和研究，在此基础上建立疑惑点问题库，并与其他教师分享。

教研活动的重点就是分析这些疑惑点产生的原因、规律等。这些疑惑点具有共同性和普遍性，是系统化的问题，也是学生学习的症结所在。教师只有针对这些问题开展细致和有针对性的讲解，才能够切中要害、对症下药，解决学生存在的问题，做到彻底消除学习的障碍，提高学生学习的效果，实现教学是为了提高学生学习绩效的目标。

为此，笔者提出了“对行动进行指导”“为行动进行指导”“在行动中进行指导”的原则和方法，并建立了“专家和教师共同备课和设计教案—教师授课—专家听评课”的教师研修模式。这一模式强调通过专家或名师参与备课，借助收集到的以往学生考试和平时上课积累的案例，预测学生可能会遇到的问题，并设计备用的预案或教学脚本，即兴地应对讲课时可能出现的教学事件或问题。专家进行指导时，需要借助拍摄的教学录像和经由教学分析软件得出的分析结果进行。我们采用的教学分析软件是美国威斯康星大学开发的Transana，由华南师范大学教育技术专业人员对教师和学生的教与学行为进行分析，将获得的数据提供给专家——大学教学法教授和一线教学名师。专家对照视频和分析结果，采用视频中顿法，在关键教学事件处停下来，先由被指导教师陈述缘由，然后专家与其他教师共同剖析该教师的教学信念、价值观、情感、态度、习惯及实践性知识。这种基于教师个人实践，结合个人经验、同事经验及专家经验的学习教学的方法，可以提高教研的科学性，降低教研的恣意性。

二、专家引领的研学助教模式的设计过程

专家引领的研学助教模式强调教师的专业学习要基于具体的学校、学生、学情，相对于教师外出学习，更加凸显了教师专业学习的个性化特征。专家在教师上课前进校开展科组集体教研并指导教师备课。备课时，教师展示收集到的教学资料和数据，如各种试卷中出现的共同和特殊问题，在作业批改（包括面批）、课上提问、师生互动过程中发现的有关思考方式、错误模式的信息等。在专家的指导下，教师集思广益、切磋琢磨及相互启发，对学生的学习

规律进行研究，并开展基于数据驱动的教案的设计。专家隔日进校听课，对指导对象的课堂进行观察记录，并录制视频课例，在课后与科组其他教师一起对教师的课堂改进情况进行点评，并开展反思工作坊，对教师进行跟进指导。

专家引领的研学助教模式注重通过学情研究来提升集体教研的效果，包含“研学”“助教”两个要素。“研”是指教学研究或研究教学，“学”是指学生和学习，“研学”是指在名师专家的指导下开展研究，并借助优秀或示范课例研究自己班级的学生及其学习规律，将学生置于主体地位，研究和教学及学习（包括教师的学习）都以学生为前提和中心。同时，在学生学习实践上，强调教师在讲解之前应“自学、先学、互学”。“助教”是指专家帮助教师提升教研效果和学生学习的成就，教师以此决定讲授的重难点和疑惑点，助力所有科组教师的教学和学习。具体过程如图 6-1 所示。

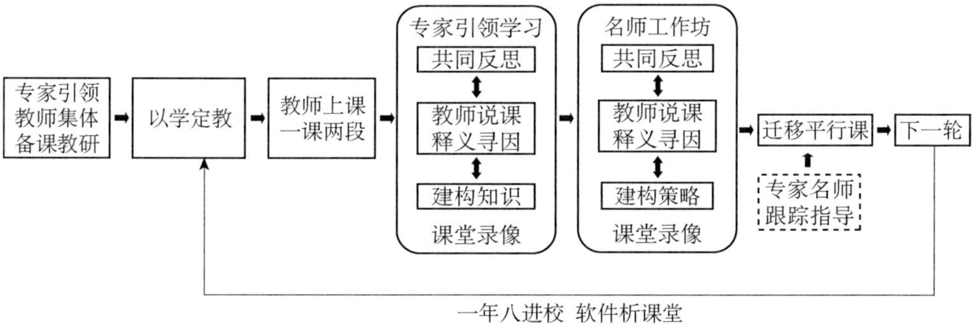

图 6-1　专家引领的研学助教模式

如图 6-1 所示，教研的本意是指教学研究，不但研究教材、教法，而且要研究学生的学情、课程和课程标准。以下是一所有住校条件的农村示范性高中在具体实施专家引领的研学助教模式期间制定的改革内容，包括“教师的行动”“学科专家指导的实践行动”“学生的行动”“学校的行动”。其他中小学可以根据具体校情灵活地进行修订。

（一）教师的行动

1）提前 1 天，教师在下课时布置学生（在家或住校）在晚自习需要学习的教材或参考资料的内容，并发放学案。

2）在专家进校的前 1 周，教师向专家提供来校指导的教案、教材内容、教材版本、学案、讲稿、重难点及疑惑点等相关材料及信息。这些材料在专家的指导下进行修改后，需要作为学校的教学资源，由备课组组长收齐提交至学校教务等相关科组负责人。

3）教师从以往的试卷和教学实践中挖掘学生错误模式——疑惑点，并记录在案。

4）编写学案和教案。教师要将重难点写进学案，将疑惑点写进教案，并制订解决疑惑点的教学（脚本）预案，以便开展教学和进行教学决策时能随机应变。

5）在专家进校指导教研和备课时，教师提出疑惑点，备齐学案，在说课后请专家指导并修改。教师在备课组组长的组织下开展研学助教教研活动，积极主动发言，发言的内容是自己的学生在该知识点上存在的迷思或问题，以便专家了解学情、教情等。

6）在专家指导备课、说课及专家指导编订教案时，教师应该尽量做到言简意赅，不要做过多的铺陈，直接进入问题，切中问题核心进行讲解或演示。教师在归纳本节课的教学内容时，尽量利用概念图进行总结。

7）专家指导下的教研和备课活动结束后，教师要根据专家的意见修改教案，制订预案（教学脚本），做好上课前的准备。

8）隔日，教师上公开课。下课后，专家进行评课，教师应该及时反思和记录本次教学的得失，修改教案和学案，以便下次教研时与同事分享。

9）做好上课前的准备。上课前，在专家的指导下，组长组织备课组教师分析本学期哪些教学内容（课）是需要重点教授的，哪些教学内容（课）是需要学生自己讨论的，由此决定需要削减的教学内容，编订课程计划。

10）督促学生做好预习。如果学生住校，在晚自习的预习阶段，值班教师需要进行桌间（各小组）巡视，解答学生提出的问题并提出要求。发现学生讨论中存在的疑惑，要记录下来，作为讲解阶段的讲解内容。当然，应事先做好相关的准备。

11）预测学生的疑惑点。无论是在预习还是上课时学生的讨论中，教师都应该在学生（小组）展示讨论结果时，在黑板上记录自己没有预测到的或与教授内容不同的教学内容，可以让学生（小组）在黑板上展示讨论结果，或用其他形式（小白板或投影）呈现所有内容。

第 9—11 条是对第 1—8 条的补充，既是专家进校指导前需要完成的工作，也是具体的公开课前需要准备的内容。

（二）学科专家指导的实践行动

1）指导备课、听课、评课，开展专家引领下的教学反思和专业学习。专家在进校备课过程中组织教师召开该学科组的教学研讨会。

2）在教师的配合下，分析学情，各科专家指出本课中的重难点及疑惑点，为教师解决疑惑点提供指导策略或方案。

3）指导并与教师共同设计学生讨论的问题和主题。设计并讨论“一课两段”（一堂课分为讨论阶段和讲授阶段）中两个环节的学生问题和主题，使教师逐渐了解设置讨论问题的原则、方法及提出问题的视角（如学生视角）。

4）专家指导教学设计，协助修改学案及编订课程。学案设计、教学设计，即找出问题（学生学习的共性和个性问题、疑难问题、突发问题等）的解决策略，解决由于采用新教与学模式造成的时间不够和内容被压缩等问题。从整体上而言，要安排一学期或一学年的教学内容。

5）在第二天上午的听课环节，专家评课时，为了避免束缚教师的思路和视野，专家应向教师提示：我们从中看到了什么？从中学到了什么？哪些问题应该引起注意？要注意倾听教师的发言，确认重难点和疑惑点是否在讲解中得到落实。可以采用对比的方式，让几名培养对象互相比对着进行评课。

6）下课后，专家首先通过有针对性地向特定学生了解对所学内容的理解情况来判断教学效果，比如，结合课堂提问中学生回答的情况进行有针对性的询问，如“为什么这样回答老师的问题？”以了解关键教学事件或教学现象发生的缘由，做到有的放矢地对教师进行指导。

7）专家听课的同时拍摄教学录像，并记录关键教学事件。下课指导时，利用视频中顿法在关键教学事件处暂停，一边播放教学实录，一边与被指导教师进行讨论。

（三）学生的行动

1）在上课前一天晚上，学生一定要按照任课老师的要求学习教材或教学参考资料，浏览学案，知晓教学目标。

2）在第二天上课前，小组长检查预习情况。

3）如果多数学生没有预习，那么上课时首先让学生按照学案自学，然后开展小组讨论。讨论时，学生说出自己看教材和做学案问题时存在的疑惑。请同组其他同学释疑解惑，积极参与讨论，听从指挥，按照要求（如不插话）和顺序（遵循合作学习的原则和步骤）发言，协助小组长归纳问题和疑惑。如果都做了充分的预习，就按照常规跟随教师的讲课开展学习。教师要将小组讨论安排在教学之中而不是教学开始之初。

4）对组长或代表总结的内容进行补充。

5）可以对其他组甚至本组展示的问题进行质疑、辩论，直至问题得到澄清和解决。

6）课后，认真复习和反思当天课上学习的内容。对于不懂的问题，及时向老师和同学请教。按照老师的要求及时完成作业。

7）及时提出预习、课上没有听懂和存在疑惑的问题，并帮助学习有困难的同学一起进步。

8）对试卷和学习情况进行阶段性总结。

（四）学校的行动

1）如果有学生住校，重新设计晚自习的学习活动和内容；如果没有学生住校，重新设计早自习的学习活动和内容，可用于对新课内容的预习。

2）思考并行动，为学生提供便利的器材。

3）启用“研学助教”培养对象担当课程改革骨干。

4）在可能的情况下，减小班额，促进学生讨论和大规模密切互动的开展。

5）成立课程与教学改革领导小组。

6）对实施课程改革期间表现突出的教师进行物质和精神奖励。

此外，学校还可以适当建立备课组组长负责机制，组长担负起教研备课责任，经常性地整合专家指导和教师配合工作方面的资料、素材等。学校组织召开全体学生大会，公布课程和教学改革内容与要求，对学生进行自主学习能力和小组合作能力方面的培训。

第三节　专家引领的研学助教模式的实践与效果

广东省是我国经济发达地区之一，同时也是区域间经济发展极不均衡的省份之一，这一差异同样体现在区域教育上。近年来，为了改变区域教育发展不均衡的现象，广东省政府和教育主管部门制定了一系列政策，致力于缩小区域教育发展的差异，同时在省财政部门和地方政府的支持下，一些经济和教育欠发达地区的教育主管部门和校长也积极配合这一政策，开展了教育和教学的改革。在此背景下，笔者接受了广东省粤北地区某贫困县的一所国家级示范高中的委托，合作开展了相关的教育和教学改革。

为了解决学校教育与教学问题，笔者首先深入学校开展了基线调研。调研的内容包括以下方面：面向学生和教师发放了调查问卷；与校长、副校长、各科主任、备课组和教研组等的负责人、骨干教师座谈；与绩优生、学困生座谈；专家听课、走访、查看校史和各种学校管理文件等资料。经过对基线调研结果进行全面系统的分析，笔者发现了该校在教育和教学上存在的主要问题，包括课堂以教师为中心，以讲授式教学为主，师生互动少，学生参与度低；教学讲解的针对性不强，重难点不突出；教与学管理不科学，造成学校的教学和学习管理低效等。

另外，教师的教学观念和方式陈旧，其问题的实质在于，教师对近年来新的学习理论和研究成果知之甚少。笔者认为，造成该问题的原因有两个：一是教师平日里缺少学习教学和学习新理论的机会，学校在借助外力发展教师专业能力上缺少必要的措施和实践，学校教研没有发挥应有的作用；二是在借助自身力量改变现状的举措上，该校虽然采取了一些措施，如校长、副校长等带领科组长或骨干教师外出参观或学习，参加“国培计划”“省培计划”等，但由于培训内容与校情、学情有差异，加之培训后学校缺少将本来就极少的、可用的学习资源和少数人的学习成果转化为全体教师和学生的绩效的途径与策略，培训结果很难在短时间内转化为有效成果。

一、专家引领的研学助教模式实践的设计和实施过程

根据专家进课堂模式的实践基础和国内外先行研究的结果与启示，笔者设计了以下解决问题的计划和实施方案。

1）设计并实施“研学助教”“一课两段”的教研和教学模式。根据有效教学理论，该学校聘请专长于学科教学法研究的大学教授、市或区高中教学名师或教研员，每月一次深入学校、走进课堂，开展一课两段的研学助教教研活动。

2）选定培养对象。根据教学改革的需要，选定基础较好的教师先行先试，直至扩大至全校教师。

3）组织教师开展先期培训。笔者作为项目组首席专家，对项目实施过程进行讲解和指导，回答教师提出的问题。

4）培训学生。为了促进学生转变学习方式，在与各类学生进行座谈的基础上，确立了学生学习的新方式，并进行了培训，尤其是小组合作技能的培训。

5）专家定期开展教研指导。围绕“研学助教”“一课两段”教研和教学模式的实施，专家每个月进校进行教研指导，包括对集体备课、课堂教学和课后反思三个环节的指导。

6）利用软件剖析课堂。利用 Transana 软件分析结果，结合教育技术学专家和学科专家对结果的科学分析，研讨教学，修改教案，不断优化教学。

7）从学校内部开始主动变革。校长、副校长及各室主任亲自深入课堂，参与教研，布置任务并进行管理，制定奖优罚劣等激励机制，建立教学资源库等。

8）项目评价与完善。定期通过测试、座谈、听课等多种方式，对项目的效果进行形成性评价，不断完善实施方案。

二、专家引领的研学助教模式的效果评价设计

笔者采用了访谈法和问卷调查法，系统地收集了教师和学生在参与这一项目过程中产生的各种数据，包括对校领导、专家及教师的访谈报告。收集对研学助教效果的最真实感受和建议，通过调查问卷分析教师的成长效果。对于教师专业学习评价标准，笔者采用了美国肯塔基大学学者古斯基提出的教师专

业发展评价模式[①]，如表 6-1 所示。

表 6-1　教师专业发展评价五层次模式

评价层次	要解决什么问题？	如何收集信息？	要测量或评估什么？	如何使用信息？
教师的反应	他们喜欢吗？ 他们的时间花费合理吗？ 材料有意义吗？ 活动有用吗？ 领导人的知识渊博有助益吗？ 活动场所适宜吗？	发放调查问卷 焦点小组访谈 记录个人学习日志	初始满意度	用来改善项目设计和传播方式
教师的学习	参与者习得了期望的知识和技能吗？	纸笔工具 模拟和示范 教师反思 教师档案袋 案例研究分析	教师的新知识和技能	用来改善项目内容、格式和组织
组织支持和变化	给组织带来了什么样的影响？ 是否影响了组织的氛围和运作程序？ 实施得到倡导、促进和支持了吗？ 问题得到快速和有效解决了吗？ 可以得到充足的资源吗？ 成功得到认可和分享了吗？	学区和学校记录 会议记录 调查问卷 焦点小组访谈 对教师、学校或学区教育管理者的结构式访谈 教师档案袋	组织的倡导、支持、适应、促进和认可	用来证明和改善组织支持 为未来发展提供信息
教师应用新知识和新技能	教师能有效地应用新知识和新技能吗？	调查问卷 对教师和导师的结构式访谈 教师档案袋 直接观察 录音或录像	实施的程度和质量	用来证明和改善项目内容的实施
学生的学习效果	对学生有什么影响？ 它是否影响了学生的绩效或成就？ 它是否影响了学生的身体或情感？ 学生是否成了更加自信的学习者？ 学生的出勤率在逐步提高吗？ 学生的辍学率在逐步下降吗？	学生记录 学校记录 调查问卷 结构式访谈 学员档案袋	学生学习结果： ①认知方面（绩效和成就）；②情感方面（态度和气质）；③身体运动（技能和行为）	为了关注和改善项目设计、实施和后续的所有方面 为了证明专业发展的全部影响

① Guskey T R. Professional development and teacher change[J]. Teachers and Teaching: Theory and Practice, 2002(3): 381-391.

基于古斯基提出的教师专业发展评价模式的五个层次，笔者将专家引领的研学助教模式实践中的数据收集方法确定如下。

1）撰写教学反思日志。在每个阶段的教研完成后，根据专家的指导和同事的建议，教师对教学进行反思，撰写教学反思日志。通过内容分析，量化教师的反思，以此作为判断教师专业发展效果的依据。另外，每期教研后，依据教师的反馈意见，实时地调整一课两段和研学助教模式的构成要素与实施方法。

2）拍摄教学视频。实施项目的研究人员在教学和教研的每个阶段拍摄视频。通过对教研过程中专家与教师、教师与教师之间会话的分析，探究教师在教研中获得的知识和技能；通过对不同阶段教师的教学视频的分析与对比，探究教师对新知识和技能的应用，以及教师在教学上的成长与进步。

3）进行问卷调查。笔者设计了教师问卷和学生问卷，问卷采用五阶段评量方法，调查教师的反应、教师的学习、组织支持和变化、学生的学习效果四个层面的内容，旨在综合评价教师的专业学习效果。数据分析采用统计学方法，对质性材料进行量化，并计算数据的均值和方差。

三、专家引领的研学助教模式实践的效果

笔者根据实施研究计划和专业实践的过程，从 81 名参与的教师中随机选择 40 名教师作为样本，进行问卷调查。采用五阶段评量方法，从教师的反应、教师的学习、组织支持和变化、学生的学习效果四个层面，分析该模式的运用效果。同时，向学生发放了 150 份问卷，回收 148 份，有效问卷为 145 份，回收率为 98.67%，有效率为 97.97%。在对专家引领的研学助教模式的效果检验过程中，笔者将对学生学习效果的调查作为重要的一个方面，强调将使所有学生的学习达到高水平的学习标准作为首要目标，探讨一课两段教改模式对学生的影响。它是否能够给学生带来更好的成绩、使学生表现出更积极的学习态度以及做出更适切的学习行为，是笔者考察的主要目标。

（一）教师的反应

通过对教师反应的测量，探析教师如何看待他们的专业学习经历。根据

古斯基在其教师专业发展评价理论中的论说，对教师反应的测量包含内容问题、过程问题和场景问题三个方面。

1. 内容问题

内容问题是指在教师专业发展经历中探讨主题的相关性、实用性和实时性问题。笔者调查的是经历了专家引领的研学助教专业学习过程后，教师对该专业学习模式或项目在相关性、实用性及实时性效果上的主观感受。表 6-2 列出了主观评价后各题目的均值、标准差、符合率、不符合率、不确定率。①

表 6-2　专家引领的研学助教模式下教师专业学习的内容问题问卷统计

序号	题目	*M*	*SD*	符合率/%	不符合率/%	不确定率/%
1	研学助教活动使您的教学更有计划性和目的性	1.52	0.640	82.5	5.0	12.5
2	研学助教能帮您解决重要的教学问题	1.40	0.744	90.0	2.5	7.5
3	您对研学助教中探讨问题的理解在不断深化	1.32	0.730	90.0	2.5	7.5
4	您会将在研学助教中学到的东西应用到教学中	1.33	0.572	95.0	0.0	5.0
5	您认为此阶段的研学助教活动对您的教学具有重要意义	1.10	0.810	77.5	2.5	20.0
6	您在研学助教活动中得到了想要的教学材料和资源	1.20	1.018	72.5	7.5	20.0
7	专家能够提供有效的策略来帮助您改善教学	1.13	1.042	77.5	10.0	12.5

由表 6-2 中的问卷统计数据可以看出，在研学助教与教师专业学习的相关性、实用性及实时性方面，教师做出了积极反应。笔者设计的 7 个问题，教师的评价分值为 1.10—1.52 分（满分为 3 分），处于较高水平，都在 1.0 分以上，这说明教师从总体上认同专家引领的研学助教在改善教师的专业实践方面有重要作用。

其中，“研学助教活动使您的教学更有计划性和目的性”的平均分最高，

① 曹旺. 专家引领下的“研学助教”校本教研模式的研究[D]. 广州：华南师范大学硕士学位论文，2016：56-57.

达到了 1.52 分，且标准差较小，表明教师对研学助教有利于提高教学的计划性和目的性具有较高的认同感。同时，在“研学助教能帮您解决重要的教学问题”方面，教师的反应也表现出高度的一致性，平均分达到了 1.40 分，选择“符合”的教师达到了 90%。在回答“您会将在研学助教中学到的东西应用到教学中”这一问题时，给予肯定答复的教师最多，符合率高达 95%，这表明教师在参与研学助教的过程中抱有积极的态度。

在教师对研学助教意义的认同感方面，在回答“您认为此阶段的研学助教活动对您的教学具有重要意义”这一问题时，平均分为 1.10 分，说明教师总体上认同研学助教具有重要意义，但有 20%的教师选择了“不确定”选项，说明个别教师对该模式的效果心存疑虑。通过访谈得知，其原因在于该教研模式与教师习惯的传统教研和教学模式在内容方面的差距较大，短时间内师生很难把握、难以适应，因此担心不能有效运用。同时，短时间内，在运用次数有限的情况下，教学效果和学习效果不稳定，教师对此缺乏足够的信心，这也影响了教师对该模式的认可。教师对教研意义的肯定对笔者来说是一种鼓励，部分教师不确定的态度也对笔者后期的研究提出了更大的挑战，今后的研究还需要分析教师的教龄对这一问题影响的差异。

在标准差的比较方面，表 6-2 的结果表明，标准差数值较大的是教师对“您在研学助教活动中得到了想要的教学材料和资源”“专家能够提供有效的策略来帮助您改善教学”两个问题的回答。教师对这两个问题的回答不一致，离散程度高。通过访谈和对拍摄的教研讨论过程视频的分析得知，造成不一致的原因主要在于科目的差异和专家个人指导风格的差异。比如，语文、英语、历史、地理等文科科目，教师能从专家那里获得比较多的教学材料和资源；数学、物理、化学等理科科目，更重要的是要靠教师自身对教学的理解和经验积累。同时，有些专家在指导时会明确向教师提供具体的教学策略或模式，让教师去尝试；有些专家则倾向于让教师自己去摸索，从而形成自己的教学风格。[①]

2. 过程问题

过程问题是指在专家引领的研学助教和一课两段教与学模式实施过程

① 曹旺. 专家引领下的“研学助教”校本教研模式的研究[D]. 广州：华南师范大学硕士学位论文，2016：57-58.

中，关于哪些活动能很好地促进教师的专业学习的问题。

通过表 6-3 展示的对问卷结果的统计和分析得知，教师对过程问题的总体反应是积极和肯定的，题目的平均得分在 1.22—1.45 分。在过程问题中，教师认同度最高的是“教研中您有足够的机会去探索理论和付诸实践与研究”。另外，教师对“您对要参与的研学助教活动有精心的准备”“您能明确每次研学助教活动的具体目标”“教学探讨中您都积极参与，发表自身见解”给予了充分的肯定。

表 6-3　专家引领的研学助教模式下教师专业学习的过程问题问卷统计

序号	题目	*M*	*SD*	符合率/%	不符合率/%	不确定率/%
1	教研中您有足够的机会去探索理论和付诸实践与研究	1.45	0.904	82.5	12.5	5.0
2	您认为用于研学助教活动的时间合理	1.27	1.012	87.5	3.0	9.5
3	您对要参与的研学助教活动有精心的准备	1.25	0.707	90.0	2.5	7.5
4	您能明确每次研学助教活动的具体目标	1.40	0.709	87.5	0.0	12.5
5	教学探讨中您都积极参与，发表自身见解	1.40	0.709	87.5	0.0	12.5
6	您有充足的时间来参加研学助教活动	1.22	1.074	93.5	3.0	3.5

然而，在研学助教活动时间上，教师的分歧比较大，这与我国中小学教研中存在的教师的时间和精力不足的现象相吻合。[①]“您认为用于研学助教活动的时间合理”“您有充足的时间来参加研学助教活动”两个问题的标准差分别达到了 1.012 和 1.074。尽管大部分教师觉得耗费的精力和时间是合理的，但仍有 4 名教师给出了否定回答。尽管大部分教师也同意有充足的时间来参与研学助教，但仍有 5 名教师持否定态度，4 名教师对此表示不确定。这些数据显示出教育者有必要对新教研模式和学校组织计划进行进一步的完善。比如，在时间安排上，要以教师的时间为主开展新教研活动，而不是以专家的时

① 张紫薇. 我国小学教师合作教研的现状与特点——以山西省小学为例[J]. 教学与管理，2014（27）：34-37.

间来安排教研活动，学校应在教师教学、生活及新教研的时间规划上给予教师更大的支配空间。①

3. 场景问题

场景问题与教师专业学习经历的情境有关，旨在提供有关教师专业发展活动所处背景和当前现实环境的信息。这些问题对于部分教育者似乎是无关紧要的，但是真正熟练的教师知道满足这些需求的重要性。笔者在这方面获得的相关数据如表 6-4 所示。

表 6-4　专家引领的研学助教模式下教师专业学习的场景问题问卷统计

序号	题目	*M*	*SD*	符合率/%	不符合率/%	不确定率/%
1	您认为学校提供的教研环境能够满足您的教研需求	1.23	0.974	82.5	10.0	7.5
2	您认为学校可以提供更合适的场景来促进教师的专业发展	1.42	0.813	90.0	5.0	5.0

表 6-4 显示，绝大多数教师对学校提供的教研环境持肯定的态度，认为目前的环境基本能满足教师教研的需求。但是，一部分教师认为学校有进一步完善的必要，可以做得更好，借此提供较为适切的场景来促进其专业学习，这也是教师对未来的期望。

表 6-2—表 6-4 的数据表明了教师对专家引领的研学助教模式的看法，呈现了教师对这一模式的价值和意义的认可，同时教师对某些问题的否定态度也为后续的研究指明了改进的方向，为未来的教研和专业学习活动的安排、设计和开展奠定了基础。对教师反应的测量有助于研究者和教育者解释在教师专业学习过程中发生了什么事情和为什么会发生这些事情。

（二）教师的学习

教师的学习是一个有目的和有意义的过程，旨在增进教师的专业知识和实践性知识或实践智慧，从而促进教师的转变和学生的发展。在古斯基的教师专业发展评价模式视域下，教师的学习旨在探求专业发展活动是否使被培

---

① 曹旺. 专家引领下的“研学助教”校本教研模式的研究[D]. 广州：华南师范大学硕士学位论文，2016：58-59.

训者的知识、技能以及态度或信念方面发生了转变。因此，对教师的学习可以从三个方面的转变进行评估，即认知目标、心理目标及情感目标。

1. 认知目标

教师专业学习的认知目标主要涉及教师的学科知识和学科教学法知识。这些目标涉及被培训教师对所教内容的理解、新观点或创新背后的理论与基本原则以及成功实施的必要策略等方面。问卷数据统计如表 6-5 所示。①

表 6-5　专家引领的研学助教模式下教师专业学习认知变化问卷统计

序号	题目	*M*	*SD*	符合率/%	不符合率/%	不确定率/%
1	您在之后不断的教学中会对专家给出的教学理论有更深的理解	1.45	0.597	95.0	0	5.0
2	您能将专家建议的教学策略应用到教学实践中	1.40	0.744	90.0	2.5	7.5

教师专业学习或专业发展的基础包括教师精神、教师知识和教师能力。②如表 6-5 所示，教师对认知目标方面的学习给予了高度的肯定，在对教学理论的理解和教学策略的运用方面，平均分数分别达到 1.45 和 1.40，符合率也分别达到 95%和 90%，且标准差较小。也就是说，专家引领的研学助教活动确实有助于教师学习新的教学理论，并在实践中加深对理论的理解。同时，教师也能从专家那里获得教学策略并加以运用。

2. 心理目标

心理目标描述的是教师通过专业学习活动获得的技能、策略与行为。对此方面信息的探讨，既可以明确专家引领的研学助教专业发展活动给教师带来的改变，也有利于指导和完善今后的专业学习活动内容。这一维度获得的数据如表 6-6 所示。③

---

① 曹旺. 专家引领下的“研学助教”校本教研模式的研究[D]. 广州：华南师范大学硕士学位论文，2016：60-61.

② 朱旭东. 论教师专业发展的理论模型建构[J]. 教育研究，2014（6）：81-90.

③ Guskey T R. Professional development and teacher change[J]. Teachers and Teaching: Theory and Practice, 2002(3): 381-391.

表 6-6 专家引领的研学助教模式下教师专业学习的心理目标变化问卷统计

序号	题目	*M*	*SD*	符合率/%	不符合率/%	不确定率/%
1	在研学助教过程中，您逐渐养成了教学反思的习惯	1.43	0.549	97.5	0	2.5
2	教研中对专家给予的教学建议，您会尽力在课堂上尝试	1.37	0.740	95.0	0	5.0

教学反思是普通教师成为好老师并成长为专家型教师的核心实践。对表 6-6 中的数据进行分析可以看出，这轮教研活动确实帮助教师养成了教学反思的习惯。教学反思能帮助教师对教育和教学进行再认识和再思考，以此总结经验，在专家的指导下，用理论解释经验并形成知识和实践智慧，进一步提升了教育和教学水平。本次调研中，39 名教师对此问题都给予了肯定的回答，只有 1 名教师表示不确定，平均值为 1.43，达到了较高水平。

专家引领的研学助教活动对教师行为最重要的影响体现在课堂教学上。95%的教师表示，会将专家提出的教学建议在课堂上付诸实施、进行尝试。这是教师在教学上的转变，也是教师进行专业学习的重要过程。

3. 情感目标

情感目标是指培养对象经历专业学习活动后所要形成的态度、信念和性向。情感目标可能是教师对新态度或信念的习得，也可能是对以往态度或信念的更替。在这一方面，笔者主要调查了教师对新教研的初始态度和最终认可程度，如表 6-7 所示。①

表 6-7 专家引领的研学助教模式下教师专业学习的情感目标变化问卷统计

序号	题目	*M*	*SD*	符合率/%	不符合率/%	不确定率/%
1	刚开始的时候，您认为专家的指导也有不符合本校实际情况的部分	0.88	1.202	65.0	17.5	17.5
2	研学助教活动开始阶段，您对教研活动的有效性存在质疑	0.93	1.318	75.0	17.5	7.5
3	您认为此次研学助教活动促使您在教学上发生了一定的转变	1.58	0.594	95.0	0	5.0

① 曹旺. 专家引领下的“研学助教”校本教研模式的研究[D]. 广州：华南师范大学硕士学位论文，2016：61-62.

表 6-7 的数据显示，有超过半数的教师在刚开始的时候认为专家的指导也有不符合本校实际情况的部分，达 65%，且均值达到了 0.88。通过访谈，笔者得知，造成这一现象的原因有多种：一方面是由于部分教师开始对新教研改革持抵触态度；另一方面，专家没有充分了解和把握学校的教学现状，在指导过程中脱离了实际情境和现状，提出的建议或策略过于理论化、理想化。这一结果也提示教育者，在今后推广“研学助教”模式的过程中，只有更贴近项目实施学校的实际情况，扎根于具体实践，以量身定制的方式进行有针对性的指导，才能取得效果。

在对教研的初始态度方面，教师也直白地表明了最初对新教研活动有效性的质疑。75%的教师确实质疑过新教研活动的有效性，这是教研顺利开展的一个重要障碍，需要教师克服和转变。另外，对“您认为此次研学助教活动促使您在教学上发生了一定的转变”的数据分析表明，教师对新教研模式最终还是给予了充分的肯定。95%的教师同意研学助教确实促使自己在教学上发生了转变，这不仅是教学上的变化，而且是教师对新教研有效性的情感认知的变化。

（三）组织支持和变化

古斯基认为，只有同时强调个人的学习和组织的变化，强调他们的互相支持，才能使得被培养者取得的成绩不会被另一方不断出现的问题所掩盖。① 组织支持和变化方面的信息有助于教育者记录下与成功相伴随的组织状况，或者有助于教育者描述没有取得重大进步的原因。对组织支持和变化的评价内容包括组织政策、资源、时间上的保证、校长的领导和支持、合作支持、管理者的领导和支持等。笔者获得的相关数据如表 6-8 所示。②

表 6-8　研学助教模式下教师专业学习的组织支持和变化问卷数据统计

序号	题目	M	SD	符合率/%	不符合率/%	不确定率/%
1	研学助教活动和计划与学校的任务目标一致	1.47	0.816	92.5	2.5	5.0

① Guskey T R. Professional development and teacher change[J]. Teachers and Teaching: Theory and Practice, 2002(3): 381-391.

② 曹旺. 专家引领下的“研学助教”校本教研模式的研究[D]. 广州：华南师范大学硕士学位论文，2016：63-64.

续表

序号	题目	M	SD	符合率/%	不符合率/%	不确定率/%
2	学校在您的研学助教活动中能提供有效信息和相关资料	1.52	0.751	90.0	2.5	7.5
3	教师参加研学助教的时间能得到保证	1.08	0.905	65.0	20.0	15.0
4	学校领导能接受改进学校教学的政策和建议	1.33	0.944	85.0	5.0	10.0
5	同事间会互相观摩学习，并提出合适的教学意见和策略	1.38	0.540	97.5	0	2.5
6	校长和其他领导能积极参与到新教研活动中，并鼓励他人学习	1.35	0.662	95.0	2.5	2.5

通过对表 6-8 数据的分析得知，教师对学校组织给予的支持持充分肯定和赞许的态度。在组织政策方面，92.5%的教师认为学校能将研学助教活动和计划与学校的任务目标设置得相一致；在资源方面，学校也能为教师在新教研中提供有效信息和资料（均值为 1.52，处于较高水平）；在合作支持方面，97.5%的教师认为同事间能够互相学习，为彼此提供教学建议。

但是，笔者通过数据分析发现，尽管教师肯定了学校的支持，但教师还是期望学校能做得更多、付出更多的努力，以使教师参与新教研的时间得到有效保障。研究表明，校长作为学校管理者，能够通过课程政策、个人知识和道德力、鼓励与奖励等直接影响教师的学习。[①]然而，在这轮调查中，在“学校领导能接受改进学校教学的政策和建议”方面，均值为 1.33，在“校长和其他领导能积极参与到新教研活动中，并鼓励他人学习”方面，均值为 1.35，相对于其他选项得分偏低，另有 10%的教师不能确定校长是否会接受改进学校教学的政策和建议。这表明，尽管教师对领导的支持予以肯定，但是领导作为管理者还需要做出更多的努力，如理解教师个人的学习需要，营造活跃的环境来激发教师的专业学习动机，将鼓励、奖励及认可融入教学环境中来激发个人学习实践，确保有足够的资源用以

① 刘径言，吕立杰. 校长课程领导如何影响教师学习——兼谈教育管理者的 LCK[J]. 外国教育研究，2013（2）：25-31.

支持教师学习等。[①]

（四）学生的学习效果

1. 认知效果

认知效果和学生的学业成绩有关，它描述的是学生获得的知识、能力、技能或理解力。如表 6-9 所示，对学生认知效果的调查，笔者主要考虑了以下四个方面的问题，即学生的学习成绩、学习效率、自主学习能力以及绩优生和薄弱生成绩的差距。

表 6-9　一课两段模式下学生认知发展调查问卷数据统计

序号	调查维度	*M*	*SD*	符合率/%	不符合率/%	不确定率/%
1	经过本次教学改革，相比以往，您的成绩有了明显的进步	1.21	1.185	77.3	13.1	9.7
2	加入预习阶段的教学改革方式，使得您在课堂中的学习效率更高	0.68	1.522	61.0	28.3	11.7
3	经过本次教学改革，您的自主学习能力得到了发展	0.72	1.261	64.2	22.0	13.8
4	经过本次教学改革，从同学学习上的表现情况看，您觉得班级中绩优生和薄弱生之间成绩的差距逐渐缩小	0.66	1.249	61.4	29.0	9.7

如表 6-9 所示，从统计数据可以得知，学生对在使用了新教改模式后的学习成绩提升、学习效率提高、自主学习能力得到发展、绩优生和薄弱生之间成绩的差距呈减小趋势等持肯定态度，均值分别为 1.21、0.68、0.72、0.66。在“加入预习阶段的教学改革方式，使得您在课堂中的学习效率更高”这一问题上，标准差为 1.522，表明学生的意见偏差较大。通过问卷和访谈得知，这主要是由于学生学习时对新方法的适应性存在差异。适应了合作学习的学生对新模式感兴趣，学习的积极性高，在小组讨论中敢于表达自己的意见，在自主学习过程中勇于提出自己的问题，因此在新的教学模式下学习效率更高，进步更快。同时，教师需

---

① Ellen B G, James P S. Measuring the Instructional Leadership Competence of School Principals[R]. New York: American Educational Research Association Meeting, 2006: 10；曹旺. 专家引领下的“研学助教”校本教研模式的研究[D]. 广州：华南师范大学硕士学位论文，2016：64-65，74.

要关注不善于进行合作学习的学生。不善于进行合作学习的学生的内在动机更容易被激发，教师应该给予他们更多机会，帮助他们适应新的教学方式，以提高学习的效率。

2. 情感效果

情感效果是指希望学生形成的态度、信念、情感或者意向，它们可以是学习者获得的新态度、新信念，也可以是在态度、信念上的转变。相关调查结果如表 6-10 所示。①

表 6-10 一课两段模式下学生情感变化调查问卷数据统计

序号	调查维度	*M*	*SD*	符合率/%	不符合率/%	不确定率/%
1	本次教学改革使得您对学习的意义有了更深的理解	1.43	0.934	86.2	7.6	6.2
2	经历了本次教学改革，您在学习方面更具有信心	1.03	1.136	84.1	13.1	2.8
3	您比较喜欢新的教学方式，如先学后教、小组学习等	1.26	1.353	78.6	18.6	2.8

通过调查，笔者发现，该项改革强调自主学习与小组合作教学的新模式，使得 86.2%的学生对学习的意义有了更深的理解。学习不再仅仅是为了做题，更重要的是培养学生的交流、表达及实践能力。同时，经历了本次教学改革，84.1%的学生承认在学习方面更具有信心。当问及学生对新的教学方式所持的态度时，学生总体持喜欢的态度，但此项的统计值反映出学生的差异较大，78.6%的学生表示喜欢，也有 18.6%的学生持否定态度，这可能与学习成绩的不同有关。今后的研究应该更加关注这方面的议题。

3. 能力效果

能力效果是指想让学生获得的行为、行动和策略。对学生能力方面学习成果的测量内容包括问题聚焦、学习积极性和主动性、自主学习能力的应用、问题解决技能四个方面。如表 6-11 所示，从每个问题的平均分可知，整体上而言，学生对上述四个方面都持肯定态度，均值分别为 1.08、1.37、1.08、1.07。但

① 曹旺. 专家引领下的“研学助教”校本教研模式的研究[D]. 广州：华南师范大学硕士学位论文，2016：74-75.

对每个问题回答的标准差在 1.0 左右，离散程度较高，说明学生的回答相对分散。结果表明，部分学生在教学改革过程中无法适应这种教学模式，只有教学模式多样化，才能适应所有学生的学习和发展。①

表 6-11　一课两段模式下学生能力发展调查问卷数据统计

序号	题目	*M*	*SD*	符合率/%	不符合率/%	不确定率/%
1	教师以重难点为核心的教学使得您更容易聚焦问题，促进对重难点的学习	1.08	1.233	74.5	15.9	9.7
2	教学改革使得您上课的积极性和主动性得到有效提高	1.37	0.905	86.9	6.2	6.9
3	经历了本次教学改革，您能将获得的自主学习能力应用到生活之中	1.08	1.119	79.3	11.7	9.0
4	您能利用课堂上所学的问题解决技能解决生活中的问题	1.07	1.032	80.7	9.0	10.3

4. 学业成绩效果

对学生学业成绩效果的调查充分地证明了一课两段教学模式的成效。与笔者合作的广东某国家级示范高中实施该项目的 3 年时间里，学生高考成绩及变化如表 6-12 所示。

表 6-12　一课两段模式下 2013—2015 年学生高考上线率

年度	高考总人数/人	第一批本科		本科合计		专科及以上	
		总人数/人	上线率/%	总人数/人	上线率/%	总人数/人	上线率/%
2013	994	18	1.8	120	12.1	869	87.4
2014	928	42	4.5	140	15.1	883	95.2
2015	885	63	7.1	135	15.3	826	93.3

高考成绩受很多因素的影响，并不能作为衡量研学助教成效的唯一标准，但可作为辅助说明，能在一定程度上反映教学改革和教师专业学习产生的潜在影响。在访谈时，学校负责人提供了专家引领的研学助教模式实践实施以来 3 年的学生高考成绩数据，如表 6-12 所示。其中，本科、专科及以上录取率实现了迅速

① 曹旺. 专家引领下的“研学助教”校本教研模式的研究[D]. 广州：华南师范大学硕士学位论文，2016：76-77.

提升，第一批本科的上线率提高尤其迅速。学校负责人表示，研学助教活动的实施，不仅从整体上提高了学生成绩，而且充分激发了绩优生的潜力。

四、小结

通过实施专家引领下的研学助教项目实践，笔者认识到，以坚实的教研为基础的教学改革是卓有成效的。教师要摒弃过去形式化的教研活动、内容及方式，回归到“教研是教学研究”上来。教研不但要研究教材、教法及课程标准，而且要研究学生。同时，专家引领的研学助教项目实践还进一步证明，教师脱离自己熟悉的职场，集中起来听讲座式的传统的技术理性教师专业学习已经不适合新时代错综复杂的环境了。传统的技术理性教师专业学习不仅使教师耗费大量的时间在填塞与己无关的空泛理念和方法上，还会由于与教师自身经验毫无关联，造成其难以理解和无法将新理论运用于自己的独特实践。相反，专家引领的研学助教实践表现出了诸多优点和长处。比如，专家深入学校、走进课堂，感受该校的文化和氛围，通过座谈了解实际情况，制订有针对性的指导计划和教改方案，专家的指导是基于教师个人实践和经验的指导，是有针对性的；专家进课堂取向下的研学助教，改变了封闭式的教研方式，避免了教研中的同质性问题，增强了教研的开放性和民主性。正是因为具备了这些符合时代特征和实践特质的独特要素，研学助教和一课两段才能与学校的文化融合，被教师接受，才能产生实实在在的效果。这也从一个新的角度展现了“实践-专业学习”新取向的理论意义和实践价值。

第四节　专家引领的研学助教模式的典型案例

一、案例背景：专家引领的研学助教项目实践的目标

笔者在教育部教育政策以及近年来的个性化和持续性教师专业学习趋势

的基础上，根据实验学校——广州市某高级中学相关领导的安排，引进了成熟的专家引领的研学助教模式作为2020年秋季学校语文、数学、英语、物理和历史5个学科的教师专业学习活动模式，聘请了大学学科教学法教授和一线教研员、名师作为学科教师日常教研的理论和实践导师，并设计了集体备课—教师上课—专家听评课—教师进行平行课实践等完整的工作嵌入式教师专业学习流程。其中，笔者聘请的两类专家的指导在意义和作用上有所不同。一类是大学学科教学法教授，他们是学科内容知识、教育学知识、学科教学法知识的理论专家，很多教授是新课标制定组成员、教育部“国培计划”专家、高考出题专家和教学法指导专家，在指导中小学教师教研与教学实践方面具有丰富的经验；另一类专家则是来自教学一线，既具有实际教学经验又具有教学研究经验的著名教研员。本案例中笔者聘请了5位经验丰富、在教学一线从事中学教学工作多年的广州市教研员，他们中大部分是正高级教授，在中学课程、教学实践、教学方法和课堂管理方面有着极为丰富的经验。

二、案例介绍：专家引领的研学助教项目实践的特色

与外出教研或参加示范课培训讲座等教师专业发展实践不同的是，本案例中的专家引领下的研学助教专业学习活动是在专家指导与同伴反思的基础上，以学生学习为依据，将“生本理念”贯通于专家指导的教师科组集体备课和听评课全过程中。在专家指导的前几日，由笔者带队进校，与该高中各学科教师开展座谈、对学校环境进行调研、对学生进行问卷调查等，以全面了解学校教师专业学习的基础和影响因素、现状等，为专家进校指导学科教师进行专业学习活动做准备。已有众多研究表明，学校的环境和文化与教师专业学习和提升有着极其显著的相关性，并会影响教师专业学习与教学实践的过程、动机和效果。以此为依据，2020年10月，笔者按期进校与学科教师进行座谈，调研学校发展环境，同时了解教师的专业学习需求和意愿，对语文、数学、英语、物理和历史 5 个学科的教学与学习基本情况进行了调研。笔者与学校商定，每个学科指派1名研究助理负责与学科教师座谈，并负责学科专家和教师的对接协调工作。研究助理有着丰富的教师专业发展活动设计和协调经验及TPACK知识。

同时，学校管理层和笔者协作，从5个学科的教师中选定了3名教师作为本期的培养对象，其他科组教师作为参与对象从旁观察、讨论与反馈，作为同伴参与备课、授课及评课实践过程。与此同时，笔者按照学科特征和广州市高中学生特点设计了各学科学生学习情况问卷，如“高中生数学学习情况调查问卷”“高中生英语学习情况调查问卷”“高中生语文学习情况调查问卷”“影响高中生物理学习绩效（成绩）的因素调查”等，发放至3位培养对象所教的6个班级，对其班级学生进行线下问卷调查，包括高一、高二或高三3个年级的学生。此外，除了与学科教师进行座谈外，笔者还采用专家引领的研学助教专业学习项目的前测问卷，调查5个学科教师的教学现状，为分析专家引领的研学助教项目实施后教师的专业学习效果和学生学习成就的变化提供参考。

三、实验学校各学科教情和学情调查

（一）各学科教师的教学基本情况

2020年10月，笔者进校对语文、数学、英语、物理和历史5个学科的教师进行了约2小时的科组集体访谈，了解该高中5个学科教师的专业学习需求，并将访谈结果和学科教学基本情况反馈给专家，以便专家进行针对性的个性化指导。笔者以数学学科为例了解到，高一、高二和高三年级共有20名数学教师，近几年通过几位年轻教师的带动，学校学生的整体数学成绩超过区内其他学校；学科组内每周都会进行集体备课，使得教师的教学能力和学生成绩得到快速提升，每周备课时，主备人可以针对自己的课堂进行设计，也可以从网上查找资料，设计好这节课。集体备课的时候，教师会对这节课进行“打磨”，并根据学校分班情况，调整将要开展的深层教学内容。分班情况是指学校按照学生的学习成绩，将学生分派到三种班级，即重点班、中间班和薄弱班，但实际上可能种类更多，如重点班、次重点班、普通班、艺术班、体育班等。①

当询问该学校日常开展的教师专业发展活动情况时，某学科的学科教师和科组长认为，学校教师专业学习活动还是会集中在日常教研和单独安排的学

① 叶琳，刘文霞. 国外分层教学历史发展概况[J]. 教学与管理，2008（3）：159-160.

习时间进行，有时学校会外聘专家听评课或举办讲座，例如，寻找某校上课效果比较好的教师传授经验，或请专家来校做报告。当然，至于学习效果与收获，还是要看教师个人是否意愿主动投入学习。在问到该校学生在数学学科上的学习习惯时，某学科科组教师认为，学生的学习习惯不是很好，男生上课可只是听讲，女生整堂课一字不落地记笔记，这两种学生是教师最担心的，还有个别学生知道答案也不会与他人交流。这一情况在语文、英语、物理和历史学科的课堂中也存在。

（二）教师教学准备基本情况调查结果

除了对语文、数学、英语、物理和历史 5 个学科的教师进行访谈外，笔者还以个性化和持续性教师专业学习为依据，将“教学为本和学生线索”引入专家指导的科组集体教研过程中，首先调查教师对教学、学生的基本理解和教学过程状况，为笔者、专家和教师分析教学，开展教学问题解决、教师专业发展与学生学习成就提高的实践共同体专业学习奠定了基础。具体来说，笔者从教师教学基本信息、教学准备、教学目标制订、教师专业理解、课堂教学过程、教学评价等方面对教师进行了问卷调查。所有问卷发放前，均征询了学科组教师和教研员专家的意见，并在笔者论证和部分学生事前预调查的基础上修订问卷。共呈现 28 道问卷题目，包括 23 道态度选择题、1 道基本信息填空题、4 道开放性问答题。项目研究助理对该校 5 个学科的所有参与培养的教师进行了前测问卷调查，共收集了 5 个学科组 52 名参与教师的有效问卷，共计 52 份，问卷有效率达 80%以上。笔者从教师教龄、教师职称、教师学科内容知识、教学过程、教学管理等维度对其进行了分析，以为专家指导的集体教研和教师反思提供依据，主要是基于 SPSS 22.0、Excel、文本分析等工具对数据进行分析。

本期参与研学助教的语文、数学、英语、物理和历史 5 个学科的教师学历均为大学本科，5 个学科共有 52 人参与了项目开始前的教师与教学基本情况问卷调查。其中，语文 14 人，数学 11 人，英语 15 人，物理 6 人，历史 6 人；男教师 15 人，女教师 37 人。大多数教师年龄为 30—50 岁，仅有极少数教师年龄在 30 岁以下。教师的教龄均在 10 年以上，少数教师的教龄在 5—10 年。因此，学校教学经验丰富的教师偏多，而且教师基本教学能力和专业水平属于中高等程度。

被调查的52名教师中，拥有高级职称的教师达22人，符合笔者最初设计的为有经验的教师提供学习的目的，契合研学助教的理念，即以学生学习和课堂教学为线索，促进学校各科教师的专业成长和个性化学习。

1. 教师对学科内容知识的掌握程度

关于学科教师对学科内容的掌握程度的调查结果表明，在参与研学助教的5个学科的教师中，对学科知识能基本掌握的教师占71.25%，能对学科知识和学科方向进行完全把握的占19.23%，仅有9.62%的教师对所教学科的学科知识和学科方向不能较好地把握，选择了“不确定”选项。因此，5个学科教师的教学基本功和教学经验值得肯定，这为后续在专家引领的研学助教过程中与专家开展学科教学、教学策略及方法、教学设计等方面的对话提供了便利和前提，有利于教师在专家的引领下快速提升教学能力，将教学经验转化成进行创造性教学和提高教学效果与学生学习成绩的有利条件。

2. 教师对自我教学实践与知识建构的认知程度

在对教师的学科知识和学科发展方向进行了调查后，笔者对教师的教学实践和教师知识建构进行了进一步调查，设置了“完全符合”“符合”“不确定”“不符合”“完全不符合”几个选项，代表学科教师对自我教学实践与教师知识建构的认知程度。如图6-2所示，选择“完全符合”的教师占25.00%，选择“符合”的教师占55.77%，这表明学科教师对自我教学实践与知识建构的认知程度较高。仅有17.31%的教师选择了“不确定”选项。另有1.92%的教师选择了“不符合”选项，表明其对自身教学实践的认知和教师知识构建目标未达到预期，这就需要我们在专家引领下的教师教学策略的建构和教学的改进上，注意到教师自身对教学实践的认知及在知识建构方面的需求等。这也为指导教师进行备课和听评课提供了基础，为研学助教的效果发挥及实践应用提供了参考依据。

3. 教师的即兴教学能力

通常，教学是一种确定性和不确定性交织的课堂艺术。面对每个班30—40人的学生规模，教师的事前计划有时不能应付课堂的突发情况和学生的提问，教师的即兴教学能力和迅速反馈能力就显得异常重要。笔者在研学助教前对各科教师对自己的即兴教学能力的满意度进行了调查。

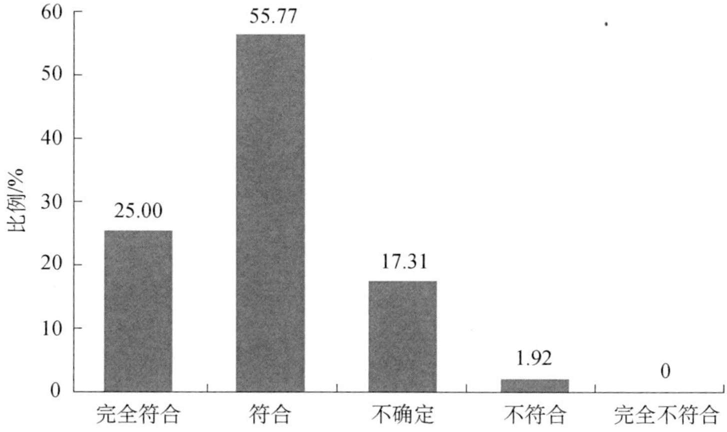

图 6-2　教师能清晰地描述自己的教学实践并总结知识

即兴教学能力是指在课堂出现突发教学事件时，教师能根据已有的经验灵活改变教学计划或方法，针对当前学生的学习状态，调整自己的教学计划和策略，完成教学任务的能力，即能够结合实际情况开展创新教学的能力。如图 6-3 所示，在对自己即兴教学能力的自信心和满意度的调查中，有 63.46%的教师选择了“符合”选项，有 30.77%的教师选择了“完全符合”选项，表明有 94.23%的教师对自己的即兴教学能力较为满意，这部分得益于大多数教师有较长的教龄和丰富的教学经验。另有 5.77%的教师对自己的即兴教学能力不太自信或不太满意，部分原因是学校教学文化、环境或学科教学本身具有复杂性。专家可以依此与学科教师进行创造性教学的计划与讨论，教师在具备了基本的即兴教学能力后，可以尝试专家提供的创造性教学设计，这就为专家引领下的研学助教模式促进教师的专业成长奠定了基础。

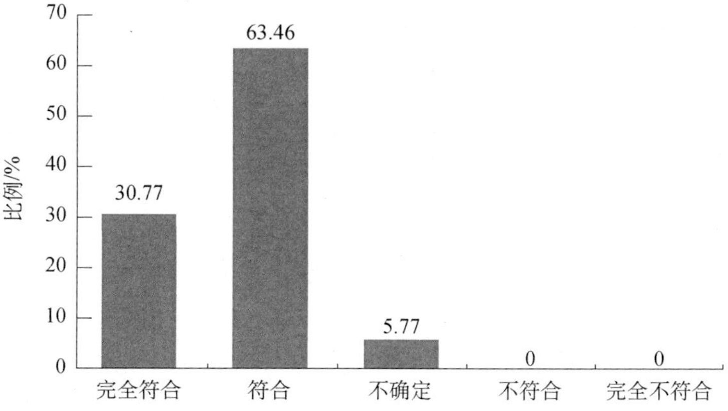

图 6-3　教师的即兴教学能力调查结果

4. 教师遇到的教学困惑

笔者较为清晰地呈现教师对教研的需求，采用书面填空问询方式，对教师当前教学中遇到的困惑进行了开放性询问，收集了52名教师问卷回答中的关键词，其中有部分主题囊括了多名教师的答案，表明其是教师遇到的共同困惑，如表6-13所示。

表6-13　各科教师的教学困惑统计结果

序号	维度
1	新课标的运用
2	如何分层教学
3	学生的学习兴趣不高
4	管理学生的尺度
5	如何辅导后进生
6	实验教学条件
7	教和考的矛盾
8	学生的主动性不够
9	教学时间不够
10	教学资源整合
11	学生的价值观
12	教学容量与课时
13	理论与实际结合
14	设计多教得少
15	主题教学设计
16	学生理解能力
17	干扰教学的活动
18	教育目的的困惑
19	民主课堂的创建
20	课堂套版难以突破

表6-13是笔者对教师研学助教干预前的教学困惑进行的调查结果。表中收集了20项有关教学和学生学习指导的困惑，解决其中大部分困惑需要借助外部的支持和帮助。比如，需要专家协助教师解读新课标、在教学中落实新课标；提高学生的学习兴趣与辅导后进生；解决教学时间与课堂教学内容容量的矛盾，以及突破以往的课堂实践模式等。另外，教师在整合教学资源、设计教

学主题、管理学生与创建民主课堂等方面的问题也是教师尤为关心的话题或面临的困惑，需要专家来协助解决，进而提升教师的教学自信心和改善专业教学过程，最终提升学生的学习成就。

5. 教师对专家引领的研学助教专业学习活动的期望

在对教师研学助教干预前的教学专业基本能力和教学过程方面的困惑进行量表和开放性问答调查后，笔者还收集了教师对研学助教这一专业学习活动的期望和目标方面的数据，以探测教师对研学助教专业学习活动的信心。需要补充说明的是，笔者事先已告知教师研学助教专业学习活动的总体目标和实施过程，同时收集了 20 名教师对研学助教专业学习活动的期望和目标方面的信息，如表 6-14 所示。

表 6-14　教师对研学助教专业学习活动的期望和目标

序号	维度
1	教学实践操作
2	观摩优质示范课
3	教学实施方法
4	教学活动设计
5	教学技术与数据分析
6	教学设计
7	教学理论的提升
8	学生积极性调动
9	论文指导
10	阅读与写作教学
11	高考导向
12	新教材分析与解读
13	专业技能的提升
14	课程设计与创新思维
15	具体化的指导
16	有效的教学
17	新课标落地应用
18	教学方法
19	教案修改与方向
20	教学实践能力

如表 6-14 所示，在对研学助教活动的期望和目标方面，笔者同样提炼出了 20 个与教师教学和学生学习相关的维度，其中被提及最多的是教学设计和专业技能的提升，表明这是教师期待得到指导的内容。教学方法、课程设计与创新思维、新教材分析与解读、有效的教学等也是多数教师期待得到发展的方面。另外，教师还期望得到教科研、论文撰写方面的指导，也就是通过专家的指导，提高教学研究能力。这都为专家进校指导提供了清晰的目标，也为确定指导的重点提供了依据。

6. 学科案例：课堂氛围与学生物理成绩的方差分析结果

一些理论和研究结果证实，课堂氛围对学生的学习收获及学业成就有重要影响。笔者以物理学科为例，设计了 5 个选项来探测学生对课堂氛围的看法，包括“很严肃，很安静”“不严肃，但很安静”“不严肃，有点活跃”“不严肃，同学们踊跃讨论”“不严肃，师生相处愉快”，并对课堂氛围与学生的平时物理成绩做了方差齐性检验和单因素方差分析，如表 6-15 和表 6-16 所示。

表 6-15　学生平时物理成绩的方差齐性检验结果

Levene 统计量	df_1	df_2	p
1.433	4	264	0.223

如表 6-15 所示，在对学生平时物理成绩进行的方差齐性检验中，$p=0.223>0.05$，表明学生平时物理成绩的方差呈现齐性，其分布符合正态分布，可以进行课堂氛围与学生平时物理成绩的单因素方差分析。

表 6-16　课堂氛围与学生平时物理成绩的单因素方差分析结果

项目			SS	df	MS	F	p
组间	（组合）		20.109	4	5.027	2.627	0.035
	线性项	未加权的	0.475	1	0.475	0.248	0.619
		加权的	1.021	1	1.021	0.533	0.466
		偏差	19.088	3	6.363	3.325	0.020
组内			505.222	264	1.914		
总数			525.331	268			

如表 6-16 所示，课堂氛围与学生平时物理成绩的单因素方差分析的组间平方和（SS）为 20.109，自由度（df）为 4，均方（MS）为 5.027，F 为

2.627，p=0.035<0.05，表明课堂氛围与学生平时物理成绩存在显著的相关关系。描述性统计结果显示，课堂氛围轻松且师生相处融洽的教学环境中的学生成绩较高。因此，教师在平时的课堂教学过程中需要留意并朝着促进学生成绩改善的方向改进，专家在引领教师集体备课和听评课时可以此为依据，指导教师在教学中注意营造轻松的教学氛围，适度增加同伴互助讨论等教学环节。

四、专家引领的研学助教专业学习活动实施过程

笔者根据专家引领的研学助教专业学习活动实施过程和该校语文、数学、英语、物理及历史 5 个学科的教研实际，设计了前测、专家进校指导（集体备课、听评课）、指导后的教师反思的全过程。这一过程首先体现了以学生学习规律和学科内容指导为主要内容的教师专业学习实践理念，为该校 5 个学科的教师发展和科组整体教研能力的提升提供了重要支持。同时，伴随着专家指导的课堂教学方法和策略的改进，学生的学习成就也得到了提高。具体实施过程如图 6-4 所示。

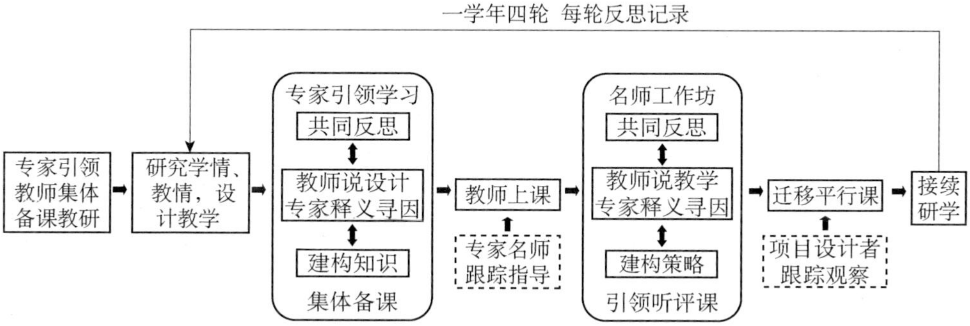

图 6-4　专家引领的研学助教专业学习活动实施过程

如图 6-4 所示，其展示了该校整体的研学助教流程。2020 年 10 月—2021 年 3 月，笔者根据与学校领导达成的意向计划，就语文、数学、英语、物理和历史 5 个学科展开了四个轮次的“专家引领下的研学助教”教师专业学习实践，而且所有学科的“研学助教”专业学习活动均邀请大学学科法教授和资深教研员交替进行指导。

在学科专家进校前，学校中参与研学助教的学科负责人与笔者在每个学

科选拔 3 名培养对象，并安排其他科组教师作为研学助教项目的参与者。在大学教授担任指导专家的研学助教过程中，培养对象在授课前将教学准备材料送交项目组研究助理，由研究助理转交专家查阅。在教师讲授公开课的前几天，专家进校指导科组教师开展集体备课或磨课，解答教师关于课堂教学设计与学生学习的问题，理清促进学生主动学习的课堂教学思路。其他科组教师帮助被培养对象分析教学，提出平时教学实践中的疑惑，由教授和教师一起探讨解决这些问题。3 名教师按照既定计划开展公开课教学，大学学科法教授进校和其他科组教师一起听课，并在课后组织名师工作坊式的学习与研讨。

在整个过程中，大学教授运用了笔者编制的课堂观察量表对教师的课堂教学和学生的学习过程进行观测记录，其他教师根据学校的教研制度和要求进行听课记录，研究助理进行课堂录像和录音。课后，由科组长召集专家和授课教师、听课教师、研究助理一起对本节课的教学进行分析、评议，专家对授课教师的教学做出理论与实践相结合式的讲解，在关键教学事件处与教师开展深度互动与交流。最后，授课教师根据笔者的要求，提交教师反思日志，并在修改教案后适时进行平行课的教学。

五、教师和学生的发展与实践效果

（一）专家引领的研学助教专业学习效果检验设计

笔者在研学助教开展前便开展了对效果测量的设计，这一设计采用了量化数据和质性数据相结合的方法。在学科专家进校进行集体备课指导和听评课前，笔者深入学校对教情和学情进行了调查，为分析指导效果提供了实证依据。测量方式包括学科组教师集体座谈与访谈法、学生学科学习情况问卷调查等方式。通过访谈数据和学生学习调查结果数据，笔者将一些调查结果，如该中学某学科教师的教学基本信息、教学和教研水平信息和学生学习信息等提供给学科专家指导组，也将部分信息反馈给学科教师。在第二轮指导结束后，笔者对 3 名培养对象进行项目指导中期效果反馈式调查，而且在每一轮指导后都要求培养对象撰写教学与指导反思日志，为后续研学助教促进教师专业发展效果的测量、解释和评价提供依据。最后，笔者在学科研学助教后进行学生学习情况满意度调查和教师研学助教专业学习终期满意度调查，并与项目设计开展前全科组的教师教学基本情况调查结果进行对比。

（二）学生学习与发展调查结果

在四轮八次的研学助教干预后，为适应该校高一、高二和高三年级学生学习特征和教师教学特点，笔者在以往制作的、经过信效度检验的学生满意度调查问卷的基础上，改编了相关问卷维度，在整体上不违背问卷整体信效度的情况下，设计了 14 道满意度态度单选题，对该校 5 个学科研学助教培养对象所带班级的学生进行在线形式的调查，调查对象包括高一、高二和高三 3 个年级的学生。共回收问卷 359 份，有效问卷为 359 份，问卷有效率达到了 100%，样本涵盖 3 个年级的文科和理科班，具有一定的代表性。

如前所述，研学助教模式与以往教学有一个明显不同的环节，即先让学生预习，然后讲解相关知识，也就是“先学后教，一课两段”。笔者针对这一特征对学生的学习效果进行了测量，在经历了四轮研学助教指导和课堂教学后，对学生进行了接受程度和满意度的调查，评定等级包括“是”“不确定”“没有”3 个选项。

如图 6-5 所示，在研学助教过程中教师采用“先学后教”的教学方法和实践对学生的益处与积极影响的结果中，选择“是”的学生有 144 人（占 40.1%），说明随着研学助教活动的持续开展，学生对教师实施的“先学后教”等新的教学理念和教学方式感到满意，促进了学生的主动学习，使学习效率得到提升。选择“没有”的学生仅有 76 人（占 21.2%），比例较小。同时，随着研学助教活动的开展及专家对教师教学和专业发展的指导，学生对“先学后教”的教学方法的满意度继续提高，学习效果也有了一定的改善。

在对研学助教项目中学生学习效果及满意度的调查过程中，笔者对学生成绩的提升程度和与其他同学合作能力的提升程度做了交叉分析，以探测研学助教活动对学生成绩、学生合作能力的影响，并探测二者的关系，检验学生成绩提升、合作学习过程与能力提升的关系，为提高教师的教学能力和学生的学习成绩提供实践的依据与思路。通过这一研究结果，我们可以获得几点启发：研学助教后，学生的成绩显著提升，这说明研学助教与学生学习结果存在显著的相关性；学生的合作学习能力得到提高；在对学生成绩提升程度与学生合作学习能力提升程度的交叉分析过程中，学生的成绩提高程度与合作学习能力提

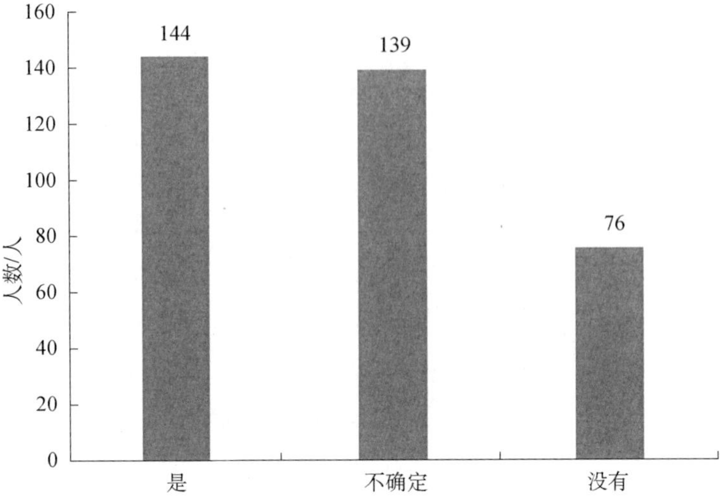

图 6-5　研学助教对学生的益处与积极影响调查结果

高程度存在显著相关，学生的成绩提高越明显，其合作学习能力提高得越快，反之亦然。这表明教师能够通过研学助教学习到促进学生合作能力提升的教学方法，进而促进其学习成绩的提高，这可以为学校学生整体发展和教学水平提升提供实证依据，并为教师的教学提供借鉴。

另外，笔者对教师参与研学助教活动后的课堂教学情况进行了调查，从学生角度探测教师课堂教学的变化，设置了“教师在参与研学助教后是否更能聚焦课堂教学与学生学习的重点”等问题，包括“是”“不确定”“没有”三个选项，希望从客观层面测量在参与研学助教活动后教师课堂教学的改变，帮助学生聚焦学习重点，提高学习效率和学业成绩。其结果如图 6-6 所示。

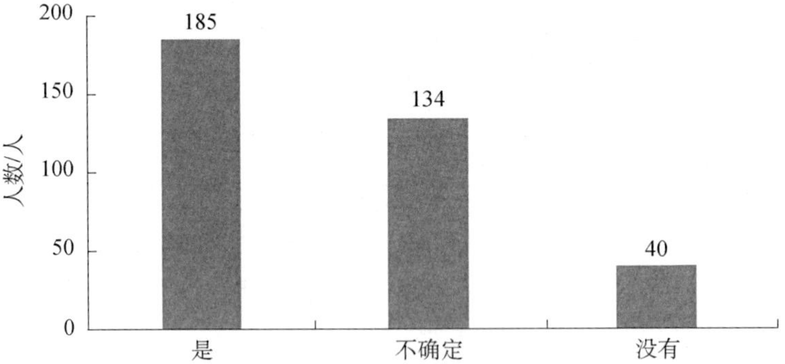

图 6-6　教师在课堂教学中更能聚焦重难点调查结果

如图 6-6 所示，学生认为教师在课堂中确实能更聚焦重难点的人数为 185 人（占比 51.5%），超过调查学生的半数，表明在四轮研学助教后，教师能在课堂上聚焦教学重点，能关注到学生学习重点，从而使学生的学习成绩得以提高。选择“没有”的学生仅为 40 人（占 11.1%），这从另一方面说明更多学生在课堂上能与教师发生互动，明晰教师教学的重点和难点，提高了其学习的积极性和主动性，进而提升了教师的课堂教学效果，最终能达到提升学生成绩的目的。

笔者进一步探求了导致这一结果的原因。从专家指导角度来看，一方面，专家对课程标准、目标、内容和重点更为熟悉，在其指导过程中，教师更能把握教学重点来设计和修改教学进度与实践，这一点是通过笔者的观察与教师的反思日志得到证实的；另一方面，教师对课堂教学的重点讲解的速度放慢，使得学生能直观地感受到学习的重点内容，并加强关注和理解学习，使教师和学生能在同一发展区内进行对话，从而提高了教师的教学效率和学生的学习效果。为证明这一结论，为教师进行有效和高效的课堂教学实践提供证据，笔者进行了问卷调查，设计了“教师课堂讲解速度放慢”“教师和学生更能聚焦教与学重难点”两道题，设计了“是”“不确定”“没有”三个选项，然后对学生对两项的满意度结果进行了交叉分析。结果显示，在参与研学助教活动后，教师的课堂讲解速度明显放慢了，并且教师和学生更能聚焦教与学的重难点。同时，从交叉分析结果可以看出，“教师课堂讲解速度放慢”和“教师及学生更能聚焦教与学重难点”呈现显著的相关关系，通过研学助教活动，因其教学理念和“以学生为中心”的课堂教学观念逐渐确定，以及专家指导重难点的确定，教师更能聚焦教与学中的重难点，并放慢讲解速度，随着学生领会教师的教学意图，对课堂学习重点的理解与教师教学的重点对接，教师的教学效率和学生的学习效果都得到了提高，进而促进了教师专业能力及学生学习成就的提升。

（三）教师教学改善的调查结果

为了更好地反馈研学助教的效果，帮助教师进行个性化反思和持续性专业成长，同时为学校研学助教或其他专业学习实践的开展提供依据，笔者在 2021 年 3 月中旬对该校 5 个学科参与研学助教的教师进行了问卷调查。问卷包含 30 题，涵盖教师教学过程、教学内容、教学认知、教学心理、教学和学校场景与支持等方面的内容。另外，笔者还以开放问答题的形式设置了教师满意度调查问卷，为项目改善和实践改进提供根据。笔者采用在线问卷形式，将研学助教的调查问卷发送至学科教师的电子终端让他们填写。共收回 56 份问卷，经审查得到有效问卷 56 份，问卷有效率达 100%。统计与分析结果具体如下。

1. 调查对象情况

首先，笔者统计了参与本期研学助教项目效果调查的学科教师数量，以为后续所有研学助教调查的结果分析和论证提供前提。参与本期研学助教项目效果调查的教师人数如下：语文科组 11 人，数学科组 16 人，英语科组 18 人，物理科组 7 人，历史科组 4 人。符合研学助教目标达成和效果验证的调查样本要求，为后续对研学助教效果的分析和解释提供了良好的范围和信度保证，能使学校领导对本期研学助教项目的实施和效果有总体的把握。

2. 研学助教对其教学具有重要意义

问卷设置了关于研学助教对教师转变教学计划和明确教学目的的积极影响程度这一问题，设定了“是”“不确定”“没有”三个选项。调查结果显示，87.5%的教师认为研学助教使得自己的教学更有计划性与目的性，选择“不确定”的教师仅有 12.5%，选择“没有”的教师为 0。结果表明，研学助教对大多数教师转变自己的教学计划和明确教学目的具有积极促进作用，教师可依据上述相关实证结果继续进行研学助教，并在日常教学过程中将教学计划和教学目的聚焦于对课堂教学与学生学习的设计上。

3. 教师在研学助教中获得了一些有效的教学材料和资源

在研学助教项目中，专家指导是重要组成部分，也是教师预期目标的良好观测点。为了了解教师在研学助教专业学习活动中是否得到了专家提供的教学材料和资源，以了解专家和教师在专业学习中的交流、协作和共同建构教学知识与策略的过程，笔者在问题答案中设定了“有”“偶尔有”“没有”三个选项，结果如图 6-7 所示。

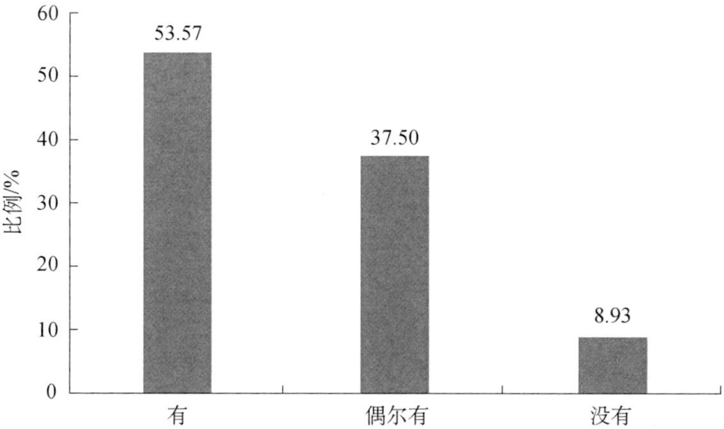

图 6-7　教师在研学助教中获得一些有效的教学材料和资源的调查结果

各学科专家进校指导的过程略有差异，但总体上教师都会获得一些有效的教学材料和资源，以促进教学的改变和学生学习成就的提升。如图 6-7 所示，有 53.57%的教师认为在专家指导中获得了一些有效的教学材料和资源，对自身的发展和课堂教学有着积极作用，并认为学生也因此接触到了较好的教学资源，有利于促进他们的学习和发展。选择“偶尔有”的教师占 37.50%，这一结果在合理范围内。研学助教过程调查也证明了这一点，在语文和物理等学科的专家指导过程中，专家都会为教师提供一些教学示例、教学视频、教学理论资料，或为他们寻找优质教学资源提供相应的途径等。

4. 教师能快速地解决一般教学问题

笔者针对教师课堂教学实践维度的转变设置了题项，以探测教师在研学助教专业实践中是否发生了积极转变。调查结果显示，有 62.50%的教师选择了通过参与研学助教专业学习活动，能更快速地解决一般教学问题，表明研学助教对于促进教师教学实践的改变和教学效率的提高有积极作用。另外，有 32.14%的教师选择了“不确定”选项，可能是其对研学助教和教学实践策略还没有更深入的理解。另有 5.36%的教师选择“不能”，这对笔者进行了有意义的提示，即在接下来开展此项目时，应该积极帮助教师在课堂教学中迁移指导策略和技能，帮助其发生转变。

5. 教师参与研学助教的时长和频率的合理性

项目实施前期，有学科教师对研学助教专业学习的学习强度与学习质量表示担忧，笔者认为根据前期在其他多个地区的多所中小学的实践效果和经验设计的多轮指导与专业发展是合理的，且无问题。项目实施后期，笔者再次就此问题向各科教师进行了调查，设置了“研学助教专业发展活动频率和时长是否合理”这一问题，并设定了“合理”“不确定”“不合理”三个选项，结果如图 6-8 所示。

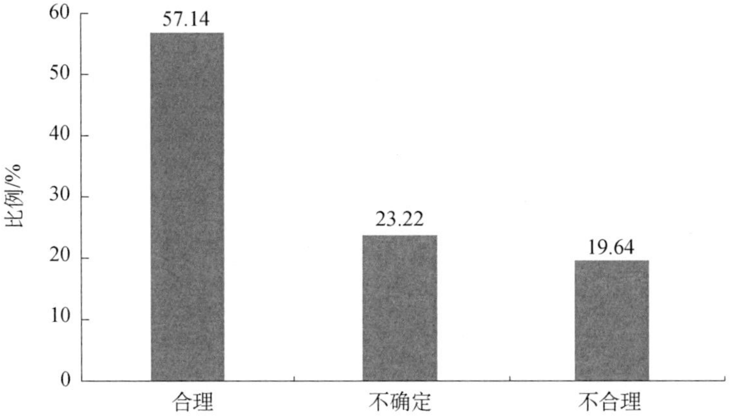

图 6-8 教师参与研学助教的时长和频率合理性调查结果

如图 6-8 所示，项目实施后期，教师对关于研学助教的时长和频率的合理性的回答较项目实施前期更为积极，表明项目实施后期教师的学习主动性不断提高，进而促进了其专业学习与发展效果的提高。由此，笔者认为，一是需要教师的积极主动参与，二是需要笔者与专家设计更多的有效的指导策略。具体来看，有 57.14%的教师认为研学助教的时长和频率较为合理，超过了半数；仅有 19.64%的教师认为不合理，这可能与教师的主动性和参与性有关，笔者和学校将在未来协作的过程中商定更为合理的时间和计划安排。

6. 教师间的帮助和建议的重要意义

研学助教活动的核心要义是促进全体科组教师的协作和共同发展目标的实现，因此教师在研学助教过程中的交流和相互帮助对其专业学习非常重要。笔者据此设置了“在研学助教活动中教师间是否相互提供策略和建议”这一问题，设定了“是”“不确定”“没有”三个选项，以探测各科教师在研学助教专业学习活动中是否能积极地参与协作学习，并为其他教师提供策略和建议，以帮助自己和学生获得发展与进步。调查结果显示，有 90%以上的教师认为自己能在研学助教专业学习活动中与其他教师进行交流与讨论，并为其他教师提供教学策略和建议，积极参与研学助教的专家指导和教师讨论环节。

为了证明教师的协作交流和积极参与对研学助教效果的影响，笔者对研学助教中教师是否与他人交互和研学助教中教师的教学是否发生了转变进行交叉分析，以探测教师在研学助教专业学习活动过程中与他人交互，以及提供给其他教师教学策略的有效性。结果显示，教师与他人互动并为其他教师提供策略，对其教学实践的转变有显著影响，表明它们之间存在显著的相关关系。再从教学过程与结果来看，教师的相互协作对其教学转变和发展有积极影响，选择“是”代表教师选择了与其他教师协作和确定教学发生了转变。如图 6-9 所示，选择确定发生了教学转变的教师人数达 38 人，超过所调查各科教师总人数（56 人）的 60%，表明专家引领的研学助教对教师专业学习和实践的转变有积极作用。

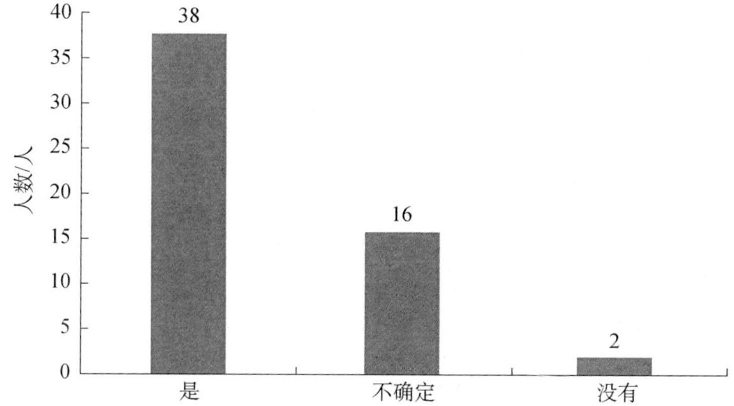

图 6-9 研学助教后教师教学发生转变的分析结果

7. 不同学科教师发生教学转变的差异

除了对教师教学总体的转变程度进行调查分析外，笔者还对不同学科教师教学转变的差异进行了交叉分析，即对学科与教师是否发生教学转变的题项进行交叉分析，以探查教师发生教学转变的学科差异及不同学科研学助教的实施过程及效果的差异，为后续各学科的研学助教专业学习活动的设计和实施提供依据。结果显示，历史学科与英语学科教师发生教学转变的较多，这是历史和英语的学科特性、学科教师主动参与、实践不断改进、专家指导、学校领导参与及支持多方面因素共同影响的结果。语文学科教师的教学转变较少，部分原因是语文学科教学内容之间的差异较大，迁移性较弱，改变需要的时间较长，在短时间内教学实践和过程发生转变的难度较大，需要研学助教专业发展活动实践持续下去，并在日常教学中有意识、经常性地应用专家指导，尝试同事提供的教学策略建议，使教师的教学逐渐发生转变，促进教师和学生得到发展与提升。

8. 学校在研学助教活动中能提供一定的空间、资源和教学支持

在分析了研学助教活动后教师教学的转变与发展效果后，笔者还对其积极的影响因素进行了调查，以分析良好的外部环境对研学助教效果的影响，从教师角度分析外部资源和环境的作用，以促进教师教学的转变和研学助教效果的提升。笔者设置了学校在研学助教活动中是否为研学助教活动投入了一定的空间、资源和教学支持这一问题，调查教师对此项外部支持的满意度，设计了“是”“不确定”“没有”三个选项。结果如图 6-10 所示。

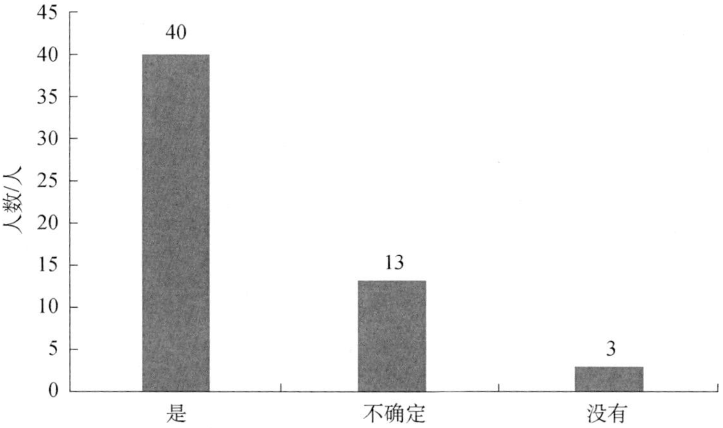

图 6-10　学校在研学助教活动中是否能投入一定的空间、资源和教学支持

如图 6-10 所示，对于学校在研学助教活动中是否能投入一定的空间、资源和教学支持，有 70%以上的教师选择了“是”，表明其感知到了学校的投入和提供的外部支持，从客观角度说明学校领导对研学助教及其他专业发展活动的重视，这能极大地促进教师的专业学习，使教学取得更好的效果，也为学生学习成就的提升奠定了基础。另外，仅有 3 人选择了“没有”，即他们没有感知到学校的大力支持，但这一比例很小。整体上来看，学校领导及管理者对研学助教专业学习活动的支持促进了教师专业实践的发展和教学的转变，也促进

了学生学业成就的提升。

9. 学校领导接受专家对学校教学与发展提出的建议

笔者对学校是否接受了专家在学校教学与发展方面提出的建议进行了调查。调查结果表明，学校领导对专家针对学校教学和发展提出的建议的接纳对学科教学和学校整体发展具有重要意义，是学校领导及管理层人性化管理的重要体现。在研学助教项目中，专家在学科教学和学校发展方面为学校提出了很多建设性意见，包括学科教学过程与方法、学校整体发展等方面，需要教师和学校的接纳，并加以实施改进。笔者设置了学校领导能否接受专家对学校教学和发展提出的建议这一问题，设计了“是”“不确定”“没有”三个选项，以探测学校教学改革的意志和进程。

调查结果显示，选择“是”的教师有 41 人，超过总调查人数的 70%，表明学校领导对专家提出的学科教学和学校发展的建议表示接受并予以实施。最典型的是物理学科专家提出的建议。专家对学校物理实验条件建设和物理课时增加方面提出的建议，很快就被学校领导接受。学校领导随即在第二学期增加了相关物理课时，逐步完善了实验教学条件，对学校教学发展和学生学习成就的提升产生了积极影响。

10. 不同学科的研学助教对学生学习主动性和实践能力的影响

为了分析研学助教对学生学习成就和发展的促进效果的差异，笔者对不同学科研学助教对学生的学习主动性和实践能力提升的效果的差异进行了交叉分析。结果显示，历史、英语和物理学科的教师对参与研学助教后学生学习主动性和实践能力的提升持有积极态度和乐观认识；语文和数学学科教师对参与研学助教后学生学习主动性和实践能力的提升的积极态度不显著。交叉分析结果也说明，历史、英语和物理等学科教师从研学助教的发展目标理念中获益较多。其他两科教师的积极态度不明显，可能是由于学科特性所致，需要教师继续参与研学助教专业学习活动，在日常教学实践中继续贯彻专家指导的策略。

（四）教师反思水平的变化

1. 研学助教后教师反思水平的变化

笔者在对教师进行研学助教专业学习活动后的发展效果问卷调查中，设计了关于各科教师反思水平发展变化的主观认识题项，以此与教师参与每轮研学助教专业学习活动后撰写的教学反思日志体现的反思水平进行对比，同时检验二者的结果是否具有一致性，以证明问卷调查中关于教学反思日志分析结果的信度和效度。笔者设置了各科教师在研学助教专业学习活动后的教学反思水平是否得到了提升、教学反思习惯是否形成这一问题，并设计了“是”“不确定”“没有”三个选项。

结果显示，回答“是”的教师为 43 人，超过总人数的 70%，表明教师在研学助教后的教学反思水平得到提升，教师的教学反思习惯在研学助教后逐渐养成，与研学助教专业学习活动的目标一致。各学科教师参与研学助教后的反思水平变化情况可参见下文的分析。

2. 研学助教过程中教师反思水平的变化

著名教育学者斯巴克斯·兰格（Sparks-Langer）在范梅南（van Manen）提出的教学反思水平三层次的基础上，提出了七层次的教学反思水平划分方法，其对教师反思水平的界定、观察与专业发展内容的明晰和效果的提升具有积极意义。第一层次的教学反思为“能对教学事件进行描述和解释”；第二层次的教学反思为“能用非专业的语言对教学事件进行简单描述”；第三层次的教学反思为“能用恰当的教学术语和概念说明教学事件”；第四层次的教学反思为“能够应用个人和传统的语言对教学事件进行解释”；第五层次的教学反思为“能用教学理论和原理对教学事件进行合理解释”；第六层次的教学反思为“能用教学原理和理论对教学事件进行解释，并能兼顾学生特点、学科科目和社区背景等因素”；第七层次的教学反思为“能运用教学原理和理论对教学事件进行解释，除兼顾学生特征、学科科目和社区背景等因素外，还能考虑文化、道德、政治和伦理等因素”。[①]七层次的反思水平划分较为具体和细致，具有较强的可操作性，对研究人员分析教师专业学习和专业能力及反思水平具有重要意义。笔者在收集了该校 5 个学科所有培养对象的四轮研学助教后的反思日志后，对其逐一进行了斯巴克斯·兰格反思水平的量化编码分析，并用 Excel 软件绘制了 5 个学科培养对象四轮研学助教前、研学助教中、研学助教后教学反思水平的变化，如图 6-11 所示。

---

① Colton A B, Sparks-Langer G M. A conceptual framework to guide the development of teacher reflection and decision making[J]. Journal of Teacher Education, 1993(1): 45-54.

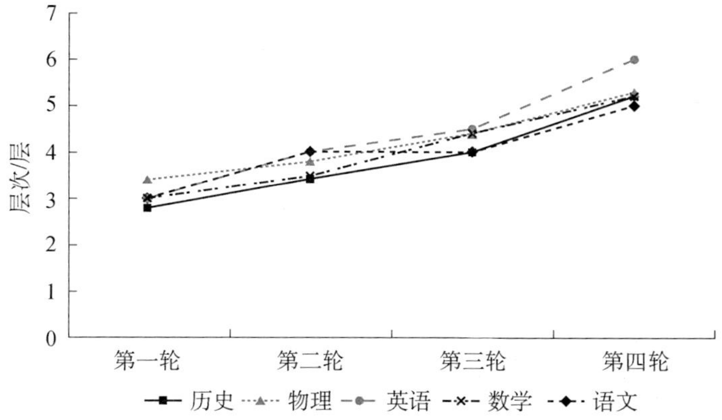

图 6-11　各学科研学助教后教师反思水平的变化图

图 6-11 为该校语文、数学、英语、物理和历史学科教师经历四轮专家引领的研学助教专业学习活动后的教学反思水平变化图。笔者采用科组平均值的计量方法，即在每轮各科教师的教学反思水平平均值计算过程中，将每个学科 3 名培养对象的教学反思水平取平均值，作为该学科本期研学助教活动后的教师教学反思水平值。教师反思日志的编码和赋值依据斯巴克斯·兰格提出的七层次反思水平进行。从图 6-11 四轮研学助教活动后各学科教师的教学反思水平变化情况来看，5 个学科教师的教学反思水平总体是呈上升趋势的。在第一轮研学助教活动后的教学反思过程中，5 个学科教师的教学反思水平大多数都在第三层次左右，表明该校各科教师多数能运用恰当的教学术语和概念来描述教学事件。经历了所有轮次的研学助教专业学习活动后，英语学科教师的教学反思水平所处的层次最高，达到了斯巴克斯·兰格划定的第六层次，即教师能运用教学原理和理论来解释教学事件，能结合学生特点和规律、社区环境等外部因素反思教学过程，这是研学助教专业学习活动后教师发展与学生学习成就提升的有力证明。语文、数学、物理和历史等学科教师在参与研学助教专业学习活动后，教学反思水平达到了斯巴克斯·兰格划定的第五层次左右，表明教师能应用教学理论和原理对教学事件进行合理解释，是研学助教专业学习活动中专家指导、持续性的教师参与和专业实践效果的证明，是教师专业学习与学校教学层次提升的显性证据。而且，各学科 3 名培养对象的平均教学反思水平在每轮研学助教专业学习活动后都高于以往，呈现逐渐上升趋势，表明研学助教专业学习活动在促进各学科教师教学反思水平的提升方面是有积极作用的，对改进学校各学科教学，促进教师专业水平和学生学习成就提升及学校整体发展有重要意义。

第七章　专家引领的现象为本课例研修模式与实践

本章论述的专家引领的现象为本课例研修模式是为实现从“专家评课”到“教师专业学习”转变而开发的教师专业学习模式。课例研修是指专家有目的地选择一系列具有代表性的课例作为研修内容，这些内容是事先由助手深入课堂拍摄或者配合教学进度购买的经典课例。这是一种有序的专业指导，不是想到什么指导什么，也不是遇到什么指导什么，而是按照量身定制的计划，精选典型内容的有计划的指导，是一种长期的、持续的及专注的学习。笔者通过个性化和持续性专业学习模式的学校应用实践发现，要想促使好老师成为专家型教师，需要提高他们的适应性专长和洞察力，而洞察力来自理论和实践的整合。为此，笔者借鉴了胡塞尔（Husserl）的现象学和日本的课例研修过程，从教学现象透析教学本质，以教师日常教学中的关键教学事件为中介，由专家在理论与实践之间搭建桥梁，引导教师从教学现象中学习，发掘影响教师教学与学生学习效果的深层因素，构建教师共同体研修模式，即专家引领的现象为本课例研修模式。这一模式强调专家的评议要站在解释的立场，而不是评价的立场。这一模式在教师转变、教学内容设计和学生学习之间建立起了广泛的联系。

第一节　现象学和课例研修的发展

一、现象学的兴起及其对教育学的启示

最初的现象学因其概念的复杂多义而被分为三种代表性意指，即胡塞尔的意识现象学、舍勒（Scheler）的本体现象论及海德格尔（Heidegger）的此在现象学。后来，胡塞尔对狭义现象学进行了不断发展和丰富，使得现象学哲学方法在社会学领域得到了广泛应用。20 世纪初，胡塞尔及其追随者在批判各种经验取向心理主义的基础上发展出意识现象学哲学流派，认为现象学的焦点在于“现象”。他认为，既然唯物主义或本体论所关注的事物本身与本质不能被彻底理解和掌握，那么“现象”便是理性研究的唯一对象。因此，由个人特殊经验到经验的本质还原过程被称为描述现象学，其方法论——本质还原法被描述为一种经验的内省分析法，即个体需要通过细致入微、审慎的自我经验分析，澄清以往含义不清或混乱的经验概念，获取所有具体经验维度的共性（不变）部分，可以将其称为“现象”或“现象的本质”。[①]这一哲学思想对于促进对人文社会学科的理性认识具有重要意义。在早期的现象学运动过程中，胡塞尔倡导的本质还原法使人们获得了直接而准确的知识。他提出的描述现象学中的悬置原则至今对教育研究都有重要影响，即在认识客观世界或事物时，人们需要将一切有关的主客观中的新问题存放并悬置起来，搁置一切相关的判断，跳出个体的先验认识和经验，为获得普遍、确定性的认识奠定基础。现象学的启示还在于，人们认识世界时，需要从主体的先验理性出发，通过意向性构造把很多看似不相关的领域整合在一起，以获得普遍的、不同的理性认识。胡塞尔还认为，我们研究的对象不依赖于主体性，而且相关的理性认识只有通过主体间性才能够达到。以几何学中的“流形”概念为例，一般人们总是通过

① 徐晓东，李王伟，赵莉．专家引领下现象为本的课例研修模式及其效果研究[J]．电化教育研究，2020（10）：106-113.

某个坐标卡来看待问题，但又希望得到的结果是内在的，也就是不依赖于具体的某个坐标卡。为此，我们尝试任取另外一个坐标卡，假如其结果也是和前一个坐标中的结果等同，那么其结果就是不依赖于坐标卡的，进而人们逐渐形成了认识事物的“先验理性”——真实认识。

二、作为持续性专业学习过程的课例研修

课例研修的来源于发展已久并得以广泛应用的课例研究实践，最早可追溯至20世纪后半期日本为普及由欧美等国输入的“整班教学”法而开展的教学观察和点评式研修，其日文译作“授业研究”，英文为lesson study。在日本，关于“授业研究”，有不同的定义和视角，根据刘易斯（Lewis）的介绍，课例研究研究的是教学，即教师一起计划、观察、讨论教学的情况。教学研究是课例研究的核心，即如何改善教学（或指导）这一过程。教学研究是审慎地思考特定学科的目标，为在可能的范围内研究并改善教学，加深自己对教材、学科专业知识的理解，促进学生的长期发展和拓宽眼界而开展的校内合作研究活动。[①]课例研究关注的焦点为以课程内容为单元和对象的研究。在东亚国家甚至是近些年来重视基础教育的一些西方国家，课堂和教师一直是中小学基础教育教学改革的焦点。通常情况下，课例研究提倡指导者和教师一起对所授现场课进行观摩、讨论与点评，引导教师回忆、反思教学关键事件与解决策略，或是研究者和教师共同体一起就某个课例教学视频展开共同分析、合作设计，启发教师改善教学过程，反思教学效果，促进学生学习内驱力的发展，促进教师提升自身的专业能力与素养，发展可持续的教师专业学习模式。基于专业共同体的教师协作、课例设计与实施、合作反思，进而改进课程的教师专业学习模式，也在同一时期受到了世界各国的关注。[②]21世纪初，中国和瑞典的研究人员借鉴日本的“授业研究”在促进教师专业学习方面的优势，建立了一种课堂学习研究模式。国内研究者李树英等归纳总结了“课堂学习研究”的基本过程：选择课题并确定学习内容—共同确认设计与课堂实践—实施教学评价—完成

---

① Lewis C. Lesson Study: The Core of Japanese Professional Development[C]. Los Angeles: Annual Meeting of the American Educational Research Association, 2000: 4-6.

② Stigler J W, Hiebert J. The Teaching Gap: Best Ideas from the World's Teachers for Improving Education in the Classroom[M]. New York: Simon and Schuster, 2009: 1-16.

报告撰写与成果分享。[①]同时，在教师共同体的课堂教学中，四个研修过程会依据实际不断反复，呈螺旋式上升发展，以促进教师专业能力和素养的提升。

课例研修则是课例研究创新发展的最新形式，也是近年来国内外课堂学习与教师发展研究的焦点。笔者通过研究国内外与课例研究有关的理论和实践发现，对课例研修并没有形成统一的概念和实践体系。笔者随后通过对2011—2022年专家进课堂教师专业学习实践的调查发现，现有研究集中关注的是基础教育教师的实际教学过程，以及以课堂为基础进行的个性化和持续性专业学习过程，并将课例作为专家进课堂的基本研修单位，认为课例研修并非一次性的专业发展项目，而是一种教师个性化与持续性的学习过程，发展了课例研究中教师“一边教学、一边研究、一边专业成长”的持续性过程和螺旋式进阶发展模式。因此，综合荷兰教师教育学者科萨根[②]、日本学者佐藤学[③]、美国教师教育学者兰帕特[④]和格罗斯曼[⑤]及中国学者张娜等[⑥]关于课例研修的观点启示，笔者认为课例研修是一种个性化的、持续性的、有计划和有目标的、以教师探究为主要方式的学习教学的新方法和过程。

第二节　专家引领的现象为本课例研修模式的设计

一、课例研修模式的发展

国内众多教师教育研究者从校本教研和设计的实践过程发展出了多种课

---

① 李树英，高宝玉. 课堂学习研究实践手册[M]. 合肥：安徽教育出版社，2011：17.

② Korthagen F A J, Kessels J, Koster B, et al. Linking Practice and Theory: The Pedagogy of Realistic Teacher Education[M]. London: Routledge, 2001: 69-87.

③ 佐藤学，钟启泉. 课程研究与教师研究[J]. 全球教育展望，2002（9）：7-12.

④ Lampert M. Learning teaching in, from, and for practice: What do we mean?[J]. Journal of Teacher Education, 2010(1-2): 21-34.

⑤ Grossman P, Hammerness K, Mcdonald M. Redefining teaching, re-imagining teacher education[J]. Teachers and Teaching: Theory and Practice, 2009(2): 273-289.

⑥ 张娜，申继亮. 教师专业发展：能动性的视角[J]. 教育理论与实践，2012（19）：35-38.

例研究模式，其中较具代表性的是顾泠沅等的“三阶段两反思”模式和徐洁的课例研修“三环节”模式。“三阶段两反思”模式发源于行动教育的教师实践过程。顾泠沅等认为，基于教师日常教学的专业发展过程应当关注个人已有经验的原行为阶段，关注新理念支持下的新设计阶段，关注学生获得的新行为阶段。[①]这三个阶段之间的联结要靠其中的两轮反思，它对教师的专业成长至关重要。一是教师需要反思当前的行为经验和设计新理念之间的异同与差距，完成自我对话和理念更新；二是教师需要进一步反思新理念设计、新教学过程的组织与学生实际行为反馈和效果之间的区别，帮助其获得教学实践性知识及弥合理论与实践的鸿沟。徐洁等提出的课例研修“三环节”模式是一种遵循理论—设计—实践—反思—设计—实践等循环进阶的过程，符合人类理性认识的产生过程，包括集体研修专业发展理论、组织并确认有价值的主题、共同交流设计、实施行动、共同反思并优化实践。[②]基于社会建构主义学习理论，课例研修“三环节”模式将教师的交流和反思置于中心位置，使教师在理论和实践的参与中进行显性知识和隐性知识的转化，建构实践性知识和提升教学能力，使其在日常教学过程中逐渐学会教与学。

陈欣等认为，课例研修模式一般包括集中研修、校本研修、总结提升三个阶段，共五个环节，具体包括撰写课例教学设计，理论研修、课例教学示范观摩，实践演练、临床论断、反思修正，理论学习、网上研修、课堂实践、行动研究，实践经验交流和研修成果展示。[③]段泳在提到“三阶段两反思”模式的同时，也提到了同课异构模式。[④]同课异构是目前极为常见的一种课例研修模式，是指基于同一教学内容、学生的实际情况、现有的教学条件和教师自身的特点进行不同的教学设计。它的步骤一般包括教研组（备课组）确定教学主题（内容）；多位教师分别备课、上课；教师集体听课、评课。[⑤]对于课例研修的发展趋势，安桂清指出，课例研究的发展趋势是应从四个方面来拓展思

---

① 顾泠沅，王洁. 促进教师专业发展的校本教学研修[J]. 上海教育科研，2004（2）：4-13.

② 徐洁. 课例研修“三环节”[J]. 青年教师，2014（8）：51-52.

③ 陈欣，李高峰，许桂芬. 课例研修模式的特点、操作要素及建议[J]. 课程·教材·教法，2015（10）：115-119.

④ 段泳. 课例研修——聚焦课堂的教师专业发展模式[J]. 课程教材教学研究（教育研究），2013（2）：42-43.

⑤ 纪文莉. 以课例为载体促进教师的专业化发展的校本研修[J]. 小学科学（教师版），2014（1）：105.

路：拓展课例研究的视角，改进课例研究的操作方法，迈向教学法科学的创造，把课例研究融入职前教师教育体系。①

二、专家引领的现象为本课例研修模式的提出

笔者通过维果斯基的社会文化理论，以及认知学徒制、相互启发理论和教学反思理论等，论证了专家指导、日常教学、现象启发、共同反思对教师掌握实践性知识、提升专业能力、个性化和持续性发展的独特意义。同时，笔者通过前期专家进课堂和专家引领的研学助教模式与研修实践，初步证明了专家指导在教师专业学习和教学水平提升中的指引性和“脚手架”作用。此外，在专家进课堂实践的持续开展过程中，笔者发现，专业共同体中的指导专家、培养教师和参与教师等已逐渐从关注教师教学行为，发展到关注学生的学习规律，以及个案问题的解决。为此，笔者审视了教学关键事件，即通过教学现象分析影响教学效果的深层原因在专家与教师对话、教师与教师对话方面的中介意义，重新回顾了胡塞尔现象学中悬置原则的巧妙应用及其在人类理性认识建构中的重要作用，联系专家和教师共同体课例研究过程，探究专家在教师行动、学生表现与学习理论之间搭建桥梁的缘由、过程和效果，尝试构建专家引领的现象为本课例研修模式，促进教师利用课例展开长期修习，而不是一次性的听评课教研。因此，专家引领的现象为本课例研修模式的核心在于教师共同体研修中的课例，即专家有目的地选择一系列代表性课例作为研修内容（包括自己的课例和名师教学视频，便于其有针对性地在专家的指引下学习），这些课例是事先由研究助理深入课堂拍摄或通过其他途径获取的。另外，依据课时安排，学科专家深入学校指导集体教研，采用视频中顿和现象学叙事相结合的方法，在关键教学事件处暂停，悬置已有观念，从现象着眼，首先请授课教师阐释缘由，然后在专家的引导性提问下，由同事和专家进行评议。并且，专家引领的教师评议要能站在问题阐释和方法论立场而非教学评价的立场，通过启发、示范、案例应用和反思，帮助教师建构问题的解决策略和元方法，使其在新教学情境中能灵活地解决同类问题，建构学科教学专业认知与提升实践能

① 安桂清. 课例研究[M]. 上海：华东师范大学出版社，2018：4-17.

力。具体实施过程如图 7-1 所示。

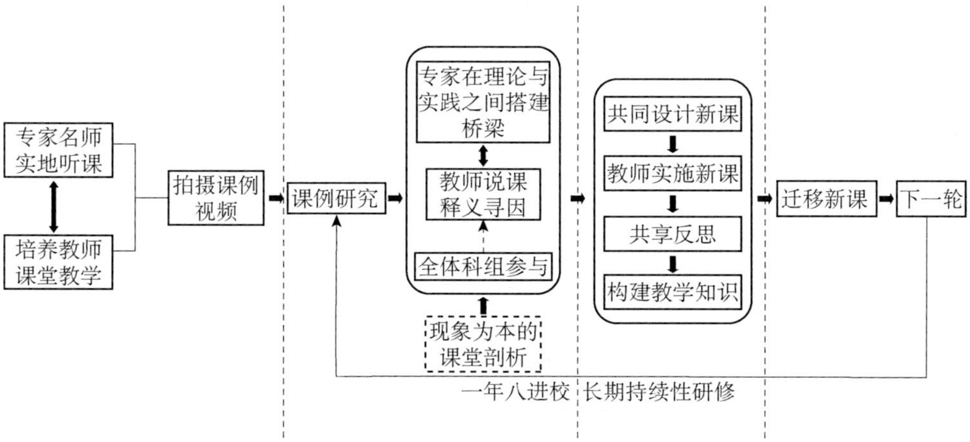

图 7-1　专家引领的现象为本课例研修模式实施过程

专家引领的现象为本课例研修模式以社会文化理论、认知学徒制、相互启发和教学反思理论为基础，以提升教师的专业实践能力和素养为目标，勾勒出专家引领的教师个性化和持续性专业学习的螺旋式进阶研修过程，大致包括专家引领教师集体磨课、构建“现象为本”研修小组、专家引领共同设计与实施新课、专家引领共同评课与反思等过程。同时，教师迁移新课的过程也受到研究者和教师的关注，并将其作为教师持续性发展和教学研修效果检验的重要依据。

（一）专家引领教师集体磨课

了解教师的日常教学是专家指导的前提和基础。除了研究助理定时进校了解备课组教师的教学过程、教材内容、教学评价材料及结果，并将其课堂教学进行全过程录制，以反馈给专家指导组展开分析外，学科专家还定期走进教师（也称培养对象）的课堂，进行课堂观察、记录和半结构性访谈，了解本校本学科教师的需求、教学疑惑点，并在摩课过程中寻找在课堂上不易发现的教学关键事件与学生行为细节，为帮助教师发现教学现象及疑惑背后的缘由、提供个性化教学问题解决方法和设计持续性专业学习方案奠定基础。另外，为了保证教师后续同伴交流讨论的同质性，笔者和学校管理者协调全科组教师进行听课观察、分享教学实践现象，将关于教与学过程、结果的材料和数据提供给专家和研究助理，为其后续建立现象为本的课例研修模式奠定基础。在准备阶段，专家需要选择一节教师讲授课，深入课堂听课，并拍摄课堂教学实况，作为日后课例研修时集体学习和研讨的内容。

（二）构建“现象为本”研修小组

专家引领的教学现象剖析是教师进行个性化与持续性专业学习的关键。借助已经拍摄的课例或购买的经典视频课例，学科专家依托事前的课堂观察、教师座谈、学科教学结果和学生行为数据进行教学分析，结合已有经验、理论和实践进行“现象为本”的课例研修指导，由研究助理和学校管理者组织本学科所有教师参与，重点关注培养对象的典型实践和教学改进过程。教师首先说课，阐明课例中课堂实施的背景、过程、问题和成因。专家和所有科组教师围坐在一起，组建课例研修工作坊，引导教师共同体抛弃已有全部观念，从课例视频和教师所述现象着眼，运用现象学中的悬置原则，与教师共同剖析教学中的关键事件，帮助其寻查教学现象或学生行为背后的心理的、认知的及社会的成因，使其对教学问题的本质有清晰的认识，从而探索教学改进与问题解决的最优方案。同时，对照课例教学内容和章节的重点、难点，专家需要与教师共同体一起讨论以往教学过程中学生经常或可能出现的疑惑点，启发其构建教学常规问题解决策略集。然后，根据学科教学评价和学生试题材料，专家引领教师在试卷与作业材料中发现隐性问题，提示教师将其与教学过程建立联系，并归纳出疑惑点，或通过已有的学校数据驱动的教学过程和管理，利用对学生学习信息进行处理与挖掘得出的数据，启发教师根据教学经验和数据发现、预测疑惑点，促使教师共同体相互交流和讨论问题解决方法与效果。专家依据教学疑惑点产生的上位维度的“理论原因”和下位维度的“问题行为结果”，帮助教师建构教学问题分析的元策略和问题解决的元思路，在教育理论和教学实践之间搭建桥梁，使教师完成通过理论解释现象、基于现象剖析理论的本质及问题解决策略和专业能力的建构。

（三）专家引领教师共同设计与实施新课

专家引领教师共同设计与实施新课是教师学科教学能力提升、教学理念转变、进行持续性专业学习的重要保证。共同设计新课是专家引领的教学现象剖析的接续过程。在培养对象准备了典型教学内容并进行了充分备课后，专家组织其展开面向全科组的说课，陈述教学设计和学生学习的重点、难点，专家引导其他教师首先对培养对象的疑惑点进行探讨，提出有效的问题解决方法。此时，专家对教师疑惑和科组同事提出的问题解决策略不予置评，而是启发他们分析问题与本质、方法和效果之间的关系，使其重新运用“现象为本”的教学问题解决元方法，并逐步建立起问题解决的心智模式。同时，专家依据教学内容和设计对整堂课的教学过程进行分析，对教学关键事件加以阐释，以研究教材、课程内容和大纲为基础，以教学方法和策略、学生学习过程为重点，协助教师合作设计解决教学疑惑的策略，启发教师根据自身的教学计划制订个性化的问题解决方案，包括教案、学案和作业试题等。另外，在专家引领备课时，培养对象和科组参与教师需要进行文本反思，并追问教学问题的理论成因，力求从本质上理解问题与方法、效果等的关系，同时保存专家指导录音，以利于自身在反思、修订教案时理解专家指导的意图和原则。再者，笔者与学校管理者及学科备课指导组商定，在培养对象修改教学计划与设计并进行反思后，间隔几日选取常规学科教学时间，组织培养对象进行修改后的课例常规教学，专家和其他科组教师再次进行磨课，填写课堂观察、评价记录，研究助理同时进行课堂教学与效果量表记录，为后续专家引领的评课和共同反思、课例研修效果检验提供条件。

（四）专家引领共同评课与反思

专家引领共同评课与反思是专家引领教师进行专业学习和实践性知识建构的重要环节。在培养教师实施新课教学后，专家与所有教师再次围坐在一起，组建“共享反思与评析”工作坊。培养教师首先反思教学实施过程，包括教学内容、策略运用、学生行为及教学计划实施效果等维度，并论述在教学过程中的疑惑点，其他教师在记录、反思的同时相互讨论，并着重讨论他们学到了什么。共同评课不是对课的好坏进行评价，指出哪些环节好、哪些环节不好，并由专家提出改进建议等，而是强调从中进行学习，在专家提供的理论的指导下，教师从中学到了什么，如何将学到的内容融入后续的实践之中，从同僚性角度一同分析教学计划和实践存在差距的原因及教学对策。在信息技术方面，借助课堂观察记录、量表数据及课堂视频录像，专家启发教师和科组同事发现较为隐蔽但会影响学生学习和教师教学的细节，帮助教师回忆共同设计及备课时提出的处理方法，对比教学实施过程中的处理策略，启发所有参与教师和专家进行共享、反思，为教师的实践性知识积累、专业教学能力提升和持续性专业发展提供保障。

此外，为了对教师的个性化和持续性专业学习的成效进行检验，笔者和专家约定在适当时间不定期地走进培养对象的课堂，观察并分析他们能否将在课例研修过程中学习到的策略与方法有效地迁移到常规教学课中，并通过学生的课堂反应、作业质量和学习成就综合评定教师在课例研修中的个性化学习和持续性教学改进成效，形成螺旋式循环进阶的专家引领的教师专业学习过程，力求达到专家“一年八进校，次次有发现”，最终逐渐为其撤去“专家引领”这一“脚手架”，达到提高学科教学水平、提升全校教学质量与学生学习效果的目的，从而促使专家引领的现象为本课例研修模式得到实施与推广。

第三节　专家引领的现象为本课例研修模式的效果

一、专家引领的现象为本课例研修模式效果检验设计

为了科学地检验专家引领的现象为本课例研修模式的效果，笔者收集了教师共同体研修前后有关教师的课例录像视频、研修过程视频、教师研修记录反思表、教师课例教学材料修订前后对比表、专家课例观察记录表、笔者开发的课例教学过程评价表及教学反思日志、学生学科成就对比表等过程性和结果性材料，以开展质性与量化数据结合的评价分析，验证专家引领的现象为本课例研修模式在促进教师专业教学能力提升、实践性知识积累、态度和信念转变、个性化发展与深层学习能力提高等方面的有效性。在实证研究的主体部分，笔者采用调查研究法和准实验方法对教师共同体研修样本进行专家引领的现象为本课例模式实施前后的问卷调查与测量，收集相关量化和质性数据，运

用 SPSS 等统计分析软件进行数据分析与计算。结果表明，实施专家引领的现象为本课例研修模式后，教师的教学效果和专业能力较实施该模式前有显著提升，且前后测量效果有显著的差异。[①]具体实验设计如表 7-1 所示。

表 7-1 专家引领的现象为本课例研修模式单组前后测实验设计

研究对象（C）	前测（O）		实验处理（X）	后测（O）	
C（教师共同体）	O_1	教师教学效果调查问卷	X_1（四轮专家引领的现象为本课例研修）	O_2	教师教学效果调查问卷
		课堂观察量表			课堂观察量表

本案例采用的教师教学效果调查问卷和课堂观察量表是笔者历时多年设计与修订完成的。[②]课堂观察量表基于教师的真实课堂行为过程，参考了国际上著名的课堂行为量表（如弗兰德斯课堂互动量表）等，兼顾了课堂教学中教师、学生、教学媒体、教学内容及教学活动等全要素，以进行真实的教学环境与过程评价，以此建立教师参与研修前后的教学变化、教学反思和持续性专业发展间的关联与效果参照。

同时，笔者参考了大量国内外教师标准和新课程标准，确定了知识、技能与能力、态度与信念、教育教学理念四维度的教师调查结构，并结合中小学课堂教学实际设计了教师教学效果调查问卷。为了检验问卷的信、效度，笔者首先检查了问卷设计的相关原则和规范，然后在合作学校的其他学科教师中进行了预调查，通过 SPSS 软件的探索性因子分析和处理等功能验证了问卷信、效度的合理性。最终的教师教学效果调查问卷四维度包括知识、技能和能力、态度和信念及教学理念。知识维度包括学科内容知识、教学法知识、学生知识、实践性知识等，技能和能力维度包括教学设计能力、教学决策与预见能力、信息技术应用能力、课堂组织与管理能力、适应性专长、教学评价与反思能力等，态度和信念维度包括教师对待课堂观察的态度、教师对教学研究与反思的态度、教师对专家引领研修的态度等，教学理念维度包括教学过程理念、教学反思理念及新课改理念等。

---

① 穆肃. 准实验研究及其设计方法[J]. 中国电化教育，2001（12）：13-16.

② 徐晓东，何小亚，周小蓬等. 专家进课堂项目促进教师专业发展的研究[J]. 中国电化教育，2016（1）：95-102.

二、专家引领的现象为本课例研修模式效果检验实践

为了科学地检验专家引领的现象为本课例研修模式的效果，笔者带领学科教学专家在广州市内选取了两所中小学进行课例研修实践研究，其中一所为中学，另一所为小学，两所学校均未开展过专家进课堂模式的教师学习活动。笔者分别选取了两所学校的语文、数学、英语等科组作为研修共同体样本，选取了每个学科的 3 名代表性教师（包括青年教师、骨干教师和经验教师）作为培养对象，其他科组教师作为参与对象，并配备 1 名学科指导专家（包括高校学科教学法教授和来自教学一线的名师、教研员）和 2 名研究助理（分别担任课堂观察者和课例视频记录者）。为了保证专家引领的现象为本课例研修模式在促进教师个人和学校发展方面的持续性，笔者与指导专家和学校管理者商定，实施了一学年四个周期的专家引领的现象为本课例研修实践，按照教师调查—现象为本课例分析—共同设计新课—专家引领共同评课及教师迁移新课的过程，对各学科分别进行集体研修指导。指导专家共计进行一学年八次、四个周期的螺旋式进阶的进校指导，满足了教师个性化和持续性专业学习的需要，促使教师共同体发展出了适应本学科的课例研修过程和机制。笔者在专家引领的现象为本课例研修模式实施前后，对专家、培养对象、参与教师和学生进行有关质性和量化数据的收集，为验证专家引领的现象为本课例研修模式的效果提供指引。采集的数据大致包括教师前后测问卷调查、教师访谈、教学反思日志及学生学习过程调查等方面。

三、专家引领的现象为本课例研修模式效果检验数据收集

（一）调查问卷数据的收集

为保证专家引领的现象为本课例研究模式对促进教师个性化学习和持续性发展效果的科学性，笔者首先开展了前后测教师问卷调查和依据课堂教学评价量表进行观察。在专家进校指导前和最后一轮评课后，对所有参与教师进行问卷调查，采用预先设计好的教师四维度能力问卷进行测量。问卷采用利克特

五点量表方式，包括 23 道问答选择题和 4 道开放式调查题。笔者还和专家根据课堂教学评价量表共同进行了记录与观察，以作为教师课例研修过程教学改进和专业能力提升的依据。通过一个学年的实践和教学反思，笔者共计发放教师调查问卷 164 份，包括前测问卷 79 份，后测问卷 85 份，后经笔者对相关问卷和数据进行认真筛选与统计分析，分别保留了 79 份前测问卷和 79 份后测问卷。另外，笔者拟采用秩检验方法对调查问卷数据进行量化分析，检验教师的专业能力提升情况及前后的显著变化。威尔科克森（Wilcoxon）符号秩检验基于（正、负）秩和工具，采用类似 Z 的统计量，适用于样本量大于 15，样本总体呈现连续分布的两相关样本的显著性差异检验。[①]笔者对教师前后测问卷数据的处理与分析采用了秩检验方法，以验证专家引领的现象为本课例研修模式对促进教师个性化和持续性专业学习的有效性。

（二）教学访谈数据的收集

半结构化访谈和刺激回忆访谈是笔者针对中小学教师教学过程和反思提出的独特检验方法，也是研究所得质性数据的重要来源。为了了解在专家引领的现象为本课例研修模式实施前后教师的认知转变、专业能力提升和实践性知识增长情况，探寻其教学理念和能力发生转变的机制，笔者在专家进校指导前和共同评课反思后，对培养对象进行刺激回忆访谈和半结构化访谈，并将所得文本数据进行转录，作为验证专家引领的现象为本课例研修模式效果的依据之一。笔者和研究助理通过近一学年的调查访谈，在两所学校共收集到 43 份教师的访谈材料，经过录音转录和文本编辑，得到了关于培养对象教学过程和反思的数据。

（三）课例视频数据和反思日志的收集

专家引领的现象为本课例研修课例视频既是专家引领教师进行专业学习的核心媒介，也是培养对象进行学习和反思的重要渠道，是专家和教师进行共同学习与反思的重要材料。笔者在课例研修前后对专家引领的教师课堂教学进

---

① 段红福，马文建，崔瑛等. 基于 Wilcoxon 符号秩检验的临床常用中药饮片剂量调查分析[J]. 时珍国医国药，2015（9）：2296-2298.

行了视频全录制，共收集了160节课的教学视频，包括教师课堂的录像、共同设计新课及专家工作坊研讨的录像等。另外，笔者将教师的反思作为检验专家引领的现象为本课例研修模式效果的重要依据，组织培养对象在课例研修开展前后分别进行反思日志的撰写，以提高其反思能力，促使其改进教学和提升技能。

四、专家引领的现象为本课例研修模式的效果

笔者及学科专家在历经一学年八次进校指导后，收集了大量教师问卷调查、教师访谈和反思日志等数据。为了保证对专家引领的现象为本课例研修模式效果检验的科学性和相关阐述的严谨性，在此以教师问卷调查数据分析作为三角互证的典型证据，对所得问卷进行量化编码，并运用SPSS 22.0软件录入相关数据，定义相关变量，分析课例研修前后教师教学效果的显著性差异。2018—2019学年，笔者按照预定的计划在广州市内两所教师专业学习和能力提升未有显著成果的学校（包括1所小学、1所中学）实施了专家引领的现象为本课例研修模式，收集并筛选出教师前后测调查问卷各79份。同时，从教师知识、教师技能与能力、教师态度与信念、教学理念等维度来分析该模式的效果。笔者采用准实验单组前后测方法进行了统计与验证，检查了教师前后测问卷调查的一致性和调查时长间隔的合理性，将两次调查的维度分别记为知识维度前测和后测、能力维度前测和后测、态度维度前测和后测、理念维度前测和后测，运用SPSS 22.0软件录入相关数据，进行基于负秩的威尔科克森符号秩检验，比较前后测教师个性化专业发展维度的正负秩、渐进显著性和Z统计量。具体问卷前后测效果和显著性差异检验如表7-2、表7-3所示。

表7-2　专家引领的现象为本课例研修模式效果秩检验

项目		n	均值	秩和
总体后测–总体前测	负秩	0^a	0.00	0.00
	正秩	79^b	40.00	3160.00
	结	0^c		
	总数	79		

续表

项目		n	均值	秩和
知识维度后测-知识维度前测	负秩	1[d]	2.00	2.00
	正秩	75[e]	38.99	2924.00
	结	3[f]		
	总数	79		
能力维度后测-能力维度前测	负秩	1[g]	1.00	1.00
	正秩	77[h]	40.00	3080.00
	结	1[i]		
	总数	79		
态度维度后测-态度维度前测	负秩	0[j]	0.00	0.00
	正秩	63[k]	32.00	2016.00
	结	16[l]		
	总数	79		
理念维度后测-理念维度前测	负秩	2[m]	4.00	8.00
	正秩	74[n]	39.43	2918.00
	结	3[o]		
	总数	79		

注：①采用了威尔科克森符号秩检验。②a. 总体后测<总体前测；b. 总体后测>总体前测；c. 总体后测=总体前测；d. 知识维度后测<知识维度前测；e. 知识维度后测>知识维度前测；f. 知识维度后测=知识维度前测；g. 能力维度后测<能力维度前测；h. 能力维度后测>能力维度前测；i. 能力维度后测=能力维度前测；j. 态度维度后测<态度维度前测；k. 态度维度后测>态度维度前测；l. 态度维度后测=态度维度前测；m. 理念维度后测<理念维度前测；n. 理念维度后测>理念维度前测；o. 理念维度后测=理念维度前测

表 7-3　专家引领的现象为本课例研修模式的检验统计量

项目	总体后测-总体前测	知识维度后测-知识维度前测	能力维度后测-能力维度前测	态度维度后测-态度维度前测	理念维度后测-理念维度前测
Z	−7.722	−7.580	−7.671	−7.123	−7.556
渐近显著性（双侧）	0.000	0.000	0.000	0.000	0.000

注：Z 值是基于负秩检验方法计算的，$p<0.05$

如表 7-2 和表 7-3 所示，笔者采用秩检验方法列出了课例研修后教师专业学习水平与研修实施前所有维度的比较结果，以对教师问卷调查四维度和总体得分的秩均值和秩和进行分析。在总体得分前后比较过程中，结果显示，所形

成的负秩均值和秩和均为 0，正秩均值为 40，且秩和为 3160。同时，表 7-2 教师问卷后测与前测总体得分差值为 0 的数值是 0，其样本总数为 79 对。结合表 7-3 中基于负秩检验方法条件要求（样本容量为 79 对>15 对），笔者进行了基于正态分布的 Z 统计检验。结果显示，教师问卷调查后测与前测总体得分的 Z 值为−7.722，p=0.000<0.05，表明课例研修前后教师专业调查总体得分存在显著性差异，且 Z 值为负值。这表明在 p=0.000 水平上，专家引领的现象为本课例研修模式实施后教师专业成长调查得分高于项目实施前，即本研究建构的专家引领的现象为本课例研修模式在促进教师持续性专业成长方面是卓有成效的。同样，在教师调查具体四维度前后测符号秩检验中，相关数据及结果也表明，专家引领的现象为本课例研修模式对教师的专业能力和素养提升具有显著效果。在教师知识维度的前后测检验中，其负秩均值和总和均为 2，正秩均值为 38.99，正秩总和达到了 2924，样本总数为 79 对，结合表 7-3 中知识维度负秩检验的 Z 值可知，Z 值为−7.580，并且 p=0.000<0.05，表明课例研修前后教师知识维度得分具有显著差异，且后测得分高于前测得分，这间接表明专家引领的现象为本课例研修模式对于促进教师教育教学知识、学科教学知识、学科专长和实践性知识的增长具有显著作用。表 7-2 还呈现了教师能力维度的前后测检验结果，其负秩均值和总和均为 1，正秩均值为 40，且总和达到了 3080，样本数为 79 对。结合表 7-3 中教师能力维度前后测的负秩检验过程，笔者得出其符合要求的 Z 值为−7.671，p=0.000<0.05，表明专家引领的现象为本课例研修模式对其专业成长过程中的技能与能力维度产生了显著影响，并且教师参加课例研修培训后能力维度得分高于教师参加课例研修培训前。因此，可以认为，笔者构建的专家引领的现象为本课例研修模式对教师的教学技能与专业能力、适应性专长提升具有显著效应。

在态度维度，表 7-2 显示了教师前后测态度调查结果的威尔科克森符号秩检验过程，结果表明，其负秩均值和秩和都为 0，正秩均值为 32，秩和为 2016，且样本总数为 79 对。表 7-3 中的负秩检验结果显示，教师态度前后测 Z 值为−7.123，p=0.000<0.05，表明课例研修前后教师的教学态度得分具有显著性差异，且参与课例研修后的态度得分要高于参与课例研修前。其有力地证明了专家引领的现象为本课例研修模式对教师专业成长过程中的教学态度转变与改善具有积极的作用。

笔者对教师参与课例研修前后的得分进行了分析，使用威尔科克森符号秩检验方法得出教师前后测理念维度得分的负秩均值为 4，秩和为 8，而其正秩均值为 39.43，秩和为 2918，且样本总数同样为 79 对。在符合条件的负秩检验中，理念维度的 Z 值为–7.556，p=0.000<0.05，表明教师参与课例研修前后在理念方面有显著变化，且后测得分高于前测得分。这表明专家引领的现象为本课例研修模式对于促进教师专业成长过程中的教育理念、教学理念与学科理念的完善和发展具有积极意义。

除了进行问卷数据的采集和分析外，笔者还对课例研修过程中所得的大量教学课例视频、教师访谈资料和培养对象的反思日志等资源进行了整理与分析，运用相关质性分析软件（如数字视频洞察力工具 Transana 和弗兰德斯课堂互动编码量表）和量化统计软件（如 Excel 和 WordArt 关键词词频分析）进行了检验。①笔者认为，专家引领的现象为本课例研修模式对教师课堂教学和个性化专业学习都有促进作用，教师问卷调查的前后测结果对比分析充分说明了这一模式对于教师理论和实践性知识、专业技能与能力、态度、理念等维度具有显著促进作用。另外，教学课例视频和反思日志的质性材料分析表明，教师的转变在知识、技能与能力两个维度较为明显，且转变进程更快，而在态度、理念两个维度的转变较慢。但不可否认的是，本研究建构的专家引领的现象为本的课例研修模式对于促进教师专业能力提升具有重要意义。

第四节　专家引领的现象为本课例研修模式的典型案例

该案例介绍的是广州市某中学专家引领的现象为本课例研修第二期项目，学校称其为“引培育项目”，意为引进专家，全校教师共同参与，培养骨干教师及培育新任教师。在该案例中，学科专家进课堂指导共计 18 次（每个

① 郑晓丽，夏一飞. 基于 Transana 平台的教师专业发展可视化分析案例研究[J]. 现代教育技术，2009（7）：29-34.

学科的专家进校指导 6 次），其中包括每个学科的专家集体面对面指导 3 次磨课和 3 次听评课。专家指导从 2018 年 10 月开始至次年 1 月结束，每月每学科开展 2 次指导。

一、实践的过程

“引培育项目”遵循原有的实践框架与基础，依托笔者带领的有着长期教师教育研究经验、专家进课堂项目创新实践经验的教学和教师发展团队，在与学校相关领导全面对话后，确立了基于该校实情的专家指导下的面对面教研与辅导成长规划。该案例实践伊始，笔者于 9 月深入学校代表项目组介绍了项目开展的一般流程、特色与优势，并着重介绍了项目引入的专家指导下的集体备课制度的优势及实践过程。项目学校的校长代表学校介绍了该中学教学、师资及学生的基本情况，同时表达了通过相关发展举措进一步提升本校教师教学质量的意愿，希冀推动学校教学改革，整体促进本校整体办学水平的提升。通过对学校教师专业学习和学生学习情况的交流与讨论，双方都认同在以原有现象为本课例研修教师专业学习项目的基础上加入专家指导下的集体备课教研活动，使教师在授课、评课前能解决自己原有教学设计与探究合作学习中的疑惑点。在授课过程中，教师按照专家的指导建议实施改进，专家同时观察教师的改变意愿及改变行动的实施程度，在进行教学实践后，教师及时进行反思——反思教学效果及存在的问题。专家在评课指导过程中对教师转变的行动及这种行动对学生学习、教师教学产生的影响进行点评，以及提出在实施过程中需要注意的事项与问题，进一步从理论层面帮助教师把握教学改进的方法，强化教师教学改进的信念，保证教师教学改进行动与持续性专业发展的延续。

需要指出的是，此种教师专业学习或教师实践学习模式在国内外都是少见的，是基于笔者通过对广东、江苏、新疆、重庆等十多个省（自治区、直辖市）多年的教师专业研究实践，结合现有学习科学研究成果提炼形成的创新实践模式。专家引领的现象为本课例研修模式的理念及相关实践是笔者的最新研究成果，并在其他地区得以成功实践，值得推广。广州某中学相关领导也表示有意愿实施本期专家引领的现象为本课例研修教师专业学习项目，笔者与其就合作中的相关细节做了探讨，随即签订了专家引领的现象为本课例研修项目实施合同。

为了契合该中学学科教学的客观实际，笔者进行了基线调研。项目组于2018年10月到学校就将要进行的专家引领的现象为本课例研修的3个学科教师教学和学生学习情况进行调查，包括英语、物理和政治。笔者分别与3个学科的9名培养对象进行了座谈，了解他们的课堂教学、学生活动、教研备课等情况，帮助他们梳理教学过程中存在的疑惑及想通过专家指导进行改进的方面。同时，为了了解学生学习的过程和效果，笔者还对各位培养对象所教班级的基本情况进行了了解，并制作了调查问卷，了解了学生在基础知识、认知及学习动机方面的优势和特征，目的是准确向专家反馈意见，便于专家在把握该校学生学习和教师教学情况的基础上制订个性化、持续性的教师专业学习方案。此外，笔者对于项目过程中引进的“专家指导下的集体备课”进行了多次评估，力求每一次备课都能解决教师在教学设计与反思中遇到的问题。在第一期“引培育项目”之后加入了磨课环节，并受到了培养教师和科组备课教师的一致好评。为了保证项目的顺利实施，笔者对专家指导进行了全程跟踪与调查，不断更新和商定具有针对性的专家指导的原则、重点与方法。其具体实践模式如图7-2所示。

笔者发现，在实际备课指导和评课过程中，专家和教师都会就教学设计中的相关环节展开讨论和探究。笔者随即与专家商定本期培训指导从教师教学设计开始，3个学科的专家就教学设计的规范编写、清晰地理解教学实施过程、流畅地构思教学评价过程、预设与把握学生活动等与培养对象及其他科组教师展开了分解式探讨，帮助他们建构“以学生为中心”的教学设计和教学实施观。比如，在教学目标设计方面，3位学科专家一致同意“以学生活动”指引教师活动，要贯彻学生是学习的主体、教师是学生学习的促进者的理念，以分析学生和教材为教学出发点，设定相应的教学评价，把握学生的学习情况，设计相应的学生活动和教师活动、评价活动等。正如项目实施初期笔者通过基础调查以及专家经过对学校所有学科首次听评课了解到的基本问题一样，教师对教学目标、学生学习状态的把握和理解不够准确，这种现象在其他学校中也普遍存在，反映出了教师备课的特征，即备教材、备教法，忽视了备学生，只

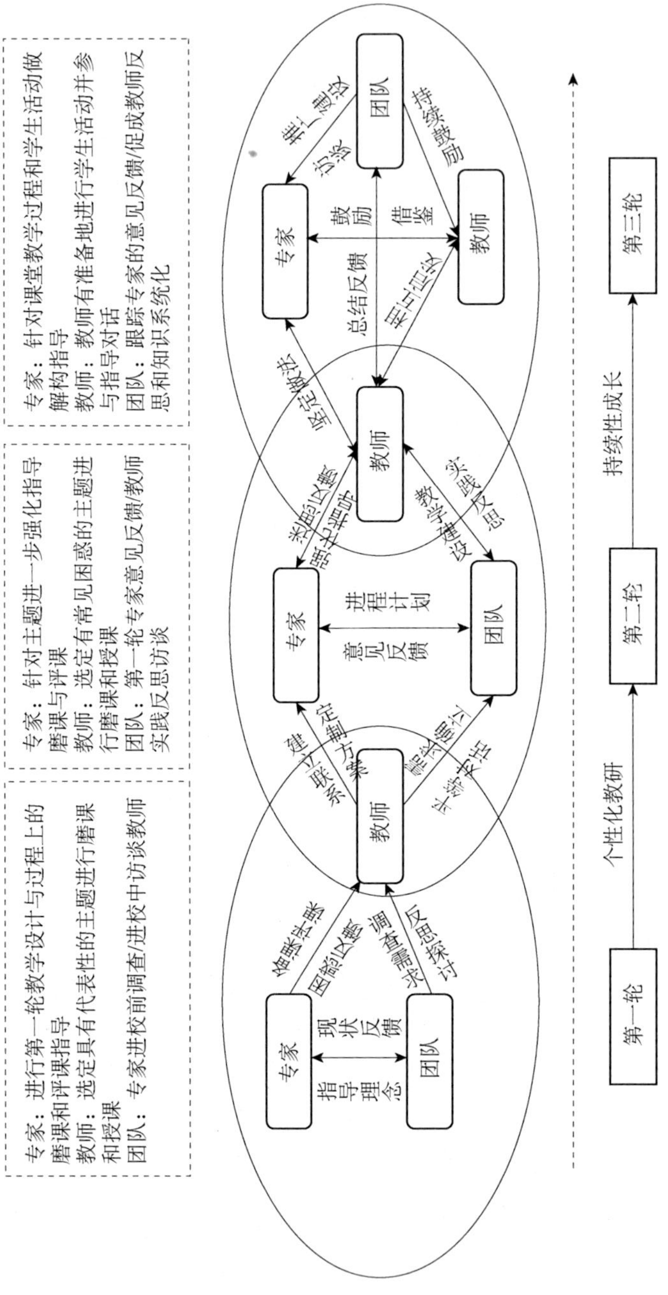

图 7-2 专家引领的现象为本课例研修模式的案例实践过程

是在教材的狭缝中使用一些小技巧翻新教学，不能超越教材创造教学，也未能对学生活动做出创新。因此，专家的指导需要从探究学生学习开始，设计学生活动，然后科学地界定教学内容，夯实学科知识和教学重点与难点，指导教学和评价活动设计。

此外，专家指导过程中还涉及教学实践中学生活动的开展和评价的指导。以物理学科为例，专家多次在磨课、评课过程中引导教师尝试建立“学生建构知识”的教学观，指引教师在教学中分解问题，建立学生的“最近发展区”，为学生提供任务活动“脚手架”——任务步骤提示单，与学生一起推理概念生成的过程，这与以往教师的教学过多地重视知识传授，未关注到学生主动学习的潜能有所不同。同时，建构主义教学中特别强调教学情境的创设，这在政治学科的指导过程中体现得非常明显。针对先前教学中也存在着忽视情境创设、教学活动开展与学生发展不相适应的问题，专家从教学设计开始就强调要用贴合实际生活的真实情境串起思想政治课的有关概念、技能及价值观。此外，3 个学科的专家在听评课指导中还就如何发挥学生的长处，促进班级所有学生参与课堂、参与学习给出了建议，这也是笔者和专家团队进行个性化教师专业学习指导的着力点，目的是提高学生学习成就与教师教学水平。

二、效果分析

通过对 3 个学科教师所有后测问卷的得分统计，研究已初步证明了第二期“引培育项目”的有效性，且比第一期“引培育项目”的效果更为显著。研究继续循着首期对问卷所有维度进行统计的思路，探究本期“引培育项目”实施后，3 个学科的教师在总体教学维度上的提升情况，结果如表 7-4 所示。

表 7-4　项目实施后教师转变的所有维度结果表

维度名称	题数/个	每题均分/分	排序
知识	5	4.36	3
技能与能力	13	4.41	1
态度与理念	5	4.39	2
整体转变	23	4.39	

如表 7-4 所示，项目实施后，笔者统计了教师在所有维度（包括知识、技能与能力、态度与理念）转变的得分。结果显示，教师在各个维度平均每题得分为 4.39 分，说明教师整体转变程度十分显著。各个维度平均得分均超过 4.2 分，表明教师在知识、技能与能力、态度与理念三个维度上都有显著转变。从表 7-4 同样可以发现，3 个学科的教师“技能与能力”的得分显著高于“知识”“态度与理念”，甚至比首期项目中的“技能与能力”的转变程度都高。相关研究证实了此项结果的合理性与有效性。教育研究者庞丽娟等通过实地考察与分析认为，教育观念的表层转变相对容易，而教育观念的深层转变，以及教育行为的切实改善则难度较大。[①]因此，教师的实践性知识增长较为关键。研究团队通过对第二期“引培育项目”实践视频的分析、专家指导前后访谈、教师前后反思与访谈的对比，结果初步表明通过参与第二期“引培育项目”，教师的教学技能、课堂教学组织能力、反馈能力有了持续的提高。这不仅对教学常规层面，而且对教师课堂教学活动设计和策略方面也具有明显的积极作用。此外，这一项目对于提高教师教学研究的主动性、更新教学观念和改进教学行为具有积极作用，教师对这个项目表现出的热情可见一斑。此次物理组新教师的反思富有代表性意义，内容丰富，对于提升自身教学能力有着积极的促进作用。

如表 7-5 所示，笔者列出了第二期“引培育项目”实施后英语学科教师的教学转变的得分与第一期“引培育项目”实施后教师教学转变的得分，两期项目均取后测得分。通过两期项目实践后教师教学转变维度的得分，可以得出第二期“引培育项目”的实施效果是积极且显著的。在实施第二期“引培育项目”后，教师教学转变所有维度均分由开始的 4.39 分上升至 4.43 分，且包括知识、技能与能力和态度与理念等在内的各维度均分都有所提升，技能与能力维度的分数提升幅度明显，契合第二期“引培育项目”实践对教师实践性知识的要求，遵循了“从实践中学，专家指引下的教师集体备课与评课”的理念。

表 7-5　英语学科“引培育项目”实施后教师教学转变维度得分　单位：分

维度名称	第一期均分	第二期均分	变化
知识	4.38	4.39	上升
技能与能力	4.38	4.48	上升

① 庞丽娟，叶子. 论教师教育观念与教育行为的关系[J]. 教育研究，2000（7）：47-50，70.

续表

维度名称	第一期均分	第二期均分	变化
态度与理念	4.41	4.43	上升
整体转变	4.39	4.43	上升

在实施第二期“引培育项目”后，英语教师教学转变的所有维度（知识、技能与能力、态度与理念）的得分均有显著提升，特别是教技能与能力的得分增长幅度明显。这与笔者对教师实践后的反思文本分析及访谈结果较为一致，其会直接影响英语词汇教学、课堂引入、课程产出（如作文）的教学实践，进而影响教师的课堂教学行为、教学管理行为和教师教学知识（教学信念、教学内容及教育学知识、教学实践性知识等）的生成。

笔者认为，专家引领的现象为本课例研模式的特色是既关注教师的教，也关注学生的学。它是目前我国的教学理念从“以教师教为中心”转向“以学生学为中心”的具体体现和生动的实例，是先进的教师专业学习和专业成长理念落地的具体实践，反映了有效的教师专业成长效果——教师专业学习与转变最终反映在学生学习成就的提升上，这也是该校委托本团队开展教师专业学习项目的重要原因。教学实践结果证实了这种“个性化”和“持续性”教师专业学习模式的有效性，尤其是项目实施后政治学科教师集体备课时，组长舒老师和高三年级的黄老师面带笑容地向政治学科的指导专家报喜，汇报了区域高三调研考试学校统考的情况，该校较上学年有很大进步，不仅政治平均分在区内提升了 2—3 名，连政治单科最高分的学生也在该校，这是明显的变化和提升。这一成就的取得不是偶然的，政治学科指导专家始终强调对教师几大方面能力的培养，即教学设计规范与能力、教学方法能力、教学评价能力，督促政治学科教师多研读课标、评价标准及教材等，并建议每月为每班订几份时事报纸并鼓励学生阅读，使学生在考试中有内容可回答。在专家指导后期，政治学科专家教师在后续继续进行集体备课评课式研修，认为这是非常好的教师专业成长路径，值得推广。其他两个学科的专家也提出了相似的改进模式和学科推广建议。

第八章　教师转变的理论与实践

教师转变是研究教师专业学习成果的核心问题。但有关教师转变的研究始终没有揭示出教师转变的机制和原理。传统的专家讲座或听评课方法在促进教师转变上缺乏效率，最主要的原因是专家提出的建议无法在课堂教学中得到有效应用，因为那些缺乏理论、时间以及研究经验的教师的迁移能力和对迁移线索的洞察力不足。要将指导内容迁移到新事例中去，教师不但需要具备一定的理论知识，而且需要花费大量时间对不同内容和课型进行比较，并找出共同点，以改进教学。所以，教师专业学习需要通过平行课来迁移和实践学习内容，进而实现转变，这就需要学校在教学管理、工作制度上予以配合。

本章从专业学习实践过程出发，通过对 9 名教师的刺激性回忆访谈和质性分析，发现教师在专业学习实践过程中是通过专家指导和同事协助而发生转变的，这成了教师转变的模式，也为理解教师在转变过程中为何需要专家指导以及如何进行专家指导提供了新的视角。此外，笔者认为新手教师应该被安排在较为容易成功的工作环境中任教，以避免早期精力耗竭。

第一节 教师转变研究的现状与问题

教师转变研究最早兴起于20世纪80年代国外的教师教育领域。目前，其衍生的理论体系已成为各国教师教育政策和实践依赖的重要理论基础。从“学习是行动的持久性转变”这一对学习的朴素定义来看，教师转变即意味着教师的学习，因此它是教师专业学习的核心。从教育改革角度来看，教师会运用个人思维对教育与教学改革理念和实践进行过滤，进而对其自身实践产生影响，并直接关系到改革实施的成效，所以教师转变还是教育和教学改革成败的关键影响因素。

一、教师转变内涵的相关研究

通过对以往研究和已有文献的分析可以得知，教师转变是一个较难界定的概念。正如理查森所言，教师转变是一个含义广泛却又缺乏明确界限的术语，经常与教师专业学习、专业发展、教学改善、变革实施、认知与情感变化等混同。[①]国内学者尹弘飚等认为，教师转变泛指教师在日常专业实践中发生的、与课程改革关系密切的各种变化。[②]靳玉乐等提出，教师转变是指教师在课程改革或日常专业实践中发生的各种变化，包括教师外显的行为变化和内隐的心理变化。[③]美国学者霍普金斯（Hopkins）则将教师转变定义为教师转变思考和行为方式的过程，即教师信念与理论的转变和教师专业行为与活动的转变。[④]努南（Noonan）则认为，教师转变是教师在知识和理解上的根本转向，需要通过批判性反思和学习来实现。[⑤]

---

① Richardson V. Handbook of Research on Teaching[C]. Seattle: American Educational Research Association, 2001: 905-939.

② 尹弘飚，李子建. 论课程改革中的教师改变[J]. 教育研究，2007（3）：23-28.

③ 靳玉乐，尹弘飚. 课程改革中教师的适应性探讨[J]. 全球教育展望，2008（9）：37-42.

④ Hopkins D. School improvement in an era of change[J]. School Development Series, 1994 (7): 1174-1182.

⑤ Noonan S J. How Real Teachers Learn to Engage All Learners[M]. Lanham: Rowman & Littlefield Education, 2013: 6.

从教师专业发展项目与教师转变的关系来看，教师转变的过程和发生机制随着教师专业学习的探索而不断明晰，二者相辅相成。美国教育学者古斯基通过调查学校改革者持有的以教师专业发展项目来改变教师的课堂教学和教学态度等理念，提出了教师转变的四阶段模型，即从教师发展实践到教师课堂实践的改进，再到学生学习成就的提高，最后促成教师态度和信念的转变，进而通过专业实践提升教学改革成效。①在古斯基看来，最有意义的教师转变——教师在态度和信念上的转变发生在教师成功地进行一种新的实践，并在观察到学生学习成就提高后。由此，学校应为教师发展提供相应的环境，教师作为主动学习者应积极反思个人实践及参加专业培训，从而发生转变。其同样包含两类转变：一类是教师自身的主动转变；另一类是在外界因素影响下的转变，即借助外在影响促进教师的内在转变。

二、教师转变过程的相关研究

有学者在古斯基理论的基础上指出，教师的专业发展是终生的过程。克拉克（Clarke）等提出了促进教师专业发展的一系列关联模式。②如图 8-1 所示，其强调了四个领域对教师专业发展的影响，分别是教师的个人因素、教师实践、实践成效与外界要素。

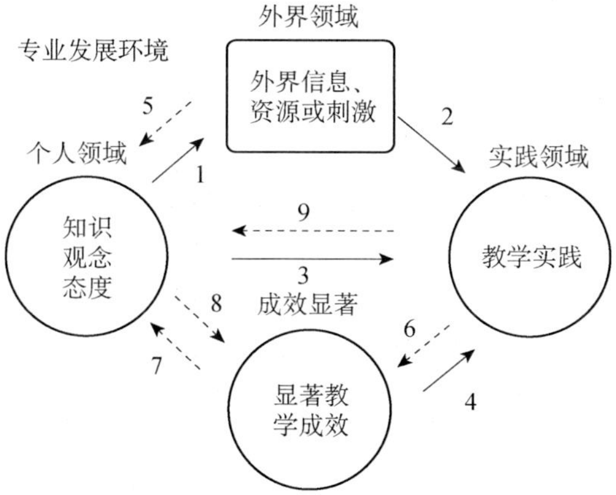

图 8-1　教师专业发展关联模型

① Guskey T R. Professional development and teacher change[J]. Teaching and Teacher Education: Theroy and Practice, 2002(3): 381-391.

② Clarke D, Hollingsworth H. Elaborating a model of teacher professional growth[J]. Teaching and Teacher Education, 2002(8): 947-967.

如图 8-1 所示，教师专业发展关联模型主要包含了促进教师专业成长的四个关键领域的相互联系，以及教师的反思与实践的相互联系。此模式中实线箭头表示教师实践，虚线箭头表示教师反思。第一部分是教师实践（如箭头 1—4）。首先，教师自发学习（箭头 1），获得外界的资源、信息后开始实施新的教学策略（箭头 2）。同时，教师在接受了新的思想后会直接实施新的教学实践（箭头 3）。当收到良好的课堂教学效果反馈时，会激发教师继续实施新的教学策略（箭头 4）。第二部分是教师的反思过程（如箭头 5—9）。在外界信息与资源的支持下，教师的知识、观念、态度会发生一系列相应的转变（箭头 5），继而引发教学策略的转变，并带动教师实践的转变，教师反思教学实践带来了教学效果（箭头 6）和学生学习行为及效果的转变，教师再次修正自己的知识、观念与态度（箭头 7）。此外，研究者还假设教师在修正观念后重新审视自身的教学效果（箭头 8）。最后，教师反思教学实践过程，形成新的知识与观念（箭头 9）。

此外，奥普弗（Opfer）等提出了外在的环境对教师专业学习的重要影响。[①]对于新手教师来说，他们通常会依从学校的集体教学观念。奥普弗等提出了如图 8-2 所示的模式。

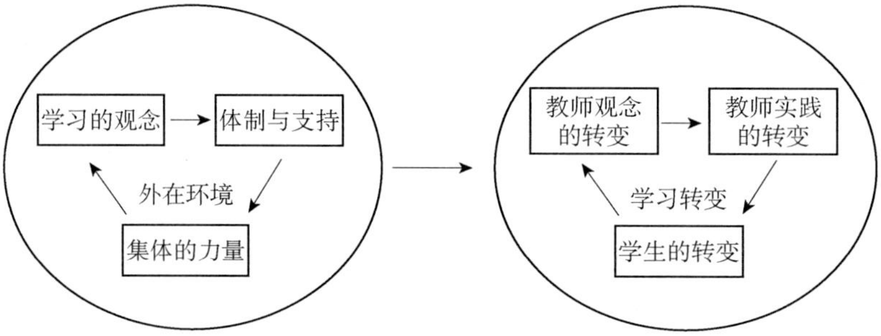

图 8-2　学校的学习取向对教师转变的影响

如图 8-2 所示，该模式包括学校的外在环境与教师自身的学习转变两个部分。学校的外在环境主要包含学校的体制与支持、学习的观念、集体的力量以及三者相互迭代的过程。教师转变包含教师观念的转变、教学实践的转变与学生的转变以及三者之间相互迭代的过程。并且，学校的外在环境决定了教师的

① Opfer V D, Pedder D J, Lavicza Z. The influence of school orientation to learning on teachers' professional learning change[J]. School Effectiveness and School Improvement, 2011(2): 193-214.

转变过程。最后，奥普弗等还指出，学校外在环境为教师的学习提供了发展平台和资源，并且鼓励教师之间组建教学共同体，从而进行交流、合作，这都有助于教师个人与学校的共同发展。

肖（Shaw）等认为，教师转变的起点是他们的信念和行动被干预，所以教师要置身于应对干预的行动中去。此外，教师还有“实现转变之后课堂效果会怎样”的愿景，并会制订相应的教学计划实现愿景，这一切都发生于一定的环境中。[①]

在对教师转变具体过程的研究实践中，彭宁顿（Pennington）主张，教师转变需遵循一定的顺序，依照转变的程度可分为三个层次，即程序上的转变、人际上的转变及观念上的转变。[②]教师教学技能获得是最低层次的程序上的转变。当教师的教学技能逐渐提高后，教师在教学角色、师生关系以及课堂氛围等人际关系层面发生转变。最深层次的转变是教师观念上的转变，其意味着教师开始建构个人对教学意义的理解。随后，彭宁顿结合教师转变的认知过程提出了融入反思的教师转变循环模式。当教师接收外来信息时会先经过“认知-情感过滤器”进行筛选，筛选后的信息会通过“认知-情感过滤器”开始发挥作用，促使教师在程序、人际及观念上达成由浅入深的转变。同时，筛选后的信息经历一系列转变又被教师加以反思，而后重新输入，以此开启更高水平的新的转变循环。当然，教师反思也可能拒绝继续循环。具体过程如图 8-3 所示。

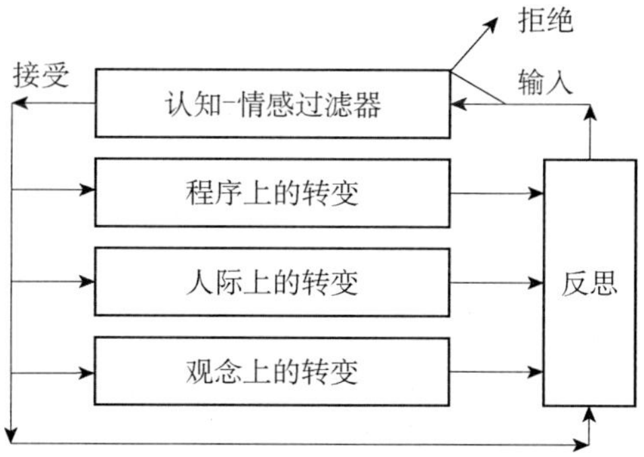

图 8-3　彭宁顿的教师转变过程模式

① Shaw K L, Davis N T, McCarty J. A cognitive framework for teacher change[J]. Proceedings of PME-NA13, 1991(2): 161-167.

② Pennington M C. The teacher change cycle[J]. Tesol Quarterly, 1995(4): 705-731.

森杰（Senger）将教师转变的过程描述为教师首先会通过各种途径获得新知识，并使其形成新的教学实践形式的想象——前意象。①而后，教师在教学语言和行为上依次进行转变。其过程是先通过初步转变，教师会排除部分新知，教师转变随即停止。否则，教师会通过尝试性转变形成新的教学信念，继而引发教师在教学语言和行为上的转变。具体过程如图 8-4 所示。

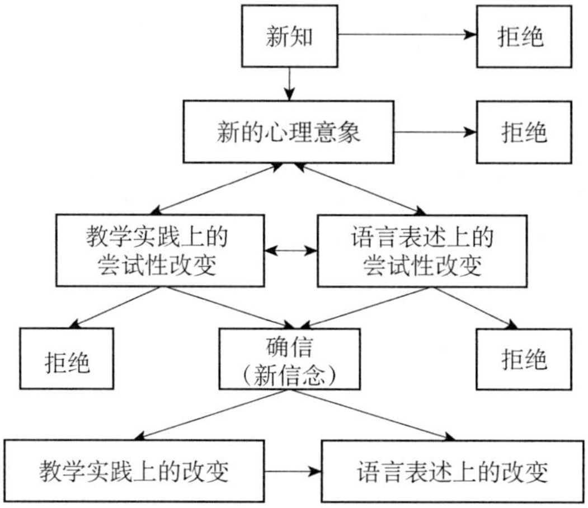

图 8-4 森杰的教师转变过程模式

国内研究者特别关注促进教师转变的因素。比如，王威威指出，教师的自主发展和自我反思活动对于促进其专业实践的持续性转变具有决定性的意义，但大多数转变需要借助一定的教师发展模式来进行。②张永芳指出，大多数教师在没有任何外界的引领与支持下，难以发生教学观念和教学行为等方面的转变。③此外，还有一些研究者主张，教师转变的发生需要借助一定的教师发展实践或来自外界的干预及支持。

纵观相关研究可知，首先，教师转变是一个复杂的过程，既有外显的

① Senger E S. Reflective reform in mathematics: The recursive nature of teacher change[J]. Educational Studies in Mathematics, 1998(3): 199-221.

② 转引自王威威. 小学教师教学反思的个案研究[D]. 长春：东北师范大学硕士学位论文，2008：3.

③ 张永芳. 海外教学环境认知与教师教学策略调整——基于个人在美国汉语教学实践的思考[J]. 国际汉语教学研究，2015（4）：57-68.

表现，也有内隐的变化，关键是要实现教学观念和教学行为的双重转变。它并非一次性的，而是一个循序渐进的周期性过程。[①]其次，研究教师转变过程的意义远大于关注教师转变的顺序。[②]再次，学校的外在环境对教师转变与否起着至关重要的作用。[③]最后，教师转变需要外在的专业引领或支持，即教师需要借助一定形式的专业指导来实现转变，而这些专业学习指导与实践有可能极大地改变教师的信念、知识、行为和学生的学习成就。[④]

三、教师转变研究的现实问题

从教师转变的相关研究和相关实践调查可知，虽然研究者已经在教师转变的认识层面达成某种共识，但在教师转变具体研究和实践中仍存在些许问题。

1）教师转变包含诸多复杂的因素，特别是外因通过内因而发挥作用，导致教师只依靠自身努力很难发生转变。

2）奥普弗等学者的教师转变模型说明了学校体制和环境对教师转变具有深刻影响，其中起到关键作用的可能是从众和协调。为此，进一步的研究需要确认是否还存在其他因素在此发挥作用的可能性。

3）通常情况下，大部分教师由于缺乏洞察力，即使进行教学反思也未必能够发现问题。因此，如何协助教师发现问题，成为研究者需要探索的课题。

4）专家指导的教师专业发展通常有两种途径：一种是将教师集中起来，开展大规模讲座式的指导；另一种则是深入教师的日常教学实践，开展个性化

---

① Kaasila R, Lauriala A. Teaching Strategies, Innovations and Problem Solving[M]. New York: Nova Science Publisher, 2009: 257-282.

② 徐晓东，李王伟，曹鑫. 如何在教师专业发展项目中指导教师转变？——来自质性研究的发现[J]. 电化教育研究，2021（7）：99-105.

③ 张薇，杨淑平，李涵等. 基于知识转移的校本研修模式及效果研究[J]. 电化教育研究，2018（1）：107-113.

④ 宋雅琳. 小学科学教师“五阶段”专业培训模式研究[D]. 济南：山东师范大学硕士学位论文，2010：17.

和精准式的指导。近年来的教师专业学习具有个性化趋势，所以教育者需要为每位教师提供基于个人特点和独特经历的专业学习实践。①

为此，笔者从教师学习视角出发分析了近年来国内教师专业学习文化中迅速兴起的“专家进课堂”式教师专业学习的原理。它是指一位专家型教师协助另一位教师去发展他的教学知识和对教学的理解。这样，指导者和被指导者共享目标并发展共同的实践，进而促成教师的转变，笔者将其称为“教师专业学习”。本章后续部分即探索在专家指导下的教师专业学习过程中教师是如何发生转变的，并回答为什么需要有专家的指导和同事的协助这一问题。

第二节　专家指导的教师转变研究

基于相关研究和课堂指导实践，笔者建构的教师专业学习模式包含四个环节：专家和教师共同备课；被指导教师（简称培养对象）授课；专家听课并录制授课视频；在指导专家及科组同事的共同参与下，播放教学视频，运用课例视频分析法就专家选择或教师自我选择的教学事件开展专家引领下的共同学习。其中，由研究助理对专家引领的共同评课过程进行录像，并对培养对象进行刺激回忆性访谈，采集培养对象的反思日志及共同学习的音频和现场观察记录的文字资料等，进行数据转录，分析培养对象的转变效果。

一、专家指导的教师转变研究的设计

（一）研究对象

笔者采用多元案例研究方法，采集了 3 个省（自治区、直辖市）的 30 多所合作学校的教师专业学习项目数据，运用目的抽样方法，从参与“专家

① 朱旭东，周钧. 教师专业发展研究述评[J]. 中国教育学刊，2007（1）：68-73.

进课堂”“专家引领的研学助教”“专家引领的现象为本课例研修”三种教师专业学习项目实践的 100 余名教师中抽取了 9 个案例中的培养对象，以及案例中涉及的其他研究对象。他们均接受了一学年、八次的专家参与的个性化指导。同时，笔者邀请了 9 个学科的大学教学法教授和教研员作为专家进行指导。

专家指导的第一环节是进校指导教师集体备课。备课时，在全科组教师的共同参与下，专家针对培养对象将要教授的课程内容进行引领备课。其重点是指导培养对象和同事分析学生已有知识和需求，通过对以往数据的分析，发现学生的错误学习模式，预测学生的疑惑点，制订解决方案并形成教案。第二环节是听评课。在日常教学时间由培养对象授课，专家和科组同事共同听课，课后由专家组织评课。与通常的评课方式不同，专家基于教学视频选择教学中的关键事件，首先询问培养对象为什么采取这样的教学行动，然后专家根据培养对象的解释，就事论理、依理定性，在理论与实践之间搭建理解问题的桥梁。科组同事则就事论事、按事支着儿。以此，培养对象通过专家提供的视角，内化教学知识，并对理论和实践进行整合。

（二）研究方法

1. 案例研究

笔者选取了 9 个具有探索性和解释性的案例。案例中的培养对象经历深层的刺激回忆访谈后，学会了以自己的角度体验教学世界，领悟专家指导并利用课例研究进行学习，达成了不同程度的转变。案例研究的意义在于回答“为什么”“怎么样”的问题，而不是检验假设“是什么”的问题。[①]因此，它适合用来探求专家和同伴在教师转变中的作用以及教师转变的目的。

2. 刺激回忆访谈

笔者在案例研究过程中运用刺激回忆访谈法（stimulated recall interview，SRI）来检验培养对象的理念、知识和能力等的转变过程。[②]主要

① 徐晓东，李王伟，曹鑫. 如何在教师专业发展项目中指导教师转变？——来自质性研究的发现[J]. 电化教育研究，2021（7）：99-105.

② Gass S M, Mackey A. Stimulated Recall Methodology in Second Language Research[M]. London: Routledge, 2000: 57-104.

方法是通过观看培养对象与专家及同事研修的视频来激发其对教学内容的回忆。与实时的出声思维法不同，刺激回忆访谈是在事后去描述自己的思考和想法，对善于回顾和表达的教师来说，其可以轻松地使用语言进行描述。研究助理一般通过播放视频或播放与教学行为相关的讨论的录音来激发培养对象和同事在实践过程中的思维回忆。培养对象可以随时暂停视频或录音来描述自己的思考。同时，专家的提示性问题可以用来探究深层的教师反思。①

（三）数据收集

从研究设计与专业实践过程可知，案例研究的数据来源包括培养对象在教学后与指导专家针对教学开展集体研修的共同对话及笔者与培养对象观看专家指导视频时的问答性对话。对话描述了培养对象及其同事对教学中存在的问题、困惑及其原因的思考，以及专家解释及共同反思的过程。随后，笔者对选取的 9 个案例的资料进行了编码，并进行了解释性和归纳性分析。首先将培养对象与专家对话的录音转录为文本，并运用扎根理论进行剖析，采用解释和归纳的方法，在教师专业学习及各种相关理论间不断比较，根据理论与文本的联系提炼出教师转变的属性及其类属，并逐步建立关于专家指导的教师是“如何转变的”“为什么会转变”的解释。

笔者借助 Nvivo11 软件对数据进行三级编码。在一级编码的开放登录中，笔者的主要任务是发现命题和类属、进行概念间的重组、建立概念等，以开放心态和悬置方式尽量选择关键概念进行编码。在关联式二级编码登录时，笔者依据因果、语义、情境、相似、结构等，发现概念间的联系，关键词包括教师内外部要因的整合、强调内外部协调的重要性、平行课、试讲、换课、调课、提供练习的机会等。三级编码则为核心登录，笔者在系统分析后选择一个核心类属，并对其进行集中分析，如在二级编码的基础上构建了“提供教师转变的练习机会”这一范畴。具体编码示例如表 8-1 所示。

---

① 徐晓东，李王伟，曹鑫. 如何在教师专业发展项目中指导教师转变？——来自质性研究的发现[J]. 电化教育研究，2021（7）：99-105.

表 8-1　基于扎根理论的三级编码过程示例

原始资料	开放性编码（一级编码）	主轴编码（二级编码）	选择性编码（三级编码）	“小写理论”建构
专家对我的指导，我觉得应该说是切中了要害，自己一直以来的困惑是跟这个方面有关，也就是我经常会按照自己的想法去实践而没有去提倡以生为本、生本教育。我一直都跟学生关系很好，我对他们的教育也都是有效的，但是在教学这个方面，我可能一直都有点拔高了，就是说没有落到学生的实际。我们的生源质量这些年本身也在不断下降，因为扩招，生源的基础其实是参差不齐的。像我到了另外一个班，成绩较好的学生是有一些，其实我这节课的教学目标定高了，昨天我们一直到下班的时候才拿到课表，也来不及调整了，专家认为我是“明知山有虎，偏向虎山行”，就是说我们知道这个难度很大，这个题目本来难度也很大，然后我自己设定的目标也太高了，可能就算对于成绩很好的学生来说都不太适合。当然，我自己也不是百分之百地赞同这一看法，但是我觉得专家的意见是很中肯的，就是很直接的，或者说是很突出的。我的教学设计里面存在的最大问题，那就是偏离了学生的实际，教学目标定得稍微有点高了，一旦目标定得比较高的话，落实的过程中就会带来很多问题。其实我对这节课可能想得太多了，老想着一定要上出什么不同来，可能专家的思路更好一些，包括他对另外一个老师指导也经历了同样的过程。所以，我觉得他的指导对我来说有益，然后他也示范了一下，如果是他的话，他会如何讲，这对我也有一定的指导意义。接下来，我会去试着改变，比如说备课的时候，更侧重于对学生的学习基础进行分析	a1. 专家指导很有用 a2. 与自己的教学困惑有关 a3. 我没有想到以生为本 a4. 我与学生关系较好 a5. 但没有落到学生实际 a6. 扩招导致生源不太好 a7. 原来班级成绩较好 a8. 教学目标定位高了 a9. 调整时间较欠缺 a10. 专家指导促进尝试 a11. 题目本来难度大 a12. 与学生实际不适合 a13. 但专家意见中肯 a14. 专家意见很突出 a15. 应该结合学生实际 a16. 目标落实有问题 a17. 我可能之前想多了 a18. 专家的思路更好 a19. 他对同伴指导类似 a20. 专家也示范了 a21. 指导对我有意义 a22. 去改变后续的备课	A1. 专家指导切合实际 A2. 平时教学有效 A3. 教学目标与实际不符 A4. 专家鼓励尝试 A5. 他对同伴指导如是 A6. 专家示范过程 A7. 指导有意义会去改变	B1. 专家指导改变 B2. 自我调节改变 B3. 同伴交流思考 B4. 坚定改变的信心	C1. 社会性调节和内化

注：“小写理论”是指从教师自身情境产生并为自身情境所用的理论，其与研究者建构的学术理论即“大写理论”相对应

二、专家指导的教师转变研究的效果

通过对9个教师专业学习项目案例的质性分析，笔者理清了专家指导下教师转变的特征与过程。基于质性分析和扎根理论的结果，笔者建构了教师转变的四环节或关键策略，包括社会性调节和内化助力教师转变、提供练习的机会帮助教师转变、专家与教师共同反思促进教师转变、专家提供个性化和持续性的指导与帮助。

（一）社会性调节和内化助力教师转变

扎根理论研究结果表明，教师转变机制的首要影响因素是社会性调节和内化。笔者认为，社会性调节是指在他人的协助下，借助别人的思考和行为对自己的行动产生影响；内化是指个人运用自己的观念将外部材料和实践嵌入自身的认知图式，以生成个人理论和实践。通常，教师的认知转变会经历两个过程：一是教师接受新观念，促使其在课堂中的应用并转化为行动；二是通过教学实践评估学生学习成就的提高情况，促进其原有观念或行动的转变。本研究揭示的社会性调节和内化对应了教师转变的两个基本过程，即专家和同事作为社会性调节者作用于教师接受新观念的过程，对教师的信念和行为提出改进建议并确认成效，坚定教师将新观念转化为教学行动的信心。教师在改进教学后，由专家和同事对其行动和效果进行再确认，提高了教师的教学效能感，促使教师内化观念和自我调节，在未来的教学实践中持续发生转变。

笔者选取的第一个案例强有力地证明了专家和同事在教师转变中起到的社会性调节作用。这个案例发生于专家引领的课后评课与反思过程中。课程主题为五年级数学的“测量不规则物体体积”，由一位新任教师进行授课，大学数学教学法教授和同事听课。在评课环节，专家和培养对象共同对课堂的教学关键事件进行以现象为本的课例研究。专家首先抓住学生对“旋转后的魔方，形状不再规则，体积是多少的问题”产生的疑惑，其后又对问题疑惑产生顿悟这一现象，引发培养对象及其同事的思考，借此指出这一现象背后的原理是“心理暗示”，并启发授课教师及其同事进行教学改进策略的讨论。此时，经验丰富的校长阐述了她多年前在教学中遇到的同样问题及其解决的策略与经验，并建议在导入环节使用“一张A4纸的体积是多少”作为例子。培养对象及其同事纷纷表明观点，认为在解决 A4 纸体积这一问题的过程中体现出了数学思想，并受此启发，共同修订原有的教学改进策略，内化教学新观念。最后，专家对校长的经验和培养对象与同事的改进策略进行了反馈，确认了培养对象的经验知识和同事的改进想法符合小学数学课程标准及“转换”这一数学核心素养，以此在理论和实践之间搭建了桥梁，促进了培养对象及其同事对此策略的内化，启迪其进行其他改进策略的建构与实践，协助培养对象及其同事完成了问题产生—专家引领剖析—培养对象接受新观念—共同讨论改进行动—经验教师阐明策略—同事认同—专家确认—培养对象和同事内化促进行动的新观念等共同研修的社会性调节与内化过程。

笔者选取的第二个案例证实了教师接受社会性调节的新观念、进行课堂教学改进后，专家和同事对其内化观念和行动的再确认，使其发生了持续性的教学行为转变。这一案例来自小学语文课，在进行了听课后，大学语文教学法教授组织了工作坊，首先对培养对象的课堂改进进行确认与解释。科组同事随即讨论课堂改进的成功之处，并与培养对象交流新观念和策略对其教学的促进作用。其后，专家指出培养对象将课文主要内容通过新学的三个关键词语以相互连线的方式构成三角形“概念图”的策略非常有效。专家在对教师教学的点评中表现出一定的创新性和洞察力，能促使教师更有兴致地开展后续讨论，讲述思维导图在自身课堂实践中发挥的作用。同时，专家从概念图和思维导图的概念出发，与教师展开对话，让教师分析效果的异同，引发培养对象及其同事进行思考。专家随后对其应用情境和时机进行了详细解释，培养对象顿时意识到自己混淆了两个概念。专家在细致地辨析了两个概念后指出，语文课的概念很少，这与科学课不同，所以教师经常会把自己的思路表示与概念间的连接等同，造成两者的混淆。笔者在分析教师的反思日志时发现，概念图与思维导图的对比思考使教师发觉专家常以对比的方式来看待问题。在工作坊总结阶段，培养对象都提到学会了利用比较的方法观察教学问题。相关案例说明，新任教师通过学习专家思考问题时采用的方式和方法，学会了如何观察和思考。借助专家和同事的知识和视角思考，以此转变自己的观念和行动，其中的中介是共享，这是典型的社会性调节和内化过程。

（二）提供练习的机会帮助教师转变

“提供练习的机会”也是教师转变发生的重要影响因素。当前，无论是国内还是国外，部分教师专业发展项目中，教师缺乏实践的机会，导致了项目的低效化。练习已被众多研究者证实是一种高效的学习方法。教师专业学习过程中的“刻意练习”或“练习”是指多位教师同时进行一个课程主题的授课，并就此展开研讨；提供练习的机会即为教师提供有意义的内化和理解的学习机会，在个性化和持续性教师专业学习过程中，教师能根据专家和同事的指导，借助新观念和新策略进行教学改进行动，并非单纯地重复某项技能训练，而是对理论和实践进行整合，创造性地应用新观念和实施新策略。

笔者选取的第三个案例是教师接受新观念后持续整个学期的教学练习，从而使其内化为教学行动和实践性知识的过程。这恰恰证明了提供练习机会对于教师的行动发生和认知转变有显著的积极效应。该案例为小学六年级数学课的“图形的放大和缩小”课程的教学。在评课研讨过程中，专家以数学核心素养目标为参照，强调了教学中“识别形状不变的本质特征”，指出了在图形缩放环节，如果教师能利用电子白板中的动画功能，将图形平移、旋转，图形不变，与点击并拖拉放大这一过程进行直观和形象的对比，教学结果就会发生变化。在得到教师的认同后，专家又补充道：通过动画的模拟，学生可以在可视化和认知系统模拟过程中，发现相似变换和全等变换的区别，形成对两种变换的本质特征的理解。由此，专家在提到的课标中的数学思想方法与学生学习规律的理论和实践之间搭建了桥梁，使培养对象产生了顿悟。随后，培养对象修改了教学设计，准备在隔日的平行课中尝试新想法，并邀请专家和同事对其教学改进或练习进行评价。通过平行班的教学练习及专家和同伴的反馈，以及不断的教学调整，培养对象逐渐在教学行动层面发生转变，并将新观念转换为个体的适应性专长。

第四个案例和第五个案例分布在两所不同的学校。一所是经济发达城市的小学，实施了三年的专家引领的现象为本课例研修实践；另一所则是经济欠发达地区的农村小学，实施了三年“研学助教”项目。但两所小学都开展了相同程序的专家指导活动。所有培养对象的学习都是通过与专家一同在学校工作和参与日常授课的方式展开，两学期至少每个月开展一次指导活动。在专家进行指导后，培养对象还要进行相应的教学实践。比如，在实施最为频繁的“研学助教”专业实践过程中，专家在授课前一日进校，开展科组集体教研与指导备课。次日，培养对象授课，专家听评课并进行跟进指导。评课是对新授课过程中存在的问题基于现象的课例研究，跟进指导是对课例研究后的教师教学实践的指导。其过程可描述为专家和培养对象与科组教师共同备课—培养对象开展新授课（第一次练习）—培养对象实施平行课（第二次练习）。但在项目实施第一年后，两所学校针对增加练习机会的教学管理做法稍有不同。比如，设计该项目的专家组与市中心小学校长共同制定了培养对象“教学循环”的改进方案，即 1—2—1 年、3—4—3 年、5—6—5 年式的近邻循环授课方式，在实施一段时间后，再实施 1—6 年大循环培养模式；农村小学采用的则是 1—1 年、2—2 年、3—3 年式的小循环的授课方式，再实施 1—6 年大循环培养模式。这样教师及学习共同体经历了如同“微格教学”的巡回教授和学习体验，不仅在一学期内为教师提供了多次返回课堂教学的机会，也为教师的练习提供了契机，是教师转变发生的关键环节。

（三）专家与教师共同反思促进教师转变

笔者选取的第六个案例论证了共同反思对于教学改进和教师转变的重要价值。专家和同事作为反思的指导者和中介者对其个人教学反思的主题、深度和结果进行共享、反馈和评价。案例来自某市初中物理学科的“杠杆五要素”课程的教学实践。在专家与同事对培养对象改进后的课堂进行常态化听课后，科组同事和专家及培养对象围坐在一起，共同反思教学改进实践。专家首先指出教学过程的难点——“支点”，就学生特点阐明了学生出现错误的原因，并与其他教师共同讨论了培养对象的处理方法，以设问的方式指引培养对象反思其教学实践问题；培养对象以对话方式回忆教学行为及其缘由，利用出声思维反思个人教学过程；专家对其回应做出解释，揭示有效教学背后的理论，如“最近发展区”，使培养对象理解并反思教学过程及其原理；其他教师则通过提问的方式，就专家解释的教学理论和培养对象在教学过程中面临的有效策略迁移问题与专家进行讨论；培养对象则借此深入反思教学策略的适应性，并建构自身反思改进的框架，充分内化新观念，学会利用专家视角来理解问题、分析问题，增强其教学改进的效能感与提高反思技能，促使其发生观念、行动和元认知层面的转变。

笔者选取的第七个案例是培养对象将专家视角作为其教学反思的“脚手架”，并与其他同事协作进行共同反思。在教学改进后的共同反思工作坊中，培养对象首先反思教学改进的过程和效果，并从专家视角对其自身教学过程中的优势和不足进行分析，就自己面临的教学疑惑向专家提问，并询问其他同事是否遇到过相似的问题，引发其他同事与专家的对话。专家随即指出概念课中展现的实践视角，促成培养对象和其他教师的接续讨论。在后续的对话反思过程中，培养对象和同事基于概念课视角去理解教学实践，反思基于改进的教育理论，建构专业实践改进的元策略——借助他人视角和理论，协助自身进行反思，促进深度反思和深层教学改善的发展。此外，培养对象通过出声思维，将自己对改进策略的反思外化，专家和其他教师在进行确认后，补充和介绍相关策略在其他类似情境中的应用，帮助培养对象内化反思结果，促进其对新观念的认知。通过共同反思的过程，培养对象能进行自我交互和对原有观念的扬弃，经历接受新观念—改进教学策略—内化新观念—共同反思—发展元认知—转变行动等过程，将新观念与教学情境结合，凸显专家、同事和培养对象共同反思的重要价值，发展培养对象和其他教师的适应性专长。

笔者选取的第八个案例是专家和其他教师协助培养对象进行共同反思的另一表征。专家、其他教师和培养对象的共同反思性对话揭示了拥有专长的学科专家和培养对象及作为协助者的其他教师共享教学实践的事实，即基于共同的经验，各自的对话中都明晰其所言是什么、为什么及怎么样的事实，表明其反思是一种共同反思。它涉及的内容是分布在培养对象、其他教师及专家头脑内的，具有共享性和合作性。比如，要避免学生只以“对”和“不对”的形式简单地应付作答，专家、培养对象及其他教师共同思考如何采用追问方式，随着讨论的深入，使其逐渐发展成对提问问题的结构和问题链的讨论。又如，专家在阐述一个具体问题链中的子问题时，可能短时间内无法准确地表达子问题，多次用到了元提示话语，如“你明白我的意思吧？”培养对象及其同事则迅速回应“知道”“明白”。有些教师则迅速说出专家“到嘴边又没说出”的话。换言之，培养对象不断补充专家的对话，专家也不断地完善自己的话语，以使其能够理解专家的意图。最终，在教学经验丰富的同事的启发和提示下，专家得以把问题的本质准确界定和表达出来。所以，专家和培养对象、培养对象及其同事的讨论是相互渗透的、深度介入式的对话，由此专家等的精准指导变为可能，最终促使培养对象将新观念内化为自己的行动。

（四）专家提供个性化和持续性的指导与帮助

实际上，在“专家进课堂”“研学助教”“专家引领的现象为本课例研修”专业学习项目实践过程中，专家协助对于增强教师学习的效果具有积极作用。在全国范围内开展的“国培计划”正是专家指导对教师专业实践具有重要价值的有力例证。在教师的日常实践过程中，一个重要的事实是由于缺乏理论指导和一定的洞察力，教师常常无法发现自身教学存在的问题，因此专家的指导显得尤为必要。借鉴维果斯基的最近发展区理论和布鲁纳（Bruner）的支架策略，在基于专家指导的专业发展实践中，专家的参与和支持为教师转变提供了中介和“脚手架”，为教师发现教学中存在的问题、接受并内化新观念提供了新视角，保证了其专业学习的个性化和持续性。个性化和持续性体现在针对教师、学生和教材中的某一特定内容开展的一轮接一轮的指导。

笔者选取的第九个案例是个性化和持续性专家指导的代表之一。案例来自一位西部地区、教龄为 6 年的物理教师的教学改进实践。专家在观摩课堂时，对教师授课语速较快的现象感到迷惑。教师在讲课过程中不间断地提出问题：“昨天的课上我做了一个实验，拿了一个小灯泡、一节导线、一个开关，那就怎么样了？”学生马上抢答：“亮了。”在话轮转换中，教师随即发问：“那么，今天老师给你 2 个灯泡、几根导线、一个开关，请问同学们是否可以自己设计一个电路让这 2 个灯泡亮起来？”这一事件表明，即使是需要深入思考的问题，学生依然迅速抢答：“可以!”显然，学生受过大量的迅速应答方面的训练。一般情况下，对于已知的问题，如已完成的实验的结果，通过快速提取记忆来完成作答，是简单复述的过程。如果受过训练，学生的认知系统是可以完成这种快速加工的。然而，对于接下来的“是否可以自己设计一个电路让这 2 个灯泡亮起来”这一新问题，学生需要通过实验或运用缜密的推理才能解答，但他们也能迅速完成作答，违背了科学逻辑。专家带着困惑，利用一上午的时间深入 2 名年轻教师和 1 名中年教师所带的班级听课，发现了同样的问题——尽管是需要借助逻辑思考和推理才能理解教学内容的物理课，3 名教师仍不约而同地表现出语速过快的特征。在下午的工作坊指导过程中，专家对教师进行了询问。年轻教师道出了缘由，即他的师父就是这样教他的，并且学校的很多教师都是通过加快语速来保证完成课堂教学的。专家立刻意识到，这是学校文化使然。中国古代学者有言："相观而善之谓摩。"意思是两个人相互观察彼此的教学，可以使各自的教学至善。[①]但如果不通过理论来诠释模仿学习的原理，阐明教学方法在何种情况下有效，如何做才能有效，那么便会出现好的行为习惯被继承下来的同时，不符合科学的做法也会传递给新教师的现象，这便是"亦步亦趋"的弊端。[②]因此，有专家指出，每一位教师都有其独特的经历、特殊的实践，不能完全套用其他学校的指导经验。首先需要解决的问题是如何使教师在与学生的对话中留白，即为学生留出思考问题的时间，然后再让学生回答，倾听和对话是重要方法之一。然而，改变教师的教学行为并非一蹴而就，首先必须改变学校的教学文化，而后才是教师循序渐进地学会教，这需要通过持续的练习与长期的指导才能实现。

第三节　教师转变的过程和原理

一、社会性调节和内化

笔者认为，社会性调节和内化是指教师经历从他人调节到自我调节和内化，以实现行动转变的过程。社会心理学家认为，行为主要受人们关于其行动导致的可能结果的信念的影响。[③]换句话说，自我调节是一个积极主动的过程。从社会认知发展理论角度来看，个人的行为是以他人为中介而选择的结果，即为了达成共享的目标，教师在自己信赖的专家的观点与行为（中介）的影响下，主动转变自身的行为。这一过程不是简单的从众效应的体现，而是一种社会性调节——由他人调节到自我调节的过程。[④]

---

① 高时良. 学记评注[M]. 北京：人民教育出版社，1982：1-10.

② 张松辉. 庄子疑义考辨[M]. 北京：中华书局，2007：140-165.

③ Augoustinos M, Walker I, Donaghue N. Social Cognition: An Integrated Introduction[M]. Thousand Oaks: Sage, 2006: 2-20.

④ Crick N R, Dodge K A. A review and reformulation of social information-processing mechanisms in children's social adjustment[J]. Psychological Bulletin, 1994(1): 74-101.

此外，根据维果斯基和皮亚杰的观点，所谓的内化不是简单地复制和模仿他人的想法或行为，而是内在的知觉及自我规范逐渐形成的过程。依据这一观点和前述案例，笔者认为，教师内化他人行为是调用自己的经验和知识，从而主动建构自己可理解的行为的过程，因此可以将其称为“据为己有”。需要说明的是，与从众不同的是，调节并非受到群体压力而被动地采取一致性行为，而是借助他人视角，在理解的基础上的主动适应，所以它是一种适应机制。例如，前述案例中已经指出，教师非常高兴，数月后，笔者与教师联系得知，他们的课堂总结环节用的基本都是概念图。这表明只有教师对新观念进行先行理解，才能启动转变意识。而且，新观念和新想法前后是没有矛盾的。例如，教师原本就是这样做的，只不过他不知道如何从科学概念的角度界定这种实践而已。它还说明对于可理解的新观念或新策略，专家指导可以刺激教师回忆起以往类似的相关实践，并将其与新想法或新观念相匹配，以促进新观念的内化。再者，只有教师转变的观念得到教学相关者的确认以及其他同事的赞同之后，教师最终才会进行相关方面的转变，笔者将其概念化为“社会性调节”。因此，教师转变发生在专家系统化、即时、持续地提供反馈信息和教师确认效果的过程中。学校、科组同事和专家的协助与支持可以消除不确定性和情境不适应，提振教师转变教学的信心，最终促使教师掌握新技能，进而使教师教学发生根本性的转变。

二、提供练习机会

笔者认为，提供练习机会是指教师听取专家和同事的指导建议，借助新观念和新策略进行教学改进行动。它并非单纯地重复某项技能的枯燥训练，而是对理论和实践进行整合，创造性地应用新观念和实施新策略的过程。从认知发展理论来看，提供练习机会与教师新观念的内化过程相联结。对于同样的课程主题，教师可以在多个班级进行教学练习，再由专家和同事协助进行内化，抑或教师在专家的指导下持续地进行不重复的教学改进，在立足日常教学情境的同时为其提供练习机会，促进其教学观念的内化、教学行为的改变及教学结果的转化，进而使教师的专业能力得以显著提高。专家指导下的教学练习立足于常态课，教师在接受新观念并将其内化后，自行设计主题进行持续多次的教学改进练习。专家和同事作为协助者，对教师的教学练习进行指导和反思，帮助其内化教学观念与行动并生成新的教学知识，促使其教学实践发生持续性的转变。

三、教师进行共同反思

"共同反思"或称"集体反思"作为教师转变过程的重要环节，意指专家指导下的教师反思是一种共同反思的过程，其中共享是关键。笔者认为，"专家进课堂""专家引领的现象为本课例研修""研学助教"都是认知工具，因为它们可以使教师及其同事在最近发展区聚在一起。[①]教师及其同事围绕教学内容和案例进行探讨，专家则会为教师提供观察和解决问题的新视角。例如，在分析某个学生案例时，教师与其同事会将这个学生存在的问题判定为偏科，而专家则会从理论层面提供更广阔的视野——其实不是偏科问题，而是学业选择倾向性和能力的问题。

笔者发现，让教师之间敞开胸怀，无顾虑地提出想法和提供新视角，以发挥学伴的"脚手架"作用并不容易。让培养对象做课例研究会议的主持人是一种有效方法，即让培养对象讲述遇到的问题或疑惑以及采取的解决问题的方法，而后阐释采取这种方法的缘由。这样因为与其他同事共处在最近发展区，每位教师自己都有解决问题的方法，并对该方法有一定的反思，话语权重新回归至教师群体，能激发教师的思考和参与热情，促进教师共同反思。这既是一种开放的反思，同时也是一种整合了相关知识及兼顾课堂内相关事物之间联系的反思。[②]再者，共同反思需要专家与教师共享一个教学改进目标并达成共识。其中，对话是促进共同反思的有效途径，共同反思从抽象目标转变为教师的专业学习实践。笔者认为，专家和同事的视角如过航标一样调节着教师的注意力与思维，从而引导教师关注哪些内容是重要和有效的。以他人的经验和视角进行思考，将关键的共享作为中介，就构成了共同反思。值得注意的是，"共同反思"与"反思"截然

---

① 徐晓东，李王伟，赵莉. 专家引领下现象为本的课例研修模式及其效果研究[J]. 电化教育研究，2020（10）：106-113.

② Rachel L, Elaine H. Developing practices in teachers' professional dialogue in England: Using coaching dimensions as an epistemic tool[J]. Professional Development in Education, 2014(5): 758-778.

不同，因为反思往往被认为是个人的内在心理活动过程。共同反思即学习，具有社会性特征，个体需要他人的协助来获得知识和建构理解，这也是专家指导的必要性的依据。

四、提供个性化和持续性的指导

通过对九个案例的质性分析，笔者发现，个性化和持续性的专家指导与同事的协助贯穿教师转变的全过程。在指导专家的选择上，大部分教师更倾向于选择教研员专家。笔者在基线调研阶段对专家和培养对象进行访谈得知，教研员掌握了全市各学校教师专业发展水平和各校该学科学生学习成就的详细信息，在指导时会更具有针对性。教研员经常给教师授课，并能够全面分析全市或某学校某学科学生的学业水平以及教师教学中存在的问题，且较了解学科教师的实际情况。大学教学法教授等理论专家则在对理论与实践进行整合，以及提升教师的洞察力方面表现出不可替代的优势。因此，有无专家的指导，以及选择什么样的专家进行指导，都是影响教师转变的重要因素，最关键的是要为教师提供个性化和持续性的指导。

第四节　教师转变过程模式的建构

一、专家指导下的教师转变过程模式的建构

对九个案例的质性分析深刻地揭示了专家指导的教师专业学习过程中教师是如何转变的问题，笔者在结合相关转变过程研究结果的基础上构建了专家指导下的教师转变过程模式。与教师自发的转变不同，专家指导下的教师转变包含众多专家、教师本人及同事共同合作基础上的个体间性要素，如专家指导和同事协助、共同反思、社会性调节和内化、提供练习机会等。笔者将这些要素按照发生的先后顺序进行整合，结果如图 8-5 所示，这就是专家指导下的教师转变过程模式。

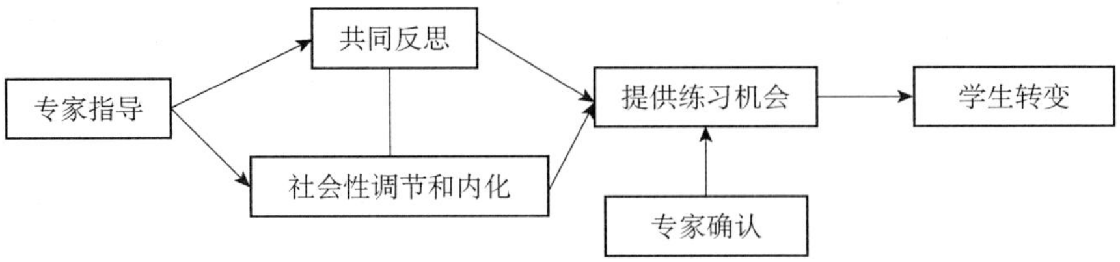

图 8-5　专家指导下的教师转变过程模式

二、教师转变过程中专家指导的意义

专家指导的教师转变强调了教师转变过程中专家指导的机制及其重要作用。在以往有关学习发生和转变条件的研究中，研究者往往会忽视协助者或教授者的价值与意义。例如，皮亚杰的儿童发展阶段理论表明，儿童对概念的认知是逐渐从具体到抽象的几个发展阶段间转换，而亚伯拉罕森（Abrahamson）通过进一步研究证实儿童概念的转换与发展更多地源自教师的教学，而非其独自建构。[①]笔者进行的关于专家指导对教师专业学习的作用的研究表明，当得到他人的协助时，个人的理论和实践支架随即建立，进而有助于自身转变和促进学习。

三、教师合作的文化

根据维果斯基的理论，学习者借助专家和学习同伴的专业视角和知识获得理解，其中专家和学习同伴的观点起着中介的作用，引领着学习者的思考，能使其注意到仅凭个人能力很难发现的问题。所以，学习通常在他人的协助下才会发生，这也是笔者研究专家指导下教师转变过程的出发点。此外，从国内教师文化角度来看，教师和同事通过听评课等方式相互学习、互相启发及切磋琢磨等有着悠久的历史，并形成了同僚性文化[②]，其与国外教师的独自学习文化不同。例如，国外一些研究教师专业学习的学者指出，让教师彼此间相互听课、观摩教学或共同观看教学视频可能会使其产生不适，在评判他人的教学实

① 转引自 Sawyer R K. The Cambridge Handbook of the Learning Sciences[M]. New York: Cambridge University Press, 2014: 11.

② 徐晓东，李王伟，曹鑫. 如何在教师专业发展项目中指导教师转变？——来自质性研究的发现[J]. 电化教育研究，2021（7）：99-105.

践时也会感到困难[①]，使得教师与同事间相互学习产生了障碍。相反，国内教师间频繁地交流和相互学习是一种常态，它缔造了中国独有的教师合作学习的文化。因此，一个人协助另一个人来获取知识及形成对教学的新理解，是教师专业学习或专业发展及学校文化中习以为常的实践，是中国教师专业学习和专业发展的重要组成部分。因此，借助他人学习教学，并获得转变，可以说是一种理想和高效的学习或专业发展方式。

第五节　个性化和持续性专业发展模式的应用面向

一、个性化和持续性专业发展模式效果分析

为了呈现个性化专业学习的深层含义，笔者在前几章概括了有效的教师专业学习项目包含的因素，包括立足于课堂、专家指引、同伴协作、共同反思，以及专家参与的校本专业发展机制、先进的视频分析技术（如 Transana 软件分析）、面向全科组教师的共同体研修模式等。此外，笔者还分别介绍和检验了涵盖这些要素的三种专业学习模式，包括“专家进课堂”“专家引领的研学助教”“专家引领的现象为本课例研修”。然而，本节主要分析涵盖这些有效要素的三种不同模式各自应用的条件或优势，以为其精准运用提供指引。

笔者收集了“专家进课堂”“专家引领的研学助教”“专家引领的现象为本课例研修”三种模式的教师专业学习问卷数据，对其实施效果进行了横向对比分析，以探究应用三种学习模式的适宜情境，可以为中小学校长和教师开展基于日常教学与有效的持续性研修提供参考。

笔者对“专家引领的研学助教”（简称“模式 1”）、“专家进课堂”（简称“模式 2”）和“专家引领的现象为本课例研修”（简称“模式 3”）实施前后教师专业学习问卷的数据进行了对比分析。笔者收集了 2015—2018 年广州市某

① Zhang M L, Lundeberg M, Koehler M J, et al. Understanding affordances and challenges of three types of video for teacher professional development[J]. Teaching and Teacher Education, 2011(2): 454-462.

区3所中学教师的前后测问卷调查数据，并保证在三种模式实施期间抽样的3所学校各科教师的整体专业发展水平、学生学业成就相近。结果发现，这些学校的教师专业发展水平和学生的学业成就整体偏低，需要为其提供有效的专业学习干预。教师校内研修科目限定于语文、数学、英语、物理和历史，并由同一批指导专家轮流对3所学校进行指导与评估。同时，笔者在研究中采用了威尔科克森符号秩检验和克鲁斯卡尔-沃利斯检验（Kruskal-Wallis test）。其中，威尔科克森符号秩检验是对普通符号检验的改进，弥补了普通符号检验只考虑“是”与“非”二者差异的方向，而未考虑差异大小的不足。[①]克鲁斯卡尔-沃利斯检验则用于探测多维度参数是否有显著性差异，与方差分析的区别在于，非参数性测试并不需要进行关于数据分布的假设即可直接处理数据。因此，笔者基于SPSS软件，运用威尔科克森符号秩检验和克鲁斯卡尔-沃利斯检验对三种研修模式的教师专业学习四维度及整体发展提升程度进行了对比分析。数据检验结果如表8-2和表8-3所示。

表8-2　三种模式效果差异的威尔科克森符号秩检验

维度	类别	n	秩均值
知识维度	模式1	72	128.78
	模式2	74	91.24
	模式3	85	126.74
能力维度	模式1	72	102.99
	模式2	74	92.85
	模式3	85	147.18
态度维度	模式1	72	114.81
	模式2	74	96.86
	模式3	85	133.66
理念维度	模式1	72	108.51
	模式2	74	110.64
	模式3	85	127.01
整体	模式1	72	112.72
	模式2	74	94.80
	模式3	85	137.24

① 谢娟英，高红超. 基于统计相关性与K-means的区分基因子集选择算法[J]. 软件学报，2014（9）：2050-2075.

表 8-3　三种模式的克鲁斯卡尔-沃利斯检验统计量

检验指标	知识维度	能力维度	态度维度	理念维度	整体
χ^2	15.036	30.272	12.894	3.750	16.201
df	2	2	2	2	2
p	0.001	0.000	0.002	0.153	0.000

注：组间变量为模式，α=0.05

（一）三种研修模式整体效果对比分析

三种研修模式收集的有效问卷样本量共计 231 份，其中模式 1 为 72 份，模式 2 为 74 份，模式 3 为 85 份。表 8-3 整体维度的分析结果显示，模式 1 的秩均值为 112.72，模式 2 的秩均值为 94.80，模式 3 的秩均值为 137.24。根据表 8-4 教师专业学习整体维度数据分析可知，克鲁斯卡尔-沃利斯检验统计量的渐近分布 χ^2=16.201，相应的 p=0.000，小于给定的显著性水平 α=0.05。因此，笔者有理由拒绝零假设，即三种研修模式在教师专业学习整体效果上存在显著差异。然后，笔者通过秩均值来对比三种模式整体发展维度有效性的水平差异，即模式 3 的秩均值大于模式 1 的秩均值，而模式 1 的秩均值大于模式 2 的秩均值。因此，笔者认为，模式 3 的研修效果最好，模式 1 的研修效果次之，最后是模式 2。

（二）三种研修模式中教师知识提升效果的对比分析

对表 8-3 中的教师知识提升效果进行分析可知，三种研修模式在教师知识维度的秩均值如下：模式 1 的知识维度的秩均值为 128.78，模式 2 的知识维度的秩均值为 91.24，模式 3 的知识维度的秩均值为 126.74。再根据表 8-4 教师知识维度的克鲁斯卡尔-沃利斯检验统计量的渐近分布 χ^2=15.036，相应的 p=0.001，小于给定的显著性水平 α=0.05，笔者认为三种研修模式在教师知识维度的提升效果存在显著差异。同时，由三种研修模式在教师知识维度的秩均值可知，模式 1 和模式 3 在教师知识维度的提升效果较好，并且两种模式的秩均值极为接近，模式 2 在教师知识维度的提升效果仅次于模式 1 和模式 3。

（三）三种研修模式中教师能力提升效果的对比分析

对表 8-3 中的教师能力提升效果进行分析可知，三种研修模式在教师能力维度的秩均值如下：模式 1 的能力维度的秩均值为 102.99，模式 2 的能力维度的秩均值为 92.85，模式 3 的能力维度的秩均值为 147.18。再根据表 8-4 教师能力维度的克鲁斯卡尔-沃利斯检验统计量的渐近分布 χ^2=30.272，相应的 p=0.000，小于给定的显著性水平 α=0.05，笔者判定三种研修模式在教师能力维度的提升效果上存在显著差异。同时，由三种研修模式在教师能力维度的秩均值可知，模式 3 的秩均值大于模式 1 的秩均值，而模式 1 的秩均值稍大于模式 2 的秩均值。因此，笔者认为，模式 3 在教师能力维度的提升效果远好于另外两种研修模式，而模式 1 和模式 2 对教师能力提升的效果差异不大。

（四）三种研修模式中教师态度改变效果的对比分析

对表 8-3 中的教师态度改变效果进行分析可知，三种研修模式在教师态度维度的秩均值如下：模式 1 在教师态度维度的秩均值为 114.81，模式 2 在教师态度维度的秩均值为 96.86，模式 3 在教师态度维度的秩均值为 133.66。再根据表 8-4 教师态度维度的克鲁斯卡尔-沃利斯检验统计量的渐近分布 χ^2=12.894，相应的 p=0.002，小于给定的显著性水平 α=0.05，笔者判定三种研修模式在教师态度维度的改变效果上存在显著差异。从三种研修模式中教师态度维度的秩均值结果来看，模式 3 的秩均值大于模式 1 的秩均值，而模式 1 的秩均值大于模式 2 的秩均值。因此，笔者认为，模式 3 在教师态度改变方面的研修效果最好，而模式 1 的效果次之，模式 2 对教师态度改变有显著影响，但效果不如模式 3 和模式 1。

（五）三种研修模式中教师理念转变效果的对比分析

对表 8-3 中的教师理念转变效果进行分析可知，三种研修模式在教师理念维度的秩均值如下：模式 1 在教师理念维度的秩均值为 108.51，模式 2 在教师理念维度的秩均值为 110.64，模式 3 在教师理念维度的秩均值为 127.01。再根据表 8-4 教师理念维度的克鲁斯卡尔-沃利斯检验统计量的渐近分布 χ^2=3.750，相应的 p=0.153，大于给定的显著性水平 α=0.05。因此，笔者认为，三种研修模式在教师理念转变方面的研修效果差异不显著。但结合教师反思性访谈结果分析可知，教师的理念均随着个性化和持续性专业学习实践的不断发展而具有持续转变的趋势。

二、个性化和持续性专业学习模式比较结果与结论

（一）三种模式的比较结果

笔者开发的三种个性化和持续性教师专业学习模式为一些中小学教师的专业学习和教师共同学习提供了一种新的方法。其中，在教师知识提升方面，专家引领的研学助教模式效果最为明显，因其对学情和考情进行了详细的剖析，关注学生的成就，教师学习投入度大幅提升，使得专家与教师能在同样的最近发展区展开充分对话，而在能力维度，专家引领的现象为本课例研修模式的效果最为显著；在教师态度转变层面，因基于现象学的教育方法的运用，现象为本课例研修模式的效果更为突出；在理念改变上，三种模式没有表现出显著差异，但都有显著效果。对于三种模式与四种教师专业学习维度结果的交互作用，依据前述各模式的效果分析与不同面向论证，笔者认为一般中小学应遵循先行实施专家引领的研学助教模式，持续一段时间后，进行专家引领的现象为本课例研修实践，其对教师个性化和持续性教师专业学习的效果最为显著，既丰富了教师知识，促进了其教学能力的提升与态度的转变，又提高了学生的学习成就，或者中小学也可先实施专家进课堂，再进行专家引领的现象为本课例研修实践，其对教师专业能力的提升与转变效果显著。一方面，持续性的专家指导为教师理念、态度的转变留出了充足时间；另一方面，个性化、基于现象的课例研修能为教师的知识增长和能力提升提供实践支架。最后，从新时代基础教育改革和学生发展来看，区域或学校也可直接践行专家引领的研学助教模式，从学生学习问题角度帮助教师解决问题、提升专业能力，提高学生的学习成就，提振教师的自信心，进而促进教师态度与理念的转变。

（二）三种模式的面向和特色

1. 三种模式适合的教师专业学习的面向

笔者通过对量化数据和质性材料的综合分析，对比了三种研修模式的效

果差异，为学校领导者、教师和教研员开展个性化和持续性教师专业学习并选择适应特定校情、学情、师情的模式提供了方向。

首先，专家引领的现象为本课例研修效果表明，其在教师知识、能力两个维度上的效果更为显著，并且转变是即时的。在教师态度、理念两个维度上的转变则是延迟的，但在教师专业学习在四个维度的有效性是趋于一致的。

其次，从对三种研修模式实施的适宜情境与优势特征的分析可知，专家引领的研学助教、专家进课堂、专家引领的现象为本课例研修三种模式的效果存在差异。其中，专家引领的现象为本课例研修模式的效果要优于专家进课堂模式和专家引领的研学助教模式，即专家引领的现象为本课例研修模式在实践中对教师专业学习的促进作用更为显著。另外，三种研修模式在提升教师专业能力的效果上也存在差异，其中专家引领的现象为本课例研修模式在提升教师能力和转变教师态度上的效果最为显著；专家引领的研学助教模式在教师知识维度上的提升效果最好；专家进课堂模式在教师专业学习维度间的作用差异最小，效果最为均衡。

最后，三种研修模式在教育理念维度上没有显著差异。由此可见，校长、教师、教研员和担任指导专家的大学教授开展教师专业学习工作时可以根据需求选择适宜的模式。

2. 个性化和持续性教师专业学习模式的特色

专家引领为教师专业学习提供了策略式支架。笔者设计的“专家引领或专家参与”为教师共同体进行研究提供了新视角，并为教师解决教学问题提供了更为丰富的经验，能拓展其看待问题的视角，在研修中具有导向性作用。①在传统的教师共同体研修中，当整个学科组遇到同样的问题时，在没有专家参与的情况下，教师容易产生迷思，这是缺乏理论指导使然。换句话说，缺乏理论指导，一则会导致教师不容易察觉到问题；二则有些问题的解决会偏向于任凭直觉而趋于偏颇。所以，作为理论专家的大学学科教学法教授和作为实践专家的教研员支援教师研修显得尤为重要。需要注意的是，在个性化和持续性教师专业学习过程中，专家不是评论员或权威者，而是扮演支持者和引导

---

① 徐晓东，李王伟，赵莉. 专家引领下现象为本的课例研修模式及其效果研究[J]. 电化教育研究，2020（10）：106-113.

者的角色。

现象为本强调透过现象追究问题的本质、阐释因果关系，从而揭示规律并进行洞察。同时，正如海德格尔指出的，在现象学情境中，他人从学习者本身所呈现的状态对其进行认识，进而通过事物的本原重新发现现象，即面向事情本身的学习。[①]所以，在专家引领的现象为本课例研修过程中，应利用悬置方法和同伴发现原则，在课例视频关键处暂停，引导教师自我反思教学问题，使同伴在观看他人的实践中发现自身存在的问题，从而促进教师的内省。同样，在观看到视频中教师的示范性实践时，同伴则会自发地建立心理框架，帮助自己进行教学改变。现象学还强调，由于学习者先前的知识和经验的影响，我们必须回到学习发生的当下场域。在这里，教师摒弃了认知主义的"个人中心"论，将自身状态与能力通过备课、授课与反思暴露在专家和同伴"社区"中，专家基于教学事件，帮助其发现教学问题，从而建构与教学现象对应的理论。

教师专业学习不再是一次性的，而是个性化和持续性的终身学习。教师专业学习的个性化体现在顺应学校发展愿望和教师本人发展需求，以及遵循教师个人成长经历的独特性与特殊实践。笔者构建的三种模式为不同层次的学校和教师根据自身发展情况选择不同的专业学习模式提供了指引。首先，在指导方式上，依据教师的个性化需求，立足教师自身的教学实践，通过专家深入教师日常课堂备课和听评课，为教师提供量身定制的个性化指导；其次，在指导过程上，研究者和学校管理者在专家指导过程中通过视频、问卷、量表、访谈等多种手段，为培养对象制订全面、细致的个性化专业发展计划，由专家持续性跟进教学，并及时向教师反馈教学分析结果，进而有针对性地开展指导，满足教师独特的学习需求；最后，在效果上，通过对三种模式不同面向的探究，笔者认为三种模式对教师专业学习的不同维度都有着显著的影响，可以根据三种模式的差异选择适用的不同情境，因而三种模式的实施效果具有个性化的特征。再者，三种模式都强调和实施了长期的、连贯的、递进式、强化的指导策略，而非一次性短期培训。例如，在指导频率上，笔者设计了"一年八进校，每月进校指导，长期持续性研修"的过程，在这种交替反复的实践及教师练习

---

① Heidegger M. Sein und Zeit[M]. Tubingen: Niemeyer, 2006: 52-85.

中，在专家每次指导或对教师教学实践的反馈中持续跟进指导，使得常态化的“实践—反思—迁移—理论—实践”的专业发展过程得到了强化，不断推动教师的专业成长及教师理念和实践的转变。

纵观三种研修模式可知，基于个人实践、专家指导，聚焦学生问题、现象为本、课例研修、持续性和反思性，成为影响教师高效学习的关键因素。因此，如何设计混合几种优势要素的教师专业学习模式，使教师专业学习的效果达到最佳，是未来个性化和持续性专业实践发展的重要方向。同时，笔者发现基于线上专业学习共同体的便捷协作机制成为教师共同体开展专家引领的校本研修的有利条件。因此，如何对线上和线下的个性化与持续性教师专业学习过程进行融合，也是值得研究者关注的重要课题。

第九章 教育数据对教师专业学习和发展的促进作用

本章重点论述了促进教师专业学习的教育数据技术和数据团队的实践与意义，并从典型案例出发，证实数据使用和数据驱动对个性化和持续性教师专业学习的促进作用。笔者首先采用文献研究和案例分析法，阐述了指向教师专业学习的数据团队的内涵，解析了数据团队的教育应用原理及实践过程，并以美国某地区和学校两级数据团队为例，系统分析了其数据采集、团队协作、教学改进及效果评价等过程。笔者认为，从评价数据中发现教学问题、构建从区域到课堂的系统化教研实践、设计数据驱动的校本研修模式及趋向证据驱动的教师专业学习范式，是未来研究者和教师的个性化、持续性专业学习理论与实践发展的重要方向。

随着大数据技术的高速发展和人工智能技术赋能教育，教师教学和学生学习数据的收集和分析甚至解释越来越自动化，教师可以利用这些数据进行教学决策和询证的教学实践，进而改善教学行动和教学效果。事实上，教师通过数据团队的实践及从学生数据、教研数据、学校环境数据、地区或国家教育目标数据中探寻教学改进策略或做出教学决策的过程，还启示教育者要培养教师的数据素养，尤其是要使教师具备大数据思维。教师集中、有目的地收集和分析学生的作业，反思和处理这些学习数据的能力，可以促进教师反思学生的学习效果和指导新的教学实践。笔者认为，未来的教师需要具备的关键能力包括教师对数据的敏感性，借助数据洞悉事实、发现知识、采取决策并付诸行动，运用数据进行决策来改进教学，运用数据驱动教学决策和启发教学智慧，使用数据转变教学和学习，改善教学效果。这为教师开展询证的实践奠定了坚实的知识基础，并成为今后教师专业学习的新方向。

第一节 从专业学习共同体到数据团队

一、专业学习共同体的“数据”要素

研究表明，教师的合作学习对其自身和学生的学习大有裨益。[①]美国学者达令-哈蒙德据此提出了有关合作学习和有效教学的七大教学策略。[②]由此，有研究者专门将合作方式引入了专业发展过程，进而将其发展成促进教师专业能力提升的有效途径——专业学习共同体（professional learning community，PLC）。它一般指教师、学校领导和同伴一起承担促进学校发展的责任，设定共同的价值观和愿景，秉持相互信任、包容和开放的原则，共同参与反思性专业调查，以促进专业学习共同体能力和学生学业成就的提高。

国外正式开始对专业学习共同体的探索始于20世纪90年代末，研究主题集中于PLC的概念、内涵和理论探讨、案例实践。这一时期，研究者主要讨论了专业学习共同体的运作过程和组成要素等基本问题。富兰认为，发展水平高的学校应建立专业的合作文化，注意力应该从关注个人（如绩效工资、职业阶梯等）转移到关注共同体学校。[③]还有一些研究者对PLC的人员组成进行了考察，发现有效的专业学习共同体不仅包括教师和学校领导人员，而且包括学校雇佣的其他工作人员（特别是有特色发展或特殊需求、以儿童为中心的学校）。一些针对专业学习共同体实施过程的调查也表明，全校性教师专业学习共同体对教师、学生和学校领导的发展及学校变革具有显著促进作用。21世纪，随着信息技术和团队管理工具的发展，专业学习共同体的学习过程不断完

① Darling-Hammond L, Wei R C, Andree A, et al. Professional learning in the learning profession: A status report on teacher development in the United States and abroad[R]. Oxford: National Staff Development Council, 2009: 19-28.

② 琳达·达令-哈蒙德，丽莎·弗卢克，香纳·库克-哈维等. 有效教学的策略（下）[J]. 数字教育，2021（2）：86-92.

③ Fullan M. The New Meaning of Educational Change[M]. New York: Routledge, 2001: 63-95.

善。最明显的特征是，社会性网络的兴起，促使学校中的专业学习社区向混合式、协作式、多元化方向发展，印证了PLC是流体而不是固定的实体，并且随着集体经验的积累而不断发展。①

实际上，专业学习共同体的目标是持续学习而不是实施特定的变革计划，这决定了专业学习共同体会随时间变化而不断发展。笔者通过对中文数据库和外文数据进行检索发现，PLC和学生学习成就的提高之间存在联系。路易斯等发现，在拥有积极专业共同体的学校中，学生的学习成就水平更高。②课堂中的教师解释了这一点，他们专注于“真实的教学法”——高质量的思维、实质性的交流、深厚的知识以及与课堂之外的世界相联系。在一项实施对象为高中学生的研究中，研究者发现，个人的数学学习成就受到学校学习环境和氛围的影响，但仅限于教师被才能高于平均水平的领导所领导的学校。③因此，教师的合作过程和专业学习的顺序影响了他们的教学改进与策略完善，进而影响了学生学习成就的提高。通过关于协作专业发展（collaborative professional development，CPD）对教学和学习的影响的研究可以发现，专业学习共同体对教师的教学表现和学生的学业成就有积极影响，如教师的教学效能感和职业发展动机提升、教学策略改善等；学生的学习动机提升、学习绩效提高、同伴关系改善、学习策略多元化等；学校也得到整体发展，包括学校教学和管理氛围的改善，学校领导力、专业发展层次及教育质量的提升等。

然而，在对专业学习共同体的运作过程进行研究的过程中，研究者发现，专业学习共同体中教师合作学习过程的数据查询、分析和反馈至关重要，其不仅是教师合作的“脚手架”，而且是改善其教学、提高学生学习成就的重要工具。④另外，在对专业学习共同体有效性发挥和实践效果产生影响的因素的研究中，荷兰的研究者测定了975名中学生的数学成就与其教师参与专业

---

① Bolam R, McMahon A, Stoll L, et al. Creating and sustaining effective professional learning communities[R]. Bristol: University of Bristol, 2005: 9.

② Louis K S, Marks H M. Does professional community affect the classroom? Teachers' work and student experiences in restructuring schools[J]. American Journal of Education, 1998(4): 532-575.

③ Catherine L, Wiley S. Perspective: The problem with the problem of professionalism[J]. Academic Medicine, 2010(6): 1018-1024.

④ Cohen D K, Ball D L. Instruction, capacity, and improvement[R]. Philadelphia: University of Pennsylvania, 1999: 39.

学习共同体的关系，结果发现，共同的目标、决策、责任、协作等发展特征固然重要，缺乏足够的教育知识、教学知识和技术知识却不足以显著改善教育实践，进而影响了学生的学业表现和学术成就的提高。[①]美国、加拿大、英国等国家的研究人员在对学区教学、组织和专业学习共同体实践的深度调查中发现，只有教师和学校领导者将共同体的学习动机、合作过程和共同目标转化为教学和指导原则，并通过获取有关学生表现的数据来发展他们的专业活动，教师的专业素质才能得到有效提升，其教学和学生学习的反馈机制才能得到改善。这一过程强调了反思性对话、共享材料、数据收集与分析、共享愿景和专业实践的内在价值。因此，教学过程和学生学习数据的采集、分析和应用对于专业学习共同体的有效实施和评估至关重要。研究者由此认为，数据驱动教师决策对教师专业学习有显著的促进作用。荷兰的著名教师教育研究者梅耶尔（Meijer）认为，当前需要更多的数据和实证研究来支持与探索教师共同体的合作学习，嵌入数据分析和解释则是支持教师合作学习的极佳方向。[②]库伯（Coburn）的研究表明，教师可以使用数据来调整教学过程，以适应学生的需要。[③]伯曼（Borman）从学习绩效维度证实了数据使用对学生学习成就和学校发展的促进作用。[④]武法提等从学习习惯层面研究了数据使用对学生学情分析和教师个性化教学的支持作用。[⑤]然而，正如有学者所言，并非所有教师都会使用数据，从数据到信息再到知识的过程本身就需要教师具有较高的分析能力和一定的理论基础。[⑥]

---

① Schildkamp K, Smit M, Blossing U. Professional development in the use of data: From data to knowledge in data teams[J]. Scandinavian Journal of Educational Research, 2019(3):393-411.

② 魏戈，陈向明. 教师实践性知识研究在荷兰——与波琳·梅耶尔教授对话[J]. 全球教育展望，2015（3）：3-11，34.

③ 转引自 Lai M K, McNaughton S. The impact of data use professional development on student achievement[J]. Teaching and Teacher Education, 2016, 60: 434-443.

④ 转引自 Carlson D, Borman G D, Robinson M. A multistate district-level cluster randomized trial of the impact of data-driven reform on reading and mathematics achievement[J]. Educational and Evaluation and Policy Analysis, 2011 (3): 378-398.

⑤ 武法提，殷宝媛，黄石华. 学习习惯动力学研究范式及其创新价值[J]. 现代远程教育研究，2019（1）：46-52.

⑥ Carlson D, Borman G D, Robinson M. A multistate district-level cluster randomized trial of the impact of data-driven reform on reading and mathematics achievement[J]. Educational Evaluation and Policy Analysis, 2011(3): 378-398.

21世纪以来，随着互联网和人工智能的迅速发展，虚拟学习社区、网络研修小组和混合学习共同体等教师专业学习的多种途径出现。但通过多维度对比分析，研究者发现，新近的专业发展模式大多沿袭原有专业学习共同体的基本要素和模式发展而来。其中一个重要元素便是数据的使用过程，它对教师专业学习起着重要的推动作用。实际上，人工智能和大数据技术的迅猛发展促使教师的教学与学生的学习发生了深刻变化，运用大数据分析技术打开专家和经验教师“适应性专长”的“黑箱”，能够使专家教师的教学专长数据化、可视化、规律化，并使学生的学习状态得到精确诊断和预测，让学习评价不再限于学业成就，促进中小学生的全面发展和教师专业学习路径的多维度构建。所以，数据驱动已经成为大数据促进学生、教师、校长和教研员专业成长的重要途径。它能辅助学生的个性化学习、教师的精准教学和精准研修、校长的精准管理和学情预警，以及学区教研员的精准教学研究。其中，具有多模态特征的学校教育数据丰富了有关专业学习的决策制定和教师的数据智慧，为改善教师教学过程和学生学习效果，变革教师专业学习方式和学生学习模式提供了重要支持。国外研究者经过多年的数据支持的专业学习的研究探索，将其发展为“数据团队”，为促进国内中小学教师教研模式改进和教学质量提升提供了指引。

二、数据团队的发展和实践

通过对中小学教师专业学习过程的调查和访谈，笔者发现，将数据应用于教育决策制定已成为学校治理和促进专业发展的重要方式。有研究者将基于数据的决策概括为系统地分析学校内现有的数据，使用分析结果来创新教学、课程、提高学校绩效，并评估创新的过程。随后，教师从对教师专业学习共同体等的研究中发现，教师和管理者共同对学生和教学数据进行分析与交流，可以改善教学效果，由此发展出了“数据团队”这一概念。[①]

数据团队的英文为data team，一般是指在学校教育教学发展中，由教师和

① Bolhuis E, Voogt J, Schildkamp K. The development of data use, data skills, and positive attitude towards data use in a data team intervention for teacher educators[J]. Studies in Educational Evaluation, 2019, 60: 99-108.

领导者合作对教学实践数据进行分析，以改进其教学过程并进行基于数据的有效决策。它融入了教师专业学习的诸多有效特征，如数据团队关注日常教学情境问题，与同伴分享和讨论意见，并对教学改进目标负责。其使用数据支持教师决策的逻辑在于，多模态数据丰富了教师教学改进的证据，为学生学习提供了多样的策略选择，促进了有效学习的发生和学习结果的产出。与使用直觉经验法或单一类型数据相比，教师基于多模态数据能对学生、班级和学校系统进行全面分析，剖析教与学过程、影响教学策略及学生学习成就的因素，为全面有效的教学改进和学习改善提供持续支持。因此，以往由经验驱动的教师专业学习效果不佳，致使学校和教师浪费了宝贵的时间和资源，迫切需要探索新的教师专业学习途径。

希尔德坎普（Schildkamp）和波特曼（Poortman）最早关注到了嵌入数据使用的教师专业实践过程，并带领团队建构了数据团队的八大环节。①其后，史宛伯格（Schwanenberger）等利用混合方法对由 295 名教师构成的跨学校数据团队进行了评估，结果表明，其对学生的学习具有积极影响。②罗恩（Rone）运用 3 种测量工具，包括团队协作调查、教师自我反思和学生学习成就，证明了数据团队的协作结构对学生学习成就提升的积极效应。数据团队的有效性正被越来越多的研究证实。笔者整理了希尔德坎普等融入教师合作学习原则构建的致力于学校、教师和学生发展的数据团队模型，具体如图 9-1 所示。

1）（教学）问题定义。教师、学生及学校领导共同发现日常教学问题，并对其进行操作性定义，分析解决问题所需的数据对象、要素和范围，对教研共同体进行组织。

2）提出假设。教师和同伴在分析教学问题的基础上，遵循教学发展规律，协作提出解决问题的可能假设，预测教学问题解决的结果，并对其所需数据进行预分析。

---

① 转引自 Nienke S. Data teams for school improvement: Sharing knowledge[D]. Enschede: University of Twente, 2015: 6-12.

② Schwanenberger M, Ahearn C M. Teacher perceptions of the impact of the data team process on core instructional practices[J]. International Journal of Educational Leadership Preparation, 2013(2): 146-162.

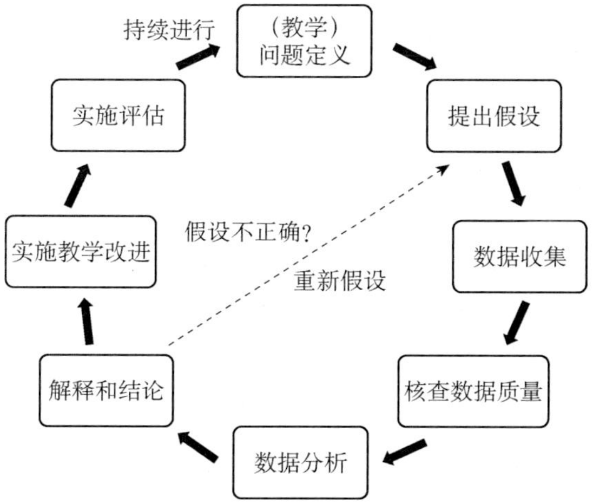

图 9-1　数据团队实践的一般过程

资料来源：李王伟，徐晓东. 数据团队——促进教师专业发展的新途径[J]. 电化教育研究，2021（8）：79-87

3）数据收集。教师、同伴、学生及学校领导对问题和操作对象进行测量性分析，提取问题对象的关键数据要素，有序地收集验证假设所需的定量和定性数据。

4）核查数据质量。数据团队需要对所获数据进行分类、清洗和预处理，同时考虑教学情境因素，选择适当的工具，归纳有效、高相关、可测量的中间数据。

5）数据分析。教师与同伴将所得高质量数据，以团队合作的方式进行适当的分析、挖掘和呈现，为数据团队进行理论归因和实施改进提供前提。

6）解释和结论。教师专业共同体以学习科学、教学心理学等理论为依据，对数据分析结果展开讨论，共同分析教学问题产生的行为和心理原因，并提出改进策略。若所得结论与原假设不符，则数据团队继续提出新的假设，并进行数据收集、分析、解释等，直到数据团队得出的结论与原假设相一致。

7）实施教学改进。数据团队实施教学改进，包括宏观层面的管理，决策制定的改革，以及课堂教学环境、教学组织、课程设置和学习支持的改进等。

8）实施评估。数据团队从质性数据和量化数据角度多维分析自身专业成长、教学问题解决和学生学习成就提升的有效性，为持续性教学问题的发现、定义、分析提供参考。

第二节 数据团队的原理与结构

一、数据的教育应用原理

曼德奇（Mandinach）等将数据应用于教育过程的原理称为“数据使用行为理论”①，并与数据团队的程序过程相契合，将其具象化为从目的到数据、信息、知识、行动和结果的渐进。从信息学角度看，数据是由事实或符号组成的，即原始素材；信息则是一系列数据的有序集合，即结构化的数据；知识则表征的是信息和情境整合的经验，即能带来改变的信息。实际上，教师专业学习过程的数据使用，意在将教学、管理、学习和学生情境的数据转换为对教师有用的理念、决策和实践知识，进而为改善教学和学习提供充足的证据支持，助力学生学习成就和学校整体发展水平的提升。一般而言，数据转换为智慧和实践需经历五个阶段②，并对应于不同的数据使用技能，即数据使用基于一定的目的，然后以数据为中介转换为信息、知识和行动，最后得出结果。具体如图 9-2 所示。

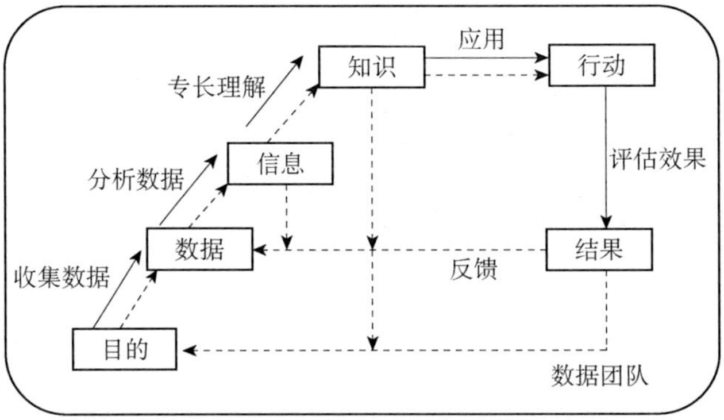

图 9-2 数据的教育应用原理

① Mandinach E B, Jimerson J B. Teachers learning how to use data: A synthesis of the issues and what is known[J]. Teaching and Teacher Education, 2016, 60: 452-457.

② Mandinach E B. A perfect time for data use: Using data-driven decision making to inform practice[J]. Educational Psychologist, 2012(2): 71-85.

如图 9-2 所示，数据的教育应用始于一定的问题。数据团队基于问题提出假设，并就问题和假设聚焦于专业发展和教学改进的目的。针对假设讨论检验所需数据的来源，利用多种工具和方法收集数据。数据采集包括定性和定量两个维度，目的是调查问题产生的原因，因其需要筛选无关数据或不完整数据，并对保留的数据进行组织、统计和描述，尝试运用探索性因素分析和交叉方法对数据进行分析，将其转换为信息，其中具备一定的数据分析能力对促进有效信息的产生尤为重要。信息是一定的事实集合体，没有情境的赋能则无意义，数据团队需要将其与教师的专业知识、学校教育情境和学生学习联系起来，即教学者利用自身的专长来理解信息，将其转化为指导行动的知识或策略，并决定是否拒绝假设或进一步改进行动。行动是由数据团队利用知识创建的指南并进行决策和实践的过程，需要教学者运用已有经验和从数据中得出的知识进行综合评判、决策和教学改进。数据团队强调采用学生和教师发展的目标及数据的应用目的来评估教学改进行动的结果与成效，学生学习成就、教师反思和预期目标均是评判者对数据使用效果和数据团队的实践成效进行检验的依据。数据团队依据问题解决和专业学习的成效对数据及其使用目的进行反思，决定是否进行新的教育问题调查和数据收集与检验。

二、数据团队的结构

有研究者认为，数据团队的有效性体现在它能创建一致和全面（包括从区域到学校，到科组，再到课堂）的教师专业学习共同体。①换句话说，数据团队的实践是一个系统的、循序渐进的教师研修过程。一般而言，可将数据团队分为地区数据团队、学校数据团队、教学数据团队和学生发展数据团队。每个层级的数据团队因其不同的面向和不同的组织结构，其实施过程和结果不尽相同，但都遵循由数据到知识，再到行动和结果的规律。其中，地区或区域层面的数据团队聚焦地区教育发展目标及难题，通过每月组织例会来协调数据团队的工作、讨论计划和议题、发布教育规划、拟定学生发展目标、制定阶段评

---

① Bolhuis E D, Schildkamp K, Voogt J M. Improving teacher education in the Netherlands: Data team as learning team?[J]. European Journal of Teacher Education, 2016(3): 320-339.

估方法和程序、指导学校发展定位和资源调配、帮助学校统筹数据团队结构、协助学校建立特色发展优势。每次例会时，教育管理者则需要收集数据、分析数据与信息，并向各学校领导和教学专家进行解释，报告阶段性改进结果。学校层面的数据团队同样实行每月例会制度，由学校领导制订计划，明确学生学习成就指标和教师改进目标，就数据分析员报告的本校发展问题征求意见并探讨其成因，起草详细改进方案，协调学校资源进行改进行动并定期评估改进效果。学科教师参与每周例会，主要聚焦本学科发展，专注学生群体，收集学科发展的相关数据，借助学生表现数据探讨教学问题的成因、假设和结论，对团队成员提出的改进方案进行评估和解释，并进行教学改进实践与结果评价。学生发展数据团队是由班级科任教师发起，每周定期组织例会，在学生原有成就的基础上设定学生及班级成就目标，分析学生存在的问题与课堂环境，制定教学改进与提升策略，定期评估结果并进行讨论与调整（表 9-1）。

表 9-1　四级数据团队构成

层级	过程
地区数据团队	每月例会，聚焦区域发展，定期公布战略计划及学生学习成就目标，制订评估方案
学校数据团队	每月例会，制订详细的计划，包括学生学习成就指标、学校目标和教学行动指标，起草学校改进计划
教学数据团队	每周例会，关注学生发展目标，收集数据，解决教学共性问题，评估改进结果
学生发展数据团队	每周例会，各科教师制定班级目标，团队会议交流，制订并评估学生发展计划与改进方案

三、数据团队的成员角色

数据团队通常由 4—6 名教学人员组成，包括学科教师、学校领导、数据分析员。一般会定期在某地召开由负责人召集的数据团队会议，会议时间在 2 小时以内，也可以根据教师对数据复杂性的认识和数据分析的熟悉程度而定。团队成员的角色包括参与者、观察员、记录员和计时员[①]，他们分别承担不同

① Rone B C. The impact of the data team structure on collaborative teams and student achievement[D]. Saint Charles: Lindenwood University, 2009: 31.

的工作，但又相互合作、分享信息，共同思考问题，提出假设并进行检验。针对不同层级和问题导向的数据团队，其构成有时可能不同。如果是某学科的教学数据团队，那么该学科的教师是重要参与者；如果是处理特定教学主题或问题的学生发展数据团队，那么拥有学科教学知识的专家和教师是重要决策者，教师不仅要掌握学科知识，明确将其传递给学生的方法，而且要了解如何运用数据来判定学生存在的问题。因此，专家或经验教师在提出假设和教学改进行动方面具有重要作用。数据团队的成员组成如图 9-3 所示。

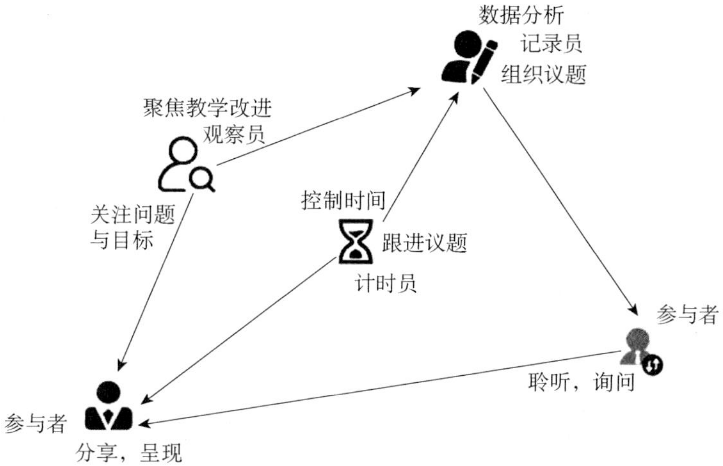

图 9-3　数据团队的成员组成

如图 9-3 所示，数据团队成员角色一般包括参与者、观察员、记录员和计时员。数据团队的负责人通常是由团队成员根据专业发展目标推选的非行政人员或教育评价者，其必须具有潜在的领导能力，以担任专业指导者和对话促进者，包括组织团队成员的交流和讨论活动，挑战同伴的观点，充分了解教学策略，适时鼓励同伴的教学改进等。除定期会议外，数据团队负责人还要定期向各位成员报告教学改进的进度及其与目标的差距，并提供教学干预的时间计划和资源，准备数据团队会议的主题和计划。参与者通常由教师担任，是数据团队的核心。他们一般基于教学或学校发展问题查询相关资料并收集数据，参与他人的数据呈现和结果分享，提出自己的观点与想法，并进行教学改进行动与调整。观察员是整个数据团队会议的促进者，常由学科助教担任，负责提醒参与者的参与目的，提示相关问题，并适时调整议程。记录员通常由问题提出者担任，在引出教学问题后记录会议时间和讨论内容，协助教师分析数据和报告相关结果。计时员则负责控制议题讨论的时间，并在团队会议开始前将时间计划发送给团队负责人、同伴和管理员，同时跟进会议进展。最后，记录员在会议开始前、中、后提供有关数据呈现的证据，包括数据采集表及建议、可视化数据分析结果、数据分析方法和辅助工具等，并将数据结果告知数据团队。对于致力于学校发展的数据团队，其组成结构及人员构成则是灵活多样的，最重要的便是其对学校发展情况要有一定的了解，即理解学校教学的结构、问题和规划，包括学校每个年级有多少成绩不及格的学生、每个年级学生的课时是多少及学校文理科分布情况等，这对于数据团队工作的顺利开展至关重要。

第三节　数据团队的案例与启示

一、数据驱动教育决策的案例

美国卡玛利（Kamali'i）小学根据数据分析和解释，发布了全校各年级各学科学生的成就报告，以数据量化方式对学生和教师的行为、表现、发展趋势进行了全面分析，并结合相关因素和理论对教学实践问题进行了解释，促进教学数据团队制订改进计划并进行定期评估。①与之相似，美国布莱尔伍德（Briarwood）学校同样每学年发布年度数据报告，涵盖学生出勤、学生学习成就与行为表现、各学科发展、教学干预、学校发展政策、学校评估系统、学校外部环境及家长声誉等方面。②其旨在运用强大的数据分析和挖掘工具对学校管理系统数据进行整合、聚类、关联及建模，发现教学干预对学生学习成就和行为表现的影响，呈现每个年级、每个班级及学生的差异，结合学校外部环境和学生因素，探究教学问题产生的深层原因，为学校数据团队和教学数据团队制订并实施改进计划提供证据支持。其学校评估系统的部分数据测量要素

---

① 李王伟，徐晓东. 数据团队——促进教师专业发展的新途径[J]. 电化教育研究，2021（8）：79-87.

② BAT. Data report on Briarwood School[R]. Illinois: Briarwood School, 2016: 3-19.

如表 9-2 所示。

表 9-2　布莱尔伍德学校数据评估系统的部分要素

学校实践表征	评估工具
进步指南	《国家进步指南》(*The National Progression Guidance*) 提供了改善学校实践的建议，并设置数据集以支持目标设置和分析预期结果
策略支持	例如，与班级团队一起编写交通信号灯计划，以制定支持行为和自我调节的策略，包括指向学习和参与目标的清晰、链接
行动指南	特别关注为学生提供适当的实践支持，重点在于制定积极的策略、培养情感素养和教学自我调节技术
上四分值	指根据《国家进步指南》中的说明，描述在上四分位学生的成就
中四分值	指根据《国家进步指南》中的说明，描述在中四分位学生的成就
低四分值	指根据《国家进步指南》中的说明，描述在低四分位学生的成就
评分颜色	对数据或信息进行评分的红色、琥珀色和绿色系统，其中红色通常是学生学习预警和最值得关注的信号，其次是琥珀色和绿色
专项服务	学习障碍儿童专项服务
家庭联系	高级助教团队负责与家长或监护人进行联系，了解学生情况

注：四分位表示所有数值由小到大排列并分成四等份，处于三个分割点位置的数值

近年来，研究者比较关注数据团队效果的影响因素及其内部结构的优化。比如，波辉萨（Bolhuis）通过案例研究探讨了数据团队中参与者的情况，即数据团队提供了教师进行专业学习的环境，帮助团队成员建立协作关系，并专注于教与学的一般改进行动，但与特定教学的关系不明显，且当由数据启发团队进行对话时，其协作效果更好。此外，波辉萨还通过调查访谈和知识测验考察了数据团队中的教师是如何提高数据使用技能及改变数据使用态度的。[①]米肖（Michaud）则运用探索性案例研究调查了促进教师专业学习的数据团队方面的影响因素，他将数据团队协作与教学实践变化联系起来，验证了数据团队的生成性知识对教师课堂教学的积极影响。[②]

---

① Bolhuis E, Voogt J, Schildkamp K. The development of data use, data skills, and positive attitude towards data use in a data team intervention for teacher educators[J]. Studies in Educational Evaluation, 2019, 60: 99-108.

② Michaud R. Teacher learning in a data team: A social constructivist perspective[D]. Lowell: University of Massachusetts in Lowell, 2015: 151-168.

二、数据团队的典型应用案例

笔者认为，对国外数据团队案例的分析和数据采集方法的介绍有利于国内研究者结合本土特征创建特色数据团队并实施评估。笔者以美国伊利诺伊州学区和公立学校数据团队案例为示范，论证了两种数据团队的组成结构、实施过程和评估方法，以为中小学教师专业学习、教育数据使用与教研模式构建提供借鉴。

（一）数据团队的数据来源

尽管大数据具有量大、传输速度快、类别多元化等特征，但来自学校和社区教育环境的数据因具有层级性、系统性，使得教育管理者和一线教师能自然连续地采集关于学生和教学的结构化与非结构化数据，包括学籍系统、学校办公系统、学习管理系统、学生学习成就及家校联动平台的数据等。其遵循教学问题导向，以地区、学校、课堂层级为标准，采集区域、学校、班级和个体维度的动态持续和静态多元数据，包括师生课堂互动、课堂视频分析、单元教学成就、学生与家庭的关系等。由国内学者牵头逐年发布的《中国基础教育大数据发展蓝皮书》详细介绍了课堂的教师教学行为、学生行为、教学成就、课堂管理、师生情感等数据来源。①数据团队成员在借鉴学校数据管理系统的基础上，根据已有的教学经验对问题关联对象进行数据收集，利用教学过程分析和理解学生的优势，对课堂和学校教育数据来源及采集技术进行系统梳理与把握，聚焦以问题为导向的学生和教学数据收集。笔者以美国伊利诺伊州某学区的 Ed360 平台为例，梳理了不同层级数据团队中数据的来源，如表 9-3 所示。

表 9-3　美国 Ed360 数据平台数据来源

维度	地区层面	学校层面	课堂/学生层面
数据采集	数据联通系统	数据联通系统	数据联通系统
评估对象	学区内学校	学校内年级	班级内学生

① 杨现民，田雪松等. 中国基础教育大数据 2016—2017：走向数据驱动的精准教学[M]. 北京：科学出版社，2018：21-96.

续表

维度	地区层面	学校层面	课堂/学生层面
评估等级	学校成就等级	年级评估等级	课堂评估等级
达成目标	PARCC2 级和 3 级	PARCC4 级和 5 级	PARCC6 级和 7 级

资料来源：Cohen A. Interview：How leaders in Illinois are empowering educators with secure access to student data[EB/OL]. http://dataqualitycampaign.org/interview-how-leaders-in-illinois-are-empowering-educators-with-secure-access-to-student-data/, 2019-01-16/2023-03-20

如表 9-3 所示，Ed360 根据数据团队的不同层级将数据分为地区、学校和课堂/学生三个层面，各层面分别对应不同的评估对象和学生学习成就目标。例如，学校层面的数据采集，则要关注学习数据管理系统，并监控学校内各年级各学科教学和学生水平的变化，以地区设定的“为升学和就业做准备联盟”（Partnership for Assessment of Readiness for College and Careers，PARCC）中的 4 级和 5 级为标准，定期召开校内数据团队会议和教师会议，协同班级学生学习和教师专业学习，促进学校整体发展，达成学区内学校评估目标。对于数据团队的数据使用技能与态度的差异，学区管理者建议，在每次的数据团队会议中，让不同的学科教师扮演数据分析和解释者角色，使教师在数据使用技能和教学改进行动之间建立联系，帮助教师反馈改进结果，促使其进行数据驱动的教学决策，使其在教学改进与结果反馈中逐步增强数据使用的效能感和自信心，促进其对数据使用的态度和教育方式的转变。

（二）地区数据团队案例

数据团队的不同层级恰恰使学校与课堂之间建立了联系，促使区域教育管理者创建一致和全面的教育改进框架，包括从地区到学校、从课堂到学生个体的数据采集、分析和结果阐释，并聚焦教师、学生和内容相互联系的教学核心，以此进行教学改进。已有研究表明，来自多维度、多样态、多对象的数据丰富了有关教师专业学习及其教学改进的决策，能找准每位学生的问题症结，建构多元化学习策略。其中，多维度来源的数据包括量化和质性的，如形成性和总结性评估、绩效评估报告、课堂观察表、教学计划表、学生学习成就分析报告、教师反思日志及学校年度发展报告等。李维斯（Reeves）在总结数据驱动的教学决策优势和专业学习共同体组织要素的基础上，结合数据团队的特征，创建了伊利诺伊州某学区数据团队模型①，如图 9-4 所示。

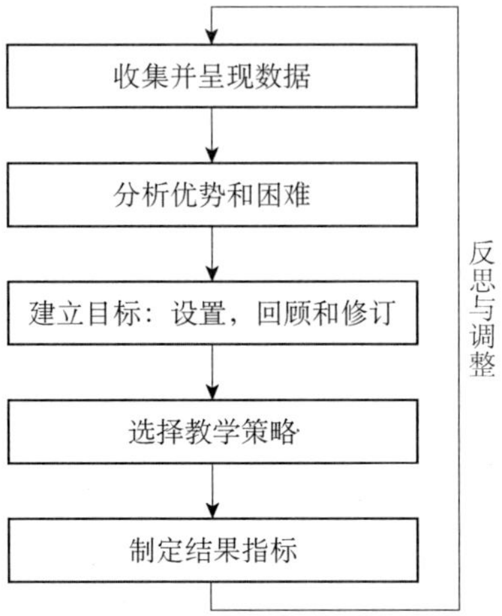

图 9-4 伊利诺伊州的学区数据团队模型

如图 9-4 所示，学区（地区）层面的数据团队大致包括收集数据、分析问题、建立目标、选择教学策略进行改进及制定标准并测量五个环节。其中，收集数据是解决教学问题的第一步，是数据团队成员分析问题，建立共同经验区和进行问题讨论的基础。此学区学生和教学数据来自 Ed360 平台和学区内相关学校、学生和课程的年度评估等，由地区数据分析员采集和整理，利用可视化工具呈现，并发送给数据团队成员，由数据团队成员预先对如何解决教学问题进行讨论，并提出可能的解决策略。学区管理者与学科教师、教研员、学校领导及数据分析员讨论教学或学习问题的特征，数据团队在教研员与学科教师的启发下，对问题解决策略进行讨论，探讨影响问题解决与效果的因素，关注学校、年级和课堂干预对教学问题解决的影响，关注学生学习成就和技能获取，以评定教学问题解决的有效性和持续性。然后，数据团队成员需确定教学问题解决及改进的目标。其包括三个关键点：一是改进目标由教师和学区管理者根据州的学习评估标准进行制定；二是设计目标并对教学相关数据进行分析，验证改进目标的可达成性，并建立 SMART（S=specific，M=measurable，

① 转引自李王伟，徐晓东. 数据团队——促进教师专业发展的新途径[J]. 电化教育研究，2021（8）：79-87.

A=attainable，R=relevant，T=time-bound）特征，即数据团队设置的教学目标是特定的、可测量的、可达成的、与问题相关且有改进时间计划的；三是若由数据检验的改进目标与数据团队的教学问题不相关，则需重新修订目标。选择教学策略是学区管理者统筹学校与教师进行教学改进的关键过程，包括相关数据结果驱动的教学决策计划，教师讨论教学行动要素，提出改进方案，并和数据分析员、学区管理者和观察员展开讨论，结合数据分析的结论和教育学、心理学及学习科学理论，由学区管理者、教师和学校协同进行教学改进实践。数据团队促进学区教育发展和教师专业水平提升的重要环节还在于其可测定的结果与反馈过程。具体来看，教师和数据团队在决定教学改进行动的结果测量指标后，需要和数据分析员一起收集教学改进行动结果数据、学生学习成就数据和教学过程数据，并对这些数据进行分析，针对教学改进提出建议。由学区管理者、学校和教师反思问题解决的结果，适时提出新的教学问题，促进数据团队的持续发展，使教师的专业学习、教学改进和学生学习成就提高、学区教育发展逐步成为系统规范和层次分明的示范过程。

（三）学校数据团队案例

学校数据团队的合作实践是四级数据团队实践中结构最规范、过程最完整、反馈最及时的教学改进实践。该过程大多发生在中学阶段，包括从问题产生、数据分析到制定改进策略、评估改进结果及反馈。杜弗（DuFour）等在美国亚特兰大学区内的公立学校实践中发展出了六环节的学校数据团队模型。[①]较之地区数据团队，学校数据团队在教学问题确定、数据收集和教学改进的协作过程上更加规范，学校的发展目标更加明确，专业共同体的合作更有效率。其过程包括收集并呈现与教学问题相关的数据，分析数据结果，并确定问题解决的优先级，设定教学改进的 SMART 目标，协作制定教学策略，选择测量改进结果的指标，对教学改进实施评估，并调整计划以反馈教学问题解决结果。具体如图 9-5 所示。

---

① DuFour R, DuFour R, Eaber R, et al. Learning by Doing: A Handbook for Professional Learning Communities at Work TM[M]. Bloomington: Solution Tree Press, 2013: 15-32.

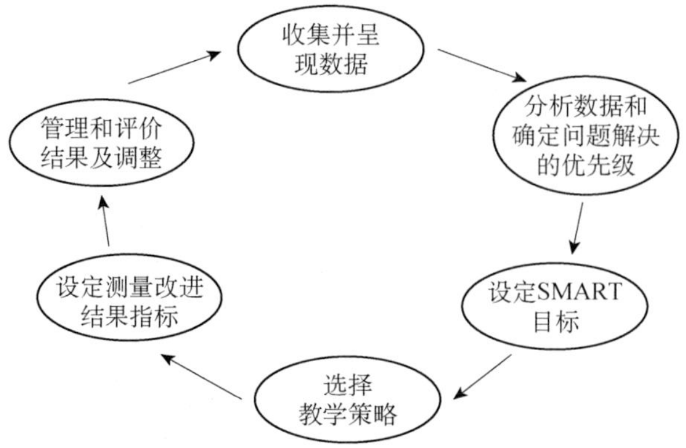

图 9-5　学校数据团队模型

如图 9-5 所示，学校数据团队六环节过程遵循教育问题解决渐进有序的规律，即教学问题和情境的复杂性致使教师或共同体从具体细化的改进问题着手，在问题解决与学生学习成就提升的反馈中同步提升教师的专业水平与素质，在教学问题改进行动与评估中促进学校整体发展水平的跃升。学校数据团队的优势还体现在学校内专业学习共同体人员构成和组织构建的便捷性，即学校内数据团队成员的构成较为完备和多元，学科教师、教师发展中心人员、学校管理者、班主任、校长等灵活组成数据团队。以亚特兰大公立学校为例，学校管理人员定期使用量规或调查量表对数据团队成员的讨论和协作进行评分，这对于促进教师的积极参与、提升数据使用技能和专业协作能力具有积极作用，并能为数据团队的会议主题的确定和教学改进提供策略依据。数据团队初始讨论的主题或教学问题通常涉及当前学校进行的教学工作、取得的教学数据、学生总体成就或数据分析揭示了哪些规律，如何对学习后进生进行补救，如何促进学习成绩优秀学生的发展，以及哪些教学策略比较有效，等等。所有会议主题均由数据团队成员确定，并在共同合作过程中限定时间和定期进行检查。数据团队根据形成性评估灵活调整成员的组成与合作方式，对其反馈结果进行确认。至于数据团队得出的结果，除学生学习成就和教师专业改进与发展情况外，还包括教师共享最佳实践和有效教学策略、教学的差异化、教师的友谊、教师的自我效能感和数据意识以及学校整体发展水平和管理效率的提高情况。

第四节　证据驱动的教师教研新发展

一、从分析评价数据过程发现教学问题

欧美等国的研究者对评价数据的关注源自从国家到学区的“问责制”。2002年，美国发布《不让一个孩子掉队法案》，教学评价驱动的教学改进和学生发展成为学校和教师共同关注的问题，随后数据驱动的教学决策报告发布。国内区域教育管理者和学校教师大多以学生学习成就数据作为教学评价的依据，以平时课堂互动和提问判定学生的学习状态与预期学习成就，并以此与其他教师组成教学共同体，就课程计划、教学进度和学生问题定期展开交流，探讨问题解决的策略并反馈结果。2020年10月，中共中央、国务院印发《深化新时代教育评价改革总体方案》，指出了“唯分数”对学生进行评价的弊端，摒弃了以往忽视学生学习发生的环境、心理和素质的评价过程，突出了中小学综合素质评价的重要性。教师专业学习的关键在于学生，学生问题和学习成就是教师专业学习的重要内容和关键评价指标。显然，仅以分数和日常教学经验为依据无法对教学问题做出全面、精准的解释，也无法针对教学问题制订准确的教学改进计划并实施，教师的专业发展自我效能感无法得到提升，其教学改进的信心逐渐降低。一个可行的方向是借鉴欧美等国的学区问责制，将专业学习共同体的关注点从教师的教学转移到学生的学习上，注重发挥评价数据的作用。

评价数据包含学生的课堂表现数据、学生测试成绩数据、学生日常学习行为或习惯数据、学生日常生活数据和教师教学经历数据、教学发展数据及学校管理数据等。专业共同体注重从评价数据过程中发现教学问题，进行以由数据分析和结果为基础的专业协作，使教师和教学管理者在数据结果和教育理论分析中科学地建构改进策略，并由此实施改进行动，评估改进结果，合作使用数据分析结果以改进实践，以此促进学生学习成就的提高和教师专业水平的提

升，促使教学改进中数据智慧的生成。因此，数据团队的实践以及根据相关数据（如学生数据、教研数据、学校环境数据、地区或国家教育目标数据）制定教学改进策略或做出教学决策，也启示教育者要培养教师的数据素养，尤其是要使教师具有大数据思维。下面列举了一名高三年级学生的例子。

> 高三新学期开学了。晚饭时，母亲说孩子上学期期末考试考得不错，这学期要继续保持上学期的干劲，马上要高考了，要一直保持这个势头到高考，考出好成绩。父亲突然意识到，这些年来，孩子的成绩似乎不稳定，便问孩子上学期期末成绩在全年级处于什么水平，以及去年、前年的情况。

于是，父母和孩子一同回顾了从上七年级开始每一年的学习成就及变化，发现学生的学习成就始终处于上升或下降的状态，于是采取了行动……

笔者将此过程称为教育者和家长使用过往数据为学生未来学习做出预测和改进的过程。为什么选择不同类型的数据而不是当前的考试数据？笔者认为，大数据独有的容量大、种类多、速度快等特性在教师决策方面具有显著优势。

1）容量大。大数据的容量大，使教育者拥有的数据更全面和完整，使其更有信心进行精准分析与决策。

2）种类多。大数据具有种类多样化的特征，教育数据呈现出多模态，便于教育者发现其间的内在关联性，而后做出精确决策和策略改进。

3）速度快。信息时代的大数据具有收集和处理速度快的特征，教育者可以即时处理和分析数据，以满足其实时性需求，有利于其在课堂中根据数据调整计划和改进策略，从而能提高学生的学习成就及自我效能感。

4）价值大。大数据能够提升教育者的洞察力，为其探索和发现提供参考。同时，大数据的从数据到信息，到知识，再到智慧的层级，对应于教学的逻辑和实践过程。

另外，在教育大数据的分析过程中，知识发现和数据挖掘的方法被用来发现大数据的价值，即利用教育大数据挖掘预测教育目标，发展出可以从数据中推断出单个因素的模型，使教育者能够进行高效决策和教学策略改进。下面列举的是教育大数据预测功能的相关案例。

教师可以收集 1000 名大学辍学的学生数据，然后开发一个预测模型来推测是否有学生会中途辍学，然后找 1000 名不包含预测模型样本的学生子集合来验证模型的有效性，最后将这个模型运用到新生预测之中。预测模型一般被用于预测未来会发生的事情。[①]教育数据挖掘中最常用的回归预测分析方法是线性回归分析。需要说明的是，教育数据挖掘和学习分析中的线性回归分析与传统统计学中的线性回归分析虽然名字相同，但所指不同。

笔者发现，大数据对教育领域具有如此大的应用价值，不仅在于其本身的教育应用，而且在于其与教育各要素融合所生成的教学智慧。正如维克托·迈克-舍恩伯格（V. Mayer-Schönberger）等在《大数据时代：生活、工作与思维的大变革》一书中所言，教育者采用所有数据进行分析处理，能够洞察常规实践无法揭示的规律和智慧。[②]泰勒·考恩（T. Cowen）提出了教育“平均数”的概念，用来说明教育领域对象的多样性。他认为，教育不再是在“平均数”的驱动下，以一个现实中假想的不存在的“平均数学生”为对象，设定教育目标和教育方法，开展教育和教学的过程。因此，教育者应尊重每一个学生，包容学生的多样性。大数据的思维和分析方式为教育者发现教育规律、开展有效教学提供了强有力的支持。[③]阿萨纳西斯（Athanases）等则将教育者的这种能力称为数据素养，即教师集中、有目的地收集和分析学生的作业，反思和处理这些学习数据的能力。[④]这种能力可以促进教师反思学生的学习效果和指导新的教学实践，并认为教师的数据素养还应包括教学探究的能力，即阐述教学问题，系统化地收集和整理数据，使用适当的工具分析和显示结果，最终得出结论。通过处理数据，教师能够知道教学处于何种阶段，将会向哪个方面发展，如何取得成果，然后转身反思整个过程，对工作做出及时的调整。曼德里奇（Mandinach）等则将数据素养定义为教师将数据应用到教育实践中的能

---

① Dekker G W, Pechenizkiy M, Vleeshouwers J M. Predicting Students Drop Out: A Case Study[C]. Cordoba: International Working Group on Educational Data Mining, 2009: 41-50.

② 维克托·迈尔-舍恩伯格，肯尼思·库克耶. 大数据时代：生活、工作与思维的大变革[M]. 盛杨燕，周涛，译. 杭州：浙江人民出版社，2013：10-25.

③ 金融读书会. 泰勒·考恩：平均时代终结下的经济发展[EB/OL]. http://www.sohu.com/a/ 125321796_481741，2017-02-01/2023-03-11.

④ Athanases S Z, Bennett L H, Wahleithner J M . Adaptive teaching for english language arts: Following the pathway of classroom data in preservice teacher inquiry[J]. Journal of Literacy Research, 2015(1): 83-114.

力，并能将学科知识、教学事件和教师具有的教学专业知识与教学数据相结合，影响和改善学生的学习。①

国内学者李青等综合欧美等国学者的研究以及美国教育部规划评价和政策办公室的报告，提出了教师数据素养的教育目标和技能②，如表 9-4 所示。

表 9-4 教师数据素养的教育目标和技能

内容	目标技能
数据意识	批判性的思维和习惯 具备数据敏感度、数据信任度 具备合作探究的能力 在法律和道德允许的范围内获取和使用数据
数据收集	在复杂的图表中查找数据 在复杂的图表中处理数据，支持自己的假设或推理 按照获取数据的复杂程度进行分类、编码 识别与评估数据的有用程度和优先级
数据理解	区分各种图形 理解各种图形之间的关系 区别横向与纵向的数据 观察分数的分布情况 理解不同数据表达的含义
数据分析	能够解读分数分布的意义 解释产生这种趋势的原因 明白样本与整体之间的关系 了解测量误差和变量的概念 根据结构推断出相关的结论 将数据转化为信息，继而转化为可用的教学知识 能够迅速发现图表中呈现的教学问题 发现学生学习的优势、不足和认知水平 预测和推断数据图形的发展趋势
数据使用	具备运用数据开展不同形式教学的理论基础 整理和总结数据转化的教学信息 具备教学的专业知识和技能 能够运用技术手段（如移动设备等）来开展教学 具备教学诊断和监测技能 根据数据信息设计和调整教学计划

① Mandinach E B, Gummer E S . What does it mean for teachers to be data literate: Laying out the skills, knowledge, and dispositions[J]. Teaching & Teacher Education, 2016, 60:366-376.

② 李青，任一姝. 国外教师数据素养教育研究与实践现状述评[J]. 电化教育研究，2016（5）：120-128.

续表

内容	目标技能
发现问题	根据数据提出与教学目标相符合的问题 采用多种方法来评估学习成果 探究教学中的相关关系和因果关系

二、利用区域数据建构课堂教学的系统化教研过程

数据驱动的教研和教师专业学习已成为智能时代教师专业水平与素养提升的重要方法论。在传统教研过程中，教师大多基于日常教学经验和模糊的学习问题进行研讨，没有量化的教师特征数据、学习结果数据和教师发展数据，教师无法对专业发展和教学问题进行精准把握，也无法使用特定的教育理论和教学策略去操作和定义特定的问题与组织过程，且专业共同体的教学问题解决不具有持续性。其阶段性的教学评价无法反映当下情境中教师和学生的状态，不利于取得良好的教学改进效果。

数据团队的四级架构结构完备、特色鲜明和精准有效，可以为促进区域内教育水平提升、学校整体发展、教师专业成长和学生学习成就提高提供参照。近年来，国内由“精准扶贫”带动的“精准教育”中出现了精准教研的趋势。“一校一案、一科一案和一师一案”成为众多基础教育者以教研推动区域教育和学校发展，解决地区教育问题的重要策略。[①]这不仅是教师的专业成长和区域教育发展的目标，而且是学校发展和学生成长的目标，是精准教研的重要准则。不同于以往的教育情境，面对不同区域、不同水平学生和不同学校环境，精准教研的着力点在于教师成长的个性化及教学问题产生的数据基础。如何在顶层设计上融会贯通、从上而下设计层次分明而又精准有效的教研过程，实现区域内、学校间、学科间和教师间特色鲜明的发展与提升，其重要前提在于数据的运用和支持。面对学生、教师、校长和区域教育管理者等不同层次的复杂要素的流动，荷兰研究者构建的从课堂到学区的数据团队清晰地描绘了学区、学校和课堂内教师专业成长和学生发展的愿景及

① 张宝柱. 精准教研实现教育精准发力[N]. 中国教师报，2018-02-07（15）.

有序过程。[①]借鉴数据团队的实践过程要素和精准教研的组织结构，国内中小学和地区教育行政部门需要构建从区域到课堂的系统化教研过程，包括地区内、学校中、学科内和班级间四级结构。每级教研都以数据分析和结论为共同要素，以教研目标和组成结构为标识，分别就学生学习问题、教师教学疑惑、学校发展瓶颈或地区教育不均衡等组建由教师、校长、教研员和地区教育管理者领衔的教研团队，集合教育系统内的评价数据、历史发展数据、环境数据和学生状态数据为当前教育问题溯因，提高教师的数据使用技能和问题解决能力，建构“一师一案”的教师个性化专业能力提升的教学数据团队、“一科一案”的学科特色发展与建设的学科数据团队、“一校一案”的学校整体发展与管理水平跃升的学校数据团队及“一区一案”的地区教育层次与水平显著提升的区域数据团队。

三、设计数据驱动的校本研修新模式

传统的校本研修延续了“研训”和“教研”的双重特征，多将目标定位于促进学科教师的专业知识增长和能力提升，未将各学科教师的研修目的与结果，以及跨学科实践连接起来，忽视了学校发展目标的整体性和教学环境的复杂性。相关研究表明，学校发展与外部环境对教师的转变与专业能力提升具有显著影响。[②]学校发展与教师能力存在整体与部分的辩证关系，无法割裂开来，这也是校本研修相异于其他教师专业学习方式的重要特征。[③]因此，学校领导参与校本研修成为必要的一环。校本研修保留了校本培训和校本教研的优势，遵循从知识目标从关注目标到关注能力的转变过程。作为教师专业学习的有效方式，它强调教师在真实的教育情境中进行主动、合作及探索的学习，并注重方法、工具和先进技术的支持，而基于教学经验、学生课堂表现、学生学习成就模糊判断的集体学习或校本教研忽视了特定教学问题的解决，未能发现

① Bolhuis E D, Schildkamp K, Voogt J M . Improving teacher education in the Netherlands: Data team as learning team?[J]. European Journal of Teacher Education, 2016:1-20.

② Opfer V D, Pedder D J, Lavicza Z. The influence of school orientation to learning on teachers' professional learning change[J]. School Effectiveness and School Improvement, 2011(2): 193-214.

③ 吴焕庆，马宁. 系统化校本教研有效实施的策略研究[J]. 电化教育研究，2013（5）：97-103.

教学共性问题背后的理论及相关因素，由此带来的是对教学问题的重复研讨和低效。解决这一问题的有效途径是引入数据。鲍义等依托县域中小学生学业质量监测，结合教师培训和校际教研经验，构建了从数据采集分析、聚焦问题到确定教研主题，进行教学合作诊断并进行教学改进的数据驱动的校本教研模式。[①]然而，单维的学业质量数据或教学内容数据的分析不能对教学问题或教研主题进行全面的解释。教育工作者应从实践过程中发现问题，透过数据去发现问题产生的本质缘由，进而通过数据分析发现教学改进行动的因果关系和相关因素，并实施教学改进策略，测定教学效果。因此，数据驱动的校本研修融入了以教师为本的教学实践问题解决理念，从教学实践问题出发，组织问题相关者构建校内学习共同体，采集教学问题产生的当下状态数据和历史数据，在教育学、心理学和学习科学理论视野中，收集学生与教师外部环境和个体心理数据，使用分析工具对数据进行分析并报告结果，由教研员和学科教师共同分析结果，提出问题解决的假设与策略，并由学科教师实施教学改进。学校管理者负责监督并评估改进的效果，结合教师教学的判断，调整改进策略并建构校本研修共同体，通过不断循环改进与效果验证，探索数据驱动的校本研修模式。

四、询证的教师专业学习范式

国际上的教师专业学习经历了从封闭走向开放、从技术理性趋向合作探究到社会建构、从被动发展到主动学习的转变。美国教育学者内森（Nelson）认为，教学实践面临的问题是复杂多变、不确定、独特、根植于日常情境及学生间的。[②]教师专业学习的面向是促进学生的学习来发展自身，而不是发展自身去提高学生的学习成就，专业实践应该是两者的中介。因此，教师的专业学习是专业实践提升的过程，也是教师在情境中通过学习、创造和反思实践以获得实践性知识和促进学生发展的过程。科萨根和格罗斯曼等的现实主义教师教育模式和核心实践概念为教师实践性知识的获得提供了卓有成效的策略和途

① 鲍义，贺亚，冯丽娜. 数据驱动下县域精准教研的实践探索[J]. 数字教育，2020（5）：55-58.

② 转引自李王伟，徐晓东. 数据团队——促进教师专业发展的新途径[J]. 电化教育研究，2021（8）：79-87.

径。然而，教学情境的实践知识大都是默会的、内化的、隐性的和个性化的，无法如一般性教学技能那样通过结构化和量化使其变得可教，它必须通过教师个体与当下情境的互动来获得。正如国内学者阎光才指出的，严格意义上的教育知识都不具备恒定性和永恒性，因为教育活动总是发生在特定的社会、历史、文化、制度情境中[①]，教师专业实践的一般知识和实践性知识同样也是动态的、个人的和情境的。机械自然观和实验性科学推动的科学革命启迪研究者在普遍性和特殊性间取得平衡。因此，基于教师一般性技能和个人实践性知识的专业发展需要在普遍适用和独特有效之间寻求最佳方案。研究者需要找寻一种适用当下情境并具有普遍性的专业发展方式，将教师的专业实践经验与同伴分享、与其他地区的共同体分享。近年来，欧美等国兴起的证据驱动的教育研究将量化和质性数据作为重要方法，得到了国际教育界的普遍认可。[②]在证据驱动范式下，数据成为教育实践过程中的重要元素，并将教师、内容、学生和环境连接起来。数据团队以数据为线索的教育问题解决过程为新时代教师专业学习提供了启示，即以教学问题解决为导向，以数据为中介元素，发展证据驱动的教师专业实践，将教师个人实践知识与一般性技能的发展融入数据驱动的教学问题解决中，在促进教师专业实践的同时，促使学生学习成就的提高。

① 阎光才. 对英美等国家基于证据的教育研究取向之评析[J]. 教育研究，2014（2）：137-143.

② 罗伯特·斯莱文，张志强，庄腾腾. 证据驱动的教育改革如何推动教育发展[J]. 华东师范大学学报（教育科学版），2021（3）：14-22.

第十章　新时代教师教育和教师专业学习的新发展

本章首先系统回顾我国教师教育的发展历程，并提出扎根设计的原则，即教育政策制定者和教育工作者要对教师教育与教师专业学习体系进行贯一的、系统化的设计。笔者认为，有效的教师专业学习具有教师实践情境和抽象知识相整合、教师学习理论和专业实践相整合等特征，所以教师教育者在设计教师专业学习实践时，要将教师教育政策和教育教学改革、教师专业学习实践相结合，使得教师专业学习扎根于教师课堂教学和学校教育情境。笔者认为，未来的教师教育和教师培养目标应该指向专家型教师，这需要教育政策制定者将教师教育和教师专业学习、职前和职后阶段的教师培养体系系统化，以实现从教师专业发展到专业学习，再到专业探究，从好老师到研究型教师，再到专家型教师的培养方式的转变。同时，本章介绍了当前国内教师专业学习扎根设计和实践的案例，既包括师范院校的职前教育，也包括中小学职后教师的专业学习，这使得我国教师培养体系逐步走向体系化、情境化、实践化和专业化。笔者还对“双减”（有效减轻义务教育阶段学生过重作业负担和校外培训负担）政策下教师轮岗制度的实施和改革提出了建议，希冀为未来教师教育和教师专业学习实践的设计提供启示。

第一节 教师教育和教师专业学习的发展

一、教师教育的发展进程

改革开放40多年来，教师教育经历了重建体系的发轫时期（1978—1984年）、齐头并进的发展时期（1985—1995年）、稳中求进的转型时期（1996—2005年）以及守正出新的强化时期（2006年至今）四个发展阶段。①在重建体系的发轫时期，1978年10月，教育部颁发了《关于加强和发展师范教育的意见》，由此开始，我国的师范教育重回正轨。20世纪80年代后，我国师范教育得以全面恢复和发展。在齐头并进的发展时期，随着1985年5月《中共中央关于教育体制改革的决定》的颁布、1986年九年制义务教育的实施，师范教育和在职教师培训被提升到新的高度。在稳中求进的转型时期，1996年12月，第五次全国师范教育工作会议召开，会议提出了新的师范教育改革与发展方针，要求师范教育在整个教育现代化过程中要走在前面。2001年5月，《国务院关于基础教育改革与发展的决定》颁布，以"教师教育"替代了"师范教育"，提出"完善以现有师范院校为主体、其他高等学校共同参与、培养培训相衔接的开放的教师教育体系"。在守正出新的强化时期，《中华人民共和国义务教育法》的修订、《国务院关于全面深化新时代教师队伍建设改革的意见》的出台，彰显了在新时代背景下教师教育建设的高标准和要求。

我国教师教育经历了重回正轨、恢复与发展、体系化、法制化的过程，从以规模、数量的发展为特征，进入了以要求质量、优化结构、提高效益为核心的发展新时期，优先发展地位不断突出。从总体上来看，我国的教师教育改革虽然还存在着教师队伍结构有待进一步优化、教师待遇有待进一步提升、教师资格制度需进一步完善等不足，但不可否认的是，教师教育改革已取得丰硕

① 曲铁华，于萍. 改革开放40年教师教育改革与未来展望[J]. 教育研究，2018（9）：36-44.

成果，特别体现在教师队伍建设、教师教育体系、教师教育模式、教师教育管理等方面。

二、教师教育和教师专业学习的政策与途径

（一）教师教育和教师专业学习的政策

2019 年，教育部连续出台了一系列文件来规划适应新时代的教师教育和教师专业学习。中共中央、国务院印发《中国教育现代化 2035》，重点部署了面向教育现代化的十大战略任务，其中第七条明确指出“培养高素质教师队伍，健全以师范院校为主体、高水平非师范院校参与、优质中小学（幼儿园）为实践基地的开放、协同、联动的中国特色教师教育体系。强化职前教师培养和职后教师发展的有机衔接。夯实教师专业学习体系，推动教师终身学习和专业自主发展”。与国外的教师教育相类似，这都是考虑到教师培养的专业化、现代化而制定的政策。近年来，我国一些师范院校逐渐向综合性、研究型大学方向发展，不但以培养教师为主要任务，更是扩展了学科方向，增加了一些与过去师范院校不同的理工科专业，更加注重研究，这为近年来以教师知识和能力为重点的教师教育转向提供了必要的知识基础和保障。

2018 年，《中共中央 国务院关于全面深化新时代教师队伍建设改革的意见》指出了教师培养的具体举措，即分类施策。立足我国国情，借鉴国际经验，根据各级各类教师的不同特点和发展实际，考虑区域、城乡、校际差异，采取有针对性的政策举措，定向发力，重视专业发展，培养一批教师；加大资源供给，补充一批教师；创新体制机制，激活一批教师；优化队伍结构，调配一批教师。同时，支持高水平综合大学开展教师教育，创造条件，推动一批有基础的高水平综合大学成立教师教育学院，设立师范专业，积极参与基础教育、职业教育教师培养培训工作；整合优势学科的学术力量，凝聚高水平的教学团队；发挥专业优势，开设厚基础、宽口径、多样化的教师教育课程；创新教师培养形态，突出教师教育特色，重点培养教育硕士，适度培养教育博士，造就学科知识扎实、专业能力突出、教育情怀深厚的高素质复合型教师。

目前，我国有着从研究生到专科的不同层次的教师教育培养体系，从师

范院校到中等师范院校的各级各类教师教育专业，形成了完整的教师培养的学科体系。[①]从培养层次来看，师范院校和综合性大学所占比例高，培养层次高，主要承担中专、专科、本科、研究生四个层次的教师培养，师范院校是教师教育的主要承担机构，而综合性大学主要承担研究生、本科生和专科生层次的教师教育，但招生数量有逐年降低趋势。这一方面说明了我国师范教育和教师教育系统的成熟，另一方面也体现出了教师教育制度的健全。在这些师范院校中，学科教师培养单位通常都是以独立学院的形式存在，学院不仅拥有该学科各门课程相关专业的学术研究者，也有相关的学科教学法教授，有些学科教学法教授同时从事学科教育学的研究，师范院校一般都由教育学院负责全校各院系师范生的教育学知识的教授。所以，从学科知识到学科教学法，再到教育学知识，我国的师范教育体系可以使职前教师有机会充分获得教师知识。

我国逐步加快基础教育教师培养的学历提升进程，小学教师培养呈现出本科层次培养规模小、大专层次培养占主体的结构[②]，这种学历和能力结构教育显然还不能够满足当前我国社会发展对教师教育质量提高的需求。在中学教师培养方面，大多数院校培养的具有本科学历的中学教师，占比达 89.5%，本科层次教师培养规模大幅提升。[③]还有一部分院校在培养大专层次的中小学教师，但目前占比较低。从整体上看，我国主要以师范院校为主来培养中小学教师，综合性大学参与培养的比例逐年降低。这与一些发达国家的情况正好相反。由于历史原因，大多数发达国家的教师教育专业设在综合性大学。比如，在美国和日本，教师教育通常在综合性大学的教育学部完成，学部设有从幼儿教育到中小学教师教育的系所和课程教学体系。

（二）综合性大学的教师培养

在我国，参与教师教育的综合性大学大都包含有合并时参与进来的当地的师范院校。另外，一些地区师资缺乏，师范大学的教师教育不能满足当地对教师的需求，因此综合性大学在成立伊始就开设了教师教育专业，也有一些综

---

① 朱旭东. 试论师范教育体制改革的国际趋势[J]. 比较教育研究，2000（4）：42-46.

② 朱旭东. 试论师范教育体制改革的国际趋势[J]. 比较教育研究，2000（4）：42-46.

③ 陈时见，朱旭东，朱德全等. “教师教育学科建设”笔谈[J]. 教师教育学报，2020（4）：1-12.

合性大学为了适应市场竞争，主动参与教师教育。[①]

根据《中国教师教育体系研究》一书的介绍，从1999年《中共中央 国务院关于深化教育改革全面推进素质教育的决定》鼓励综合性高等学校试办师范学院以来，一些综合性大学与非师范类院校开始筹措参与教师的培养培训工作。[②]数据还显示，2013年，有238所综合性大学或学院设立了教师教育专业并进行招生以培养教师。[③]从这些大学的办学目标可以看出，综合性大学往往追求建设一流大学，以培养研究型人才为宗旨，非常重视科学研究，因此这类大学的教师教育也非常注重教育研究，更加重视和强调教师深入掌握学科知识，一些专门从事学科领域前沿研究的专家和学者可以直接教授这些前沿知识，这也是研究型大学的优势。所以，国外在综合性大学开办教师学院或进行教师培养的教育学院，不仅是为了追求学科设立的综合性，而且是为了加强教师知识的教授和促进职前教师的学习。

此外，在学习科学研究领域，近年来教师教育研究者逐渐强调教师专业化和教师知识，包括学科专业知识、教育学知识、学科教学法知识、教师实践性知识、TPACK知识和数据科学知识等。毋庸置疑，这些知识大部分来自在校期间的教授和学习。所以，以研究为主的研究型大学在培养教师方面具有明显的优势。笔者不禁会产生这样的疑问：从早期我国师范院校教师培养的数据来看，承担教师教育重要任务的师范院校培养了占比最大的中小学教师，但所教授的学科内容却不如综合性大学深入，这是否会影响我国的教师培养质量呢？

在国外，日本的大学和研究生院的教师教育是多元化的。在欧洲各国的大学，教师教育基本上是在教育学部（和研究生院）开展。在美国，教师教育都是以课程认定为标准，也就是需要修学一定的课程，一般是在普通大学的教育学专业的研究生阶段完成的。同时，与日本一般大学的教师培养课程提供选择式的课程内容和主题不同，美国的学部教育是以通识教育为目标，如果学生选择的主修专业是教育学，辅修专业是特定的学科科目（如数学、历史学

---

① 陈时见，朱旭东，朱德全等．“教师教育学科建设”笔谈[J]．教师教育学报，2020（4）：1-12.

② 朱旭东等．中国教师教育体系研究[M]．北京：北京师范大学出版社，2020：45.

③ 朱旭东等．中国教师教育体系研究[M]．北京：北京师范大学出版社，2020：52.

等），那么将来可以取得小学的教师资格；如果主修科目为特定学科，辅修专业是教育学，将来可以取得中学和高中的教师资格。通常教师课程是在学士课程修完之后设置的。另外，美国的教师教育和教师培养机构大都设立在文理学院和综合性大学。①

鉴于时代的发展，借鉴国外教师教育的经验，笔者认为教师的教学难度越来越大，教师教育和教师专业学习面临的挑战更加严峻，为此教师教育和教师专业学习需要更加专业化和科学化。就专业化而言，我国教师教育早在20世纪50年代就建立起了规范化的教师教育与教研制度和体系，这些制度和体系为促进教师的职前和在职学习起到了主要和关键性作用。但现如今教师学习和工作的社会环境发生了明显的变化，教师专业学习和发展的方式只有随之转变才能应对这一挑战。就科学化而言，新教师来到学校后，一般都是由有经验的教师以传统的师徒制方式进行带培，但是传统的师徒制方式没有成熟的框架能够整合教师零散的教学知识（如教师实践性知识），使其形成完整、有逻辑的体系。为此，需要一种新的教师专业学习方法来促使新任教师尽快熟悉课堂教学。在这一背景下，本书前面几章介绍的教师专业学习模式则显现出了一定的实践价值。

为此，需要一种新的教师专业学习方法来促使新任教师尽快熟悉课堂教学。在这一背景下，本书前面几章介绍的教师专业学习模式则显现出了一定的实践价值。

（三）专家型教师的培养

笔者发现，现有的教师教育和教师专业学习都以培养合格教师为目标，而非培养与当今时代相适应的专家型教师。笔者在本书提到了教师从事工作的社会环境发生了巨大变化，例如，在教师信心满满地准备好课堂教学内容时，部分学生则已经通达了课堂教学的内容，原因是学生提前利用各种途径如上补习班或事前预习等学会了这些内容，这给教师教学以及灵活应对问题造成了负担。通常，熟练教师在解决这一问题时都会采用“放弃两端，照顾中间”的方法，也就是照顾大多数中等水平学生的做法，以全班学生的平均值为准设定当

① 周洪宇. 教师教育论[M]. 北京：北京师范大学出版社，2010：52.

天的教学目标。这样的方法虽然照顾到了大多数学生，却忽略了两端的学生。然而，富有专业知识和理论的教师则会采取另一种行之有效的做法，即将课堂教学目标设定为一个教科书上的、中等程度的，另一个则选择难度稍大一点的目标，就是所谓的教材以外的、更高的目标，笔者暂且把它叫作“拔高”的目标。然而，这种做法并非所有教师都了解，不仅需要教师具备学科教学法知识和学习科学等专业知识，还需要教师具有丰富的理论和一定的专业判断能力，即适应性专长。笔者认为，专家型教师的适应性专长较强，因为他们具有解决相关问题的有效知识和能力，包括实践性知识和即兴能力。所以，当今教育不仅要培养具有丰富经验的熟练教师，还要将这些熟练教师培养成富有适应性专长的专家型教师。

然而，目前我国的教师教育和教师专业学习实践的目标都是针对培养实践型教师或者经验型教师设计的，对培养兼具反思能力、研究能力和懂得建构理论以及将理论与实践整合的会反思的专家型教师的考虑不足。

（四）新手教师的培养

达令-哈蒙德特别指出，在新手教师培养阶段，给予新手教师支持和援助非常必要。教师的职业特性决定了其需要进行专业学习，从而将书本知识应用于实践。这对于新手教师来说是一种挑战，其需要与他人共同渡过这一难关。但非常遗憾的是，目前还没有好的方法解决这个问题。①

在我国，解决这个问题的途径基本上是配备熟练教师做师父，采用师徒制方式来对新手教师进行带培。这种方法的名称可能有所不同，如传帮带、青蓝工程等，但实质是一样的，即通过观察和师父的指教，模仿熟练教师的解决问题技能的经验。这些问题解决技能和经验是需要时间获得的。并且，随着社会经济迅速发展，学生学习和生活的环境会发生变化，教师的培养和专业发展也会发生转向。教育管理者和教师需要从改变经验型专业发展理论和模式入手，改变这些低效率的教师专业学习方法，促使教师进行适应教学的专业实践，以此来应对教师和学生的学习与未来社会环境的变化，促进教育创新。教

① Darling-Hammond L. Prepping our teachers for teaching as a profession[J]. Education Digest, 2005(4): 22-27.

师教育者和学校管理者不仅需要给予新手教师学习时间和机会，也需要给予经验教师充分的时间。当新手教师面临困难时，其需要得到具有一定的专业实践经验且有爱心的经验教师的指导，并且这种指导需要有效地发挥作用，才能够解决教师专业学习面临的问题。

达令-哈蒙德认为，要实现这样的目标或有效地导入这些程序，需要细致地开展以下研究和实践。比如，对于所有新任教师，由学校为其分配最适合的导师，定期地接受指导者的指导，观察优秀教师的课堂教学等。学校分配导师也要特别慎重，要保障这些导师能够达到标准或条件。熟练教师或专家也要接受有关的指导技能的训练，同时，教育管理者还要给予他们一定的时间，保证其至少一周一次深入课堂为新任教师提供指导。[①]笔者在深入学校指导时发现，我国部分学校也采取了此类做法。一些高水平的专家型教师担任着学校的科研主任，其上课时间较少，大部分时间都用于指导年轻教师的教学，组织教研和公开课，甚至受聘到其他学校去指导年轻教师。但这种情况在我国还是少数，只有发达地区有条件的学校才会有机会实践这种做法。

达令-哈蒙德的观点与中国新手教师所处的情况相似。由于有制度化的教研活动，这些听评课、公开课、备课、专家进校指导等活动频繁，一些有条件的学校还会组织教师磨课——建立共同的教学计划，然后观摩，从反思中学习。如本书前几章介绍的，笔者及团队建构和开展的专家进课堂、专家引领的研学助教、专家引领的现象为本课例研修实践都是促进新任教师专业学习的有力模式。同时，我国也与国外有不同的情况，如班级学生规模大、学生差异程度大，这使教师的教学工作具有一定的复杂性，教师对处理相关问题的新技能和新理论不是很了解。我国教师教学课时数量较多，教师忙于日常工作或相关事务性工作，大量非教学工作占用了更多的学习时间，教师用于反思和练习的时间较少，致使教师疲于应付，因此，教学则重复已经熟练的固定模式，阻碍了教育教学的改革和发展。

达令-哈蒙德强调的第二个问题是教师专业发展项目或研修实践，其持续时间至少要达到 1 年。组织新手教师进行专业学习，时间短如 1 年、2 年的项

---

① Darling-Hammond L. Prepping our teachers for teaching as a profession[J]. Education Digest, 2005(4): 22-27.

目会影响培训的效果。在我国，除了专家进课堂等项目外，虽然也有一些长期的专业学习项目，但大多数是项目时间跨度不超过 1 年，项目实施时间短，集中于一次性的讲座、研讨会、公开课或课堂观察等，当然也有一些是定期举行的听评课活动。总之，大多数项目很少有定期、持续的专业学习活动，致使效果欠佳。

因此，未来的教师学习、研修、专业学习项目，要有个性化的、持续性的长远目标。这种项目应该以学习为核心，使教师能够从教学中开展学习；学习的内容也应该与校情、师情、学情密切相关；在校长的领导和专家的参与下，教师需要根据自身的需求系统化地制定学习内容及长期目标。比如，一些学校根据教师对教学设计知识的需求，第一个月以制定教学目标为核心开展教学研讨，专家指导后，科组教师共同设计一堂课开展教学实践，课后教师学习共同体再一次围坐在一起共同反思，对教学目标制定中存在的问题进行修改，以及细化二级目标。

在美国，教师需要经历初任阶段、预备教师阶段才能成为正式教师。达令-哈蒙德认为，应该基于适切的教学技能评价进入初任期的导入阶段，并通过深入细致的实践反思完成导入过程。[①]指导者通常是学校的经验教师或者是校长，对初任教师的指导应该基于教师的专业标准，并且向初任教师展示主要的知识、技能以及专业教师期待的行动，对此进行绩效评价和相应的引导。初任阶段结束后，还要根据有效的实践确立起来的标准，对初任教师进行总体性评价。在中国，一般教师通过资格考试获得教师资格证后需要经历一系列的考试等过程，一旦通过这些阶段即可成为正式教师。在这一过程中，教师没有经历过实践检验，录用之后，无论教学绩效如何，都只有通过专业学习过程才能成为专业教师。所以，教师专业学习或专业发展项目十分重要。

专家型教师的明显标志是既会学习又会研究，或者通过研究进行学习。也就是说，他们不仅是践行的实践家，而且会学习，是理论建构的研究者。

① Darling-Hammond L. Prepping our teachers for teaching as a profession[J]. Education Digest, 2005(4): 22-27.

第二节　教师培养政策和专业学习方法的新发展

一、教师培养政策的新发展

近年来，随着义务教育均衡发展等的推进和“双减”政策的落地实施，教师成为影响学校教育教学质量的重要因素。让优秀校长或教师流动起来，是均衡教育资源配置、促进教育公平的重要举措。学校教育主阵地的作用进一步强化。作为重要手段之一，教师轮岗制度再次被提到了重要位置。

在教师轮岗制度的实施与研究方面，日本起步较早，其相关立法和制度比较健全，目前也是发展较为成功的国家之一。日本教师轮岗有三个特点：高地位、高收入、易适应。1949 年，日本通过了《教育公务员特例法》，明确了教师作为公务员的身份，突出了教师的高地位。教师的收入，即便是在公务员体系中，都处于中上等水平，至今还流行着“一人成师，全家受益”的说法。此外，教师有着良好的工作环境，软硬件都统一标准。在日本，特殊公务员身份，决定了教师的社会地位；软硬件标准化，降低了跨区轮岗的适应难度；保障教师收入，政府和学校用高薪鼓励、促进教师积极流动，让教师轮岗没有后顾之忧。

我国的教师轮岗发展了约 20 年，只是由于我国幅员辽阔，地域间存在差异，轮岗的做法不太一致，效果也不同。2005 年，北京市密云区启动了城乡教师双向轮岗教育实验①，其目的也是促进义务教育优质均衡发展，但这一模式并未得到普及。2016 年，北京市教育委员会提出，在同一学校任职满 6 年的教师需要轮岗。②2021 年 8 月 2 日，深圳市发布的《深圳经济特区社会建设

① 施剑松. 区级统筹开展教师双向轮岗交流，致力于城乡教育优质均衡——教师轮岗 13 年，密云收获了什么[EB/OL]. http://www.moe.gov.cn/jyb_xwfb/moe_2082/zl_2017n/2017_zl71/201804/t20180409_332592.html，2018/04/09/2022/05-10.

② 赵琬微. 北京：中小学校长教师在一校工作 6 年原则上需要轮岗[EB/OL]. http://news.cctv.com/2016/06/14/ARTIcMxVAcD9FmvPYy1NO8e2160614.shtml，2016-06-14/2022-04-05.

条例（草案征求意见稿）》中也提到，推行大学区招生和办学管理模式，建立义务教育学校教师交流制度，健全优质教育资源共建共享机制。2021 年 8 月 2 日，江苏常州发布义务教育学校教师“轮岗制度”，要求流动范围之内的专任教师每 6 年必须交流轮岗或支教一次。[①]2021 年 8 月 24 日，上海市发布的“双减”实施意见中指出，促进校际教育优质均衡发展，常态化开展教师和管理干部跨校流动工作，促进区域教育优质均衡发展，健全特级校长、特级教师向郊区薄弱学校流动引领机制。[②]2021 年 8 月 25 日，在北京市人民政府新闻办公室举行的北京市教育“双减”工作新闻发布会上，北京市委教育工委副书记、市教委新闻发言人李奕介绍，北京将大面积、大比例推进干部教师的轮岗，在编在岗教师，距离退休时间超过 5 年并且在同一所学校连续工作 6 年及以上的教师，原则上进行交流。[③]

教师轮岗制度的实质就是将城镇优质教师资源输送到农村薄弱学校。持续不断的轮岗有效提高了薄弱学校教师队伍的整体素质，通过维持校际师资力量的平衡促进薄弱学校发展，达到地区整体的教育平衡。但是，若轮岗学校之间的教育水平或教育质量差别较大，教师比较难流动，如让市区教师轮岗到远郊，教师的住房问题、家庭问题等都很难解决。实施教师轮岗需遵循自愿原则，既要有柔性的引导机制，也要有刚性的政策保障。如果强制轮岗，教师没意识到轮岗的意义和对国家和教育发展的价值，就很可能产生负面影响。但如果相应的机制设置合理，加之轮岗是教师自愿选择的，在管理和评价等各方面的措施得当，轮岗教师与新学校的合作默契，就会产生积极效果。大多数研究者对教师轮岗政策实施的建议包括以下几点。

1）优化政策目标。教师行政部门应正确认识教师轮岗制的目标，通过试点，了解教师轮岗制政策的实施状态，适当调整目标，保证政策目标在政策能力限度内，有效执行教师轮岗政策。

2）消除利益冲突。为了避免各方利益冲突影响政策执行效率，教育行政

① 侯艺. 义务教育学校教师轮岗是实现教育公平的有益尝试[EB/OL]. http://baijiahao.baidu.com/s?id=1708351069813626884&wfr=spider&for=pc，2021-08-17/2022-05-14.

② 佚名. 深度解读：教师轮岗，期待更均衡的教育[EB/OL]. http://www.fjytxww.com/wap/2021-09/02/ content_1148397.htm，2021-09-02/2022-05-03.

③ 北京市人民政府新闻办公室. 北京举行北京市教育“双减”工作新闻发布会[EB/OL]. http://www.scio.gov.cn/xwfbh/gssxwfbh/xwfbh/beijing/Document/1711498/1711498.htm，2021-08-25/2021-10-26.

部门应建立健全消除利益冲突机制，在深入调研的基础上，对目标群体的既得利益进行充分了解，培养良好的教师轮岗生态环境。

3）完善政策体系。国家和地区共同制定更科学的教师轮岗制度和实施政策，保证执行的有效性。

4）建立监督与激励机制。教师轮岗制的有效执行需要健全的监督机制及完善的激励机制来保障。从国家到各地区，再到具体学校和教师，需要多方一起努力、共同完成。复杂的实施过程中，往往会出现政策执行者和目标群体的错误解读，或为保护自身利益消极执行政策等偏离政策原有目标要求的趋势。

笔者认为，将城镇优质教师资源输送到农村薄弱学校的举措用意虽好，但实施层面还有一些问题没有解决，需要在具体实施环节做细致的研究并付诸科学的行动。另外，教育部门不仅需要通过完善的监督机制与激励机制来保证教师轮岗制的顺利实施，还需要将持续性和个性化的教师专业学习方式随着教师一起流动到各个学校，保证教师轮岗制的有效实施。持续性和个性化的教师专业学习方式的流动与普及，能够提高学校教师队伍整体素质，让每位教师都成为好老师，使得地区整体的教育水平获得提升。

二、教师专业学习方法的新发展

笔者认为，通过构建系统性、个性化、持续性的教师专业学习模式回应教师流动轮岗中存在问题解决方案的诉求，将经过实证和实践检验有效的教师专业学习模式推广至薄弱学校，促进学校教师队伍整体素质的提升，普及教师专业学习方法，势在必行。

（一）指向学校教学变革的“专家进课堂”模式

专家进课堂模式首先打破了传统教师专业发展模式未能走进教师日常教学实践的定式思维，强调作为理论专家的大学教授深入中小学课堂，从每位教师自身的特点、独特经历和特殊实践出发，以教师主观需求和客观能力发展诊断发现的问题为目标，探索个性化和持续性的教师专业学习新方法。

（二）聚焦课堂学习的“研学助教”模式

“研学助教”模式强调教师和同事在专家指导下开展研究，借助优秀或示范课例，来研究自己班级课堂中的学生与学习规律，以此决定讲授的重难点和疑惑点，助力所有科组教师的教学和学习，提升教研效果和学生学习的成就。与教师外出教研或听示范课不同，专家引领的“研学助教”强调教师从校情、学情中学，凸显了专业学习的个性化和实践性特征。

（三）关照教师发展的“现象为本课例研修”模式

专家引领下的现象为本课例研修模式集中于教师学科知识、教学理念、专业实践能力和素养为目标，勾勒出“专家引领”的教师个性化和持续性专业学习的螺旋式进阶研修过程。其强调的是教师持续专业实践在何种情况下有效、为什么有效、怎么样做才能有效等因果链。因此，现象为本课例研修中专家按照课表深入学校，组织集体教研，选择一系列代表性课例作为研修内容，采用视频分析和现象学叙事相结合的方法，在关键教学事件处暂停，悬置已有观念，将理论与实践进行整合或基于实践建构“小写理论”，启发教师从现象中学习。①

第三节　教师专业学习的贯一设计原则和案例

前文提到新时代教师专业学习或专业发展的目标是培养专家型教师，而专家型教师的知识结构、能力、情感和价值观有着明显的特征。因此，笔者认为以专家型教师的特征为标准设计教师培养课程和项目是必要的。教师教育和教师专业学习的改革原理是实现以培养专家型教师为目的的教师教育。另外，从教师资格考试向专业标准转变，促使教师专业学习实现系统性改革，

① 徐晓东，李王伟，赵莉. 专家引领下现象为本的课例研修模式及其效果研究[J]. 电化教育研究，2020（10）：106-113.

也是很有必要的。

虽然我国现今一部分中小学教师的学历是硕士，但我国培养教师的师范院校或综合性大学的研究院还没有建立起以专家型教师为标准的教师教育体系，也没有建立起以此标准为基础的专业化课程体系和学术及实践训练体系。笔者认为，培养专家型教师的教师教育课程体系需要包括学科知识、教育学知识、学科教学法知识、教师实践性知识、TPACK 知识及教师数据科学知识 6 类教学知识。其中，除教师实践性知识外，其余知识都可以通过在大学的课程学习中获得，而只有教师实践性知识（即决定教师课堂教学成功与否的策略性知识）需要在实践中学习。因此，教师教育和教师专业学习的课程需要将大学课程和任教工作职场中的学习整合起来，系统化地设定学习方案，设计这套方案的技术过程显得尤为重要。这一技术过程就是课程设计或对教学及学习的设计，笔者认为“贯一设计”是最佳方案。

汉纳芬（Hannafin）等对贯一设计原则了进行界定，即建立在已有的人类学习理论和研究基础上的过程和程序的系统执行。[①]也就是说，如果教师专业学习是一种积极主动的学习，那么教育工作者采取的方法应该是工作嵌入式的教师专业学习，所对应的技术就是合作式或协作式的同伴互助或互惠，这种技术取向对应的认识论是个体间性，而文化基础是同僚性。

一、微观层面的贯一设计原则

笔者从设计教师学习活动的微观层面讨论贯一设计的原则。“主动学习”可以将传统的学习模式（通用模式和讲座模式）转变为使教师直接参与他们正在学习的实践，并且它能促使教师的课堂和学生建立联系。例如，针对“如何在小学五年级一堂空间概念数学课堂上开展探究式学习”，不同于传统的教师学习模式只是被动地接受知识，教师通过主动学习，是直接参与真实的课堂，从真实的课堂情境中学习，其中空间概念和本班学生是教师进行专业学习并建立联系的特定对象。积极学习与听讲座式的被动学习形成了鲜明对比，它要求

① Hannafin M J, Hannafin K M, Oliver L K. Grounded practice and the design of constructivist learning environments[J]. Educational Technology Research & Development, 1997(3): 101-117.

教师专业学习的指导者或培训者采用真实的案例或学习内容，采用与教师频繁互动的策略，提供深度嵌入的、高度情境化的专业学习。因此，主动学习通常包含协作、指导、反馈和反思以及使用模型和建模等元素。同样，汉纳芬等指出，贯一设计并不提倡和假设某种特定的认识论和方法论对设计具有内在的优先权，而是提供了一个框架，将不同的设计实践和相关思想系统的基本信条融合在一起。为此，贯一设计具有包容性、一致性、拓展性和适用性等特点。①

1）包容性。贯一设计是建立在已有的人类学习理论和研究基础之上的，其不强调遵循某一“正确的”“先进的”理论，而是强调应包容行为主义、认知主义及建构主义等各种观点。这些理论可为设计教师专业学习提供更多的选择。在贯一设计中，不应教条或单一地使用任何特定的理论。但从目前对教师专业学习效果的相关研究来看，对于特定的教师专业学习，如工作嵌入式教师专业学习、主动学习及成人学习等是合适的理论，现实主义是目前这类教师专业学习的取向。

因此，特定的教师专业学习与特定的教师学习理论相对应，为此教师教育者在设计中对于教师学习规律和教师的实践的特殊性予以尊重，对现实条件进行充分考虑，只要在设计实践中将每一种理论的基础、假设、方法结合起来，就是贯一设计。

2）一致性。贯一设计的方法强调核心基础和假设的高度协调。也就是说，在教师专业学习设计中，教育者采用什么理论或基于什么样的认识论，就会得出什么样的研究结论。比如，在认知心理学受到广泛关注时期，教师专业学习的研究和设计也是从认知心理学的立场上获得一些认识。其关注的是什么指引了教师课堂上的行为。典型案例是，一般都认为教师行为来自其认知，也就是说，认知决定了教师采取什么行动，但实际上关于教师专业学习的研究主要关注教师的认知变化，就如行为变化自然地来自认知的变化一样。这些情况表明，其他因素如情感和动机，实际上是指导教师行为的决定因素。在教学过程中，教师的行为是其认知、情感和动机作用的结果，这些认知、情感和动机来源具有隐蔽性，并且通常不会显示出来。②这说明采用的认知论、研究方法

① 张筱兰. 论贯一教学设计[J]. 电化教育研究，2003（10）：28-32.

② Bullough R V. First-year Teacher: A Case Study[M]. New York: Teachers College Press, 1989: 6-56.

与得出的结论也将会落在这一理论所预测的范围之内。为此，笔者建议采用多样化的理论来预测教师专业学习研究和实践，并借此设计更为务实有效的教师专业学习实践项目。

3）拓展性。贯一设计的基础由心理学理论、教学论基础拓展到社会文化基础、技术基础、实用基础等诸多方面。贯一设计要求考虑众多方面的内容，并使其协调一致。比如，在设计工作嵌入式教师专业学习时，教育者需要考虑将教师的文化基础融入教师专业学习情境中去。教学录像是完整地展示教师文化，以及受这一文化影响的最好技术工具。它包含情境和各种脉络，不仅能够高保真地记录和展示上述内容，也为教师通过真实教学进行专业学习奠定了基础，而且不需要特殊的技术和复杂的操作，简单易用。比如，设计一个嵌入工作教师专业学习项目时，利用了纸笔记录工具，在听课时，指导者就会根据自己的经验、知识，记录自己熟悉的问题，从而忽视没有被注意到的非常重要的问题；在评课和集体学习时，这些被忽略掉的各种真实的细节问题，就不会被作为学习内容而得到细致的剖析，教师也就不能够从中获得相应的知识。因此，在利用技术这一问题上，教育者应该从理论和文化视角出发，寻找合适的技术，而不是运用“拿着技术找内容”这一相反的做法。

4）适用性。贯一设计必须是可以概括的，也就是说，一个好的教师专业学习设计应该能被应用于类似的情境。

二、宏观层面的贯一设计原则

下面从教师教育和教师专业学习的宏观层面来理解贯一设计的作用。就我国目前的教师养成体系来看，贯一设计已经逐渐形成。它强调在设计教师专业学习活动时，教育工作者要将教师教育政策和教师教育改革以及教师专业发展项目和学习协调整合起来，将实践建立在与之对应的理论、方法、技术之上，使得教师学习务实而有效。当前，在一些经济发达或教育发达地区，一些中小学教师基本上都需要获得硕士学位，近年来的“国培计划”也提倡终身学习和教师专业化。也就是说，部分中小学教师的培养从本科、硕士到职后培训，从养成教育到在职教育，基本上形成了一贯的培养和培训体系。他们在本科师范院校、综合院校的教师学院或教育学部接受了教师知识学习成为教师后，又不断地接受在职培训，接受新理念、新方法、新技术等的培训，甚至延续到退休阶段，教师终身学习的目标基本上已实现。所以，贯一设计需要从以下几个方面进行考虑。

（一）教师教育的理论应该建立在专家型教育之上

事实上，现今的教师教育政策和实践还不能够说完全建立在稳固的基础之上，大多数是根据主观经验和主观判断设计与实施的。杜威曾指出，教师培养是专家型教育的问题，应该把它看成是与建筑家、工程师或者医生及律师等的培养具有同样性质的问题。[①]杜威还强调，教师教育与其他专家型教育一样，必须坚持以“知性方法”来实施。[②]著名教师教育学者富兰也强调，专家型教育要建立在学习者内在的信念和理念基础上，才会更为有效。[③]皮亚杰认为专家型教育应该根植于学习者的经验。[④]另外，美国学者达令-哈蒙德也曾介绍了美国医学教育改革的情况，为专家型教师的培养设定了训练的标准。这些标准是从逐渐显现出来的医学科和当时强有力的程序性最佳实践中发掘出来的。立志成为医师的人必须参加资格考试，按专家养成课程的程序毕业才能获得相应资格。[⑤]本书前文也提到，舍恩提出了反思的实践家概念，一名教师在教学中会遇到各种问题，如果教师是一位会反思的实践家，那么他就会建立解决这些问题的核心实践工具箱。[⑥]所以，在构建教师教育的扎根设计时，还要强调教师教育是一种专家型教育，其改革和实践是基于专家型教育原理进行的。

---

① Dewey J. The relation of theory to practice in education. In C. A. McMurry(Ed.), The Third Yearbook of the National Society for the Scientific Study of Education: Part 1: Therelation of Theory to Practice in the Education of Teachers[A]. Chicago: University of Chicago Press, 1904: 9-30.

② Dewey J. The relation of theory to practice in education. In C. A. McMurry(Eds), The Third Yearbook of the National Society for the Scientific Study of Education: Part 1: Therelation of Theory to Practice in the Education of Teachers[A]. Chicago: University of Chicago Press, 1904, 9-30.

③ Fullan M. The New Meaning of Educational Change[M]. London: Cassell Educational Ltd., 2005: 172.

④ Piaget J. Piaget and His School[M]. Berlin: Springer-Verlag, 1976: 92.

⑤ Darling-Hammond L. Prepping our teachers for teaching as a profession[J]. Education Digest, 2005(4): 22-27.

⑥ Schön D A. The Reflective Practitioner[M]. New York: Basic Books, 1983: 167.

（二）"特质取向"的转变

当前，世界上很多国家的教师教育者正在讨论"特质提升"概念并做出政策的转变。然而，从20世纪80年代开始，世界范围内的教师教育开始从资格取向向知识取向转变。在我国，20世纪70年代前，教师专业学习研究和实践主要注重教师心理、个人特质和情感等层面。20世纪90年代后，受国外教师专业化思潮的影响，教师专业学习研究和实践开始注重教师职业的专业化，如中外教师专业学习的研究和实践开始转向教师知识和教师专业学习的方法层面，强调教师需要具备学科知识、教育学知识、学科教学法知识、实践性知识、TPACK及数据科学知识。当然，也有其他分类方法，但都强调成为优秀教师的关键是掌握了多少知识，这与之前的"教师特质取向"研究和实践范式形成了对比。

笔者认为，正是这种二元对立取向造成了当前教师专业学习研究和实践中的顾此失彼和低效现象。因此，未来的教师专业学习研究和实践应体现出整合的取向，融合认知、情感和动机的全人教师专业学习模式将是今后发展的方向。

三、职前教师专业学习扎根设计的典型案例

通常，师范教育是教师队伍建设的首要环节，必须把发展师范教育放在更加重要的位置。《中共中央 国务院关于全面深化新时代教师队伍建设改革的意见》明确提出，加大师范院校和师范专业建设支持力度，实施教师教育振兴行动计划，要采取一系列举措，主要有以下几方面：第一，进一步加强师范教育体系建设；第二，进一步提高师范生生源质量；第三，进一步加快推进师范类专业认证；第四，进一步推进升级培养卓越教师。根据该文件的精神，各地加快推进振兴行动，如广东省出台了"新师范"建设，华东师范大学开设了"影子校长"项目，华南师范大学开设了"未来教育家"项目等。

（一）广东省"新师范"建设实施

2018年，广东省教育厅出台了《广东"新师范"建设实施方案》，着力建

设具有广东特色的“新师范”，助推广东教育现代化建设，聚焦师范院校和师范专业，着力提高师范生的培养质量。广东省加大对师范院校的支持力度，推出了一系列政策举措，如肇庆学院在创新教师教育体制、创新教师培养模式、推进教师教育协同育人等方面积极响应广东的“新师范”建设实施方案。一是创新教师教育体制，提出教师教育一体化、培养目标卓越化、三位一体协同化、协同育人开放化的办学理念，设立了教师教育学院，强化职前职后统筹职能，全面整合校内资源，形成了教学、实训、竞赛、实践、职后培训、相关研究一体化的教师教育新体制。二是创新教师培养模式。按照强化师德修养、注重专业知识、突出师范技能、提升职业精神的要求，积极探索大类招生、二次选拔的模式，创立了未来卓越教师“砚园班”，形成了以选拔制、小学期制、多学科制、双导师制、研修制、游学制为内涵的卓越教师培养模式，“砚园班”已成为广东省师范生培养的品牌，每届毕业生已经成为用人单位最青睐的对象。三是推进教师教育协同育人。肇庆学院与肇庆市下辖的 7 个县区共建教师教育改革创新试验区和协同育人合作区，建立了 260 多个教育实践基地，每年选派 1600 多名师范生顶岗实习，实现了多方共赢。同时，广东“新师范”建设实施方案中强调的创建国家教师教育创新实验区，打造师范院校与地方政府、中小学的发展共同体，以及强化职前职后统筹职能，分别体现了学习科学视角下教师专业学习的社会性与贯一性。

（二）华东师范大学“影子校长”项目

近年来，华东师范大学积极响应《中共中央 国务院关于全面深化新时代教师队伍建设改革的意见》中要进一步加强师范教育体系建设、进一步推进升级培养卓越教师的号召，建立互惠共享机制，学校教育学部特联合各合作学校，建立了包括各级各类教育的“影子校长千校联盟”，共同为培养有理想、有本领、有担当的未来教育引领者贡献力量。教育学部主任袁振国指出，“影子校长培养计划”正是让学生站在“巨人”的肩膀上，参与一项指向未来的事业。学生通过如影随形地在优秀校长身边学习，参与学校管理、从事教学科研，优秀校长指导学生开展班会、社团活动和研究性学习。其计划以全国唯一的教育部中学校长培训中心为依托，面向教育学部招募学生分别至全国各省

（自治区、直辖市）内具有代表性的基础教育学校，与该校校长进行结对，通过观察学习，促使学生将“听、看、问、议、思、写”等自主学习行为整合为一体，深刻感受与领悟一线教育领导者的思想理念、工作方法和管理经验。各校校长作为项目导师，要把最真实的状态呈现出来，要把最真诚的心态展现出来，更要把最宝贵的经验分享出来，要让学生思其所想、劳其所做、悟其所获，拓展学生的眼界，助力学生未来的职业发展和专业成长。同时，华东师范大学“影子校长”项目中强调的加强高校和基础教育学校的联系、建立互惠共享机制等，体现了学习科学视角下教师学习的情境性与实践性。

（三）华南师范大学“未来教育家”项目

近年来，华南师范大学积极响应《中共中央 国务院关于全面深化新时代教师队伍建设改革的意见》中要求进一步加强师范教育体系建设的号召，开展了“未来教育家”项目，让“未来教育家”走下课堂，走近名师，知行合一，奋力成长。

“未来教育家”项目包括 6 项具体活动。一是教育专题讲座。首期“未来教育家”活动共举办了 12 场教育类专题讲座，来自华南师范大学与华东师范大学的教师分别从师德培养、教学技能发展、教育领导与管理、中外教育发展现状等方面为学员悉心授课。二是寒假教育调研。“未来教育家”项目学员深入城市和农村，聚焦基础教育的理论与实践，调研教育现状和存在的问题，形成高质量的研究报告 10 篇。三是观摩“山长论坛”。2019 年 3 月，“未来教育家”项目学员参加了由广东省中小学校长联合会主办的第三季第一场“山长论坛”暨粤港澳校长论坛。“名校长”充满教育情怀和理念的精彩演讲，激发了学员为人师的热情。四是“未来教育家”学员与名师面对面交流。2019 年 7 月，“未来教育家”学员与来自广东一线的 102 名教育工作者和名师面对面，举办了“我的教育理想”座谈会。五是暑期名师访谈计划。2019 年暑期，“未来教育家”学员采访了 63 名“广东省新一轮百千万第二批人才培养工程培养对象”的名校长和名教师，围绕教育理想、教学技能、学校管理、班级管理、教学改革、未来教育发展趋势等方面开展访谈，形成访谈记录和稿件共计 126

篇。六是海外研学计划。2019 年 10 月，“未来教育家”培训学校组织 8 名优秀学员赴加拿大的不列颠哥伦比亚大学开展了为期三周的研学活动。课程最后，学员们更是用全英教学设计和展示，进行了全英文的说课与讲课。流利的英语表达、创新的课堂教学，受到对方老师的一致好评。同时，华南师范大学“未来教育家”项目强调走下课堂、走近名师，体现了学习科学视角下教师专业学习的情境性与实践性。[①]

四、在职教师专业学习扎根设计的典型案例

2018 年，《中共中央 国务院关于全面深化新时代教师队伍建设改革的意见》下发后，各地纷纷行动，进一步落实教师队伍建设举措。近年来，教师队伍建设不断改革创新、增优势、补短板。教师专业学习进一步呈现出以下三方面的特点：一是培训重视长期性、实践性。其强调培训管理、整体规划、持续性发展，以结果应用为导向。二是培训内容与方式强调针对性、情境性。教师选学，个性化定制教师专业学习内容，培训内容的设计与开发结合了一线教学实际。三是教师专业学习强调主动性，外部保障到位。下面几个案例体现了新时代在职教师专业学习的要求，符合教师队伍建设改革的方向。

（一）广东省中小学“百千万人才培养工程”培养项目

2020 年，广东省教育厅、广东省财政厅印发了《广东省中小学“百千万人才培养工程”培养项目实施办法》，计划到 2035 年培养数以千计的师德高尚、教育教学能力强、有国际视野和创新精神、有较大社会影响力和知名度的教育家型教师，数以万计的卓越教师及数以十万计的骨干教师。[②]其培养途径和时长满足了新时代教师队伍建设长期性、个性化、持续性的要求。首先，以 3 年为一个培养周期，开展时间较长，遴选已从事教育教学教研、学校管理工

① 搜狐网. 华师首期“未来教育家”，2019 年这样走过……[EB/OL]. http://www.sohu.com/a/362584078_654059，2019-12-24/2021-08-20.

② 南方日报. 广东省中小学“百千万人才培养工程”实施办法出台[EB/OL]. http://www.gov.cn/xinwen/2020-08/24/content_5536916.htm，2020-08-24/2021-09-04.

作 10 年以上，具有中小学高级教师职称的教师。其次，培养学员应为从事中小学教师教育教研工作的在岗教师、校长、班主任和教研员，即强调教师要接触实际的教学情境。最后，该文件还提到，学员应每年在县域内上公开课、示范课或举行学术讲座 2 次以上，指导青年教师 5 人以上，所指导的教师、校长或班主任成长为县级骨干教师、校长或班主任；应成立校级以上工作室（成员 5 人以上），带动所在学校及本地区教师队伍整体素质的提高①；通过筛选具有一定经验的专家型教师，以专家型教师带动其他教师、学校以及地区教师队伍整体的成长，让专家型教师根据一线教师的需要菜单化地定制学习内容，促进一线教师和专家型教师共同成长。

（二）数据驱动的精准教研

针对教研部门寻找并实施适合大多数教师和学校的一般化教研，李广生提出了“精准教研”。他认为在个性化和多样化被高度尊重的教育背景下，应针对学校和教师的需求，立足学校和教师的实际，瞄准学校和教师的发展点，以个性化和多样化的工作方式，开展有针对性的教研。基于“精准教研”的理念，他带领团队在小学开展“协商视导”，淡化教学视导的评价功能，强化教学视导的服务功能。为了激发教师发展的内驱力，进一步提升视导的实效性，他又提出了“对话教研”，即打破教研员“一言堂”的格局，鼓励一线教师“发声”，促成教研员与教师以及教师之间的对话交流，提升数据使用的效果。“协商视导”“对话教研”都是在“精准教研”理念指导下的实践探索。②从其特征来看，精准教研进一步强调教师专业学习的个性化、情境性、主动性，基于教育教学的真实问题和教育数据开展研修，教师需要树立问题意识，主动思考，挖掘和整理问题，将问题结构化和系统化，进而在和教研员的对话中转变角色，围绕问题及相关数据进行对话、研讨，解决现象背后的本质问题，从而触类旁通地解决一类问题。

---

① 南方日报. 广东省中小学“百千万人才培养工程”实施办法出台[EB/OL]. http://www.gov.cn/xinwen/2020-08/24/content_5536916.htm，2020-08-24/2021-09-04.

② 李广生. 精准教研[EB/OL]. http://www.360doc.com/content/21/0106/00/45453094955400590. shtml，2021-01-16/2021-09-04.

（三）华南师范大学基础教育访问学者高校访学研修项目

基础教育访问学者高校访学研修项目是华南师范大学实施“创建国家教师教育创新实验区”的创新探索。2019 年 5 月，华南师范大学建设了 26 个教师教育专家工作室，并遴选聘任涵盖全学科教学法专家、通识专家在内的共 26 人为首批教师教育专家工作室主持人。项目以华南师范大学教师教育专家工作室为平台，在教师教育专家工作室主持人的引领下，以师带徒和团队研修为培养形式，形成学术共同体，聚焦基础教育教学改革研究，开展基于线上和线下的研究学习与实践创新探索，力求在引领教学改革、进行教学成果培育、提炼与应用方面有所突破。[①]26 个专家工作室主持人根据访问学者的基本需求，精心策划、量身定制研修方案，就提升访问学者的教师素养、教学能力、科研素养开展了一系列的活动。访问学者也与高校教育教学形成了良性的交流反馈，以实际参与一线教学的经验反哺师范生，用实践经验让师范生职前培训更为鲜活、接地气。其回应了教师培训个性化和实践性的要求。根据访问学者的需求定制学习活动，满足了教师实际教学与工作的个性化需求，提高了教师专业学习的效率和效果。同时，让具有实践经验的访问学者参与到职前教师培训中，打破了职前教师培训的流程化和模式化，使之更为适应实际教学要求，具有可迁移性的特点，贯通了职前教师教育和在职教师专业学习的途径。

从教师专业学习的有效特征和原则来看，广东省中小学“百千万人才培养工程”项目中体现的基于真实的教学情境，专家型教师成立工作室，基于实际工作带动一线教师成长；在精准教研过程中，一线教师与教研员转换关系，互相协商，解决问题；华东师范大学的“影子校长”项目中基于实际学校环境的观摩学习；华南师范大学基础教育访问学者高校访学研修项目访问学者进入高校访学等，亦符合学习科学视角下教师学习的情境性、实践性、嵌入性，符合未来在职教师专业学习和专业发展建构、具身、扎根的特点。

---

① 陈欢. 华南师范大学首批 110 名基础教育访问学者高校访学研修顺利实施[EB/OL]. https://news.scnu.edu.cn/37880，2021-04-20/2021-09-20.

第四节　面向未来教师专业学习的原则和核心实践

一、未来教师专业学习项目设计的原则

发展高品质的教师教育是当前富有成效的教育改革的关键，未来的教师专业学习和专业发展将聚焦于专家型教师培养。专家型教师培养既要协助教师学习新的教育理论，发展他们的教学理论，也要扎根课堂发展教师的研究能力，进行研究型或探究型实践，这就要提高教师的研究能力。现有的“国培计划”等对于发展教师的新理念、新思想，开阔教师的视野是有帮助的，但面临的最大问题是如何把这些集中培训的内容落实到自己的课堂中。目前的方法效率低下，所以需要开发新方法。因此，在设计未来教师培训或教师专业学习项目时，应该遵循以下原则。

（一）教师专业学习是“边做、边学和边研究”

笔者认为，教师学习教学并非单一的边做边学的实践，其遵循的是“边做、边学、边研究”的发展过程，并在专家指导和同事的协助下将教学理论与实践整合，在解决教学问题的同时，重构教学理论。教师需要从集体学习中学习新理念、新理论，也需要通过集中培训获取新方法、新技术，但在今后需要将这些学习与课堂情境、学情、校情和自身的实践联系起来，这是教师集中培训或项目设计的出发点。同时，专家进课堂式教师专业学习是专家深入学校、走进课堂，与教师共同备课、听课，共同反思，了解教学行为背后的成因，建立因果性知识，开展个性化指导和共同学习，教师则是在实践中从自己、同事和专家的经验中学，从教学事实中学。这是一种嵌入工作的学习模式，是个性化和持续性的专业学习过程。它能在日常实践中将专业学习与教学应用直接联系起来，使教师在专家指导和同事参与中开展课堂研究。

（二）教学反思是一种共同反思

笔者认为，专家进课堂等专业学习模式是一种认知工具，它使得教师和同事在最近发展区域聚在一起。教师及同事围绕学科内容和案例进行探讨，而参与专业学习实践的专家则会为教师提供观察和解决问题的新视角。特别是通过讨论和共享活动，专家能为教师提供关于学生学习行为的理论假设，教师通过专家的视角注意到了过去没有注意到的问题，这对教师来说是一项重要的学习目标。因此，可以说通过他人经验和视角进行的反思是一种共同反思。

（三）嵌入课堂的学习需要有专家的指导

实践表明，仅凭自身经验很难促进教师专业学习的发生及教师专业能力的提高。如果教师不具备在观摩优秀案例或公开课时发现问题和解决问题的洞察力或看待问题的新视角，不但会收效甚微，还会强化其定势化的教育观念，造成适得其反的效果。为此，专家的指导和同事的启发必不可少，这也是促进教师专业学习和成长的必要条件。专家和同事的视角如同前进方向的航标一样，引导着教师的注意与思考，从而指引他们注意哪些实践或策略是重要及有效的。因此，学习是社会性的，只有大家在一起共同学习，学习才会真正发生，教师的学习与学生的学习一样，需要在他人协助下去发展知识和建构理解，这是专家指导必要性的依据。

（四）教师学习是个性化的和持续性的

通常，教师专业发展是面向所有阶段的教师，其内容具有普遍性和抽象性，如果不能契合教师个性化教学经历和独特的教学实践情境，会使得教师难以在日常教学过程中运用所学来改善教学和学生学习效果。笔者所探索的教师专业学习实践途径强调教师在专家指导和同事参与下，根据其自身特点、独特经历、特殊实践以及学情和校情，共同开展专业学习，也就是大家在一起学习，满足其个性化的需求和学生学习的需要。

教师专业学习的持续性则是指其专业学习持续的时间通常较长，是一种长期的需要将学习的问题系统化、进行精心设计的专业化的学习。为此，教师教育者和教育管理者需要为教师提供练习机会，并且这种练习不是教师在微格实验室里重复一项技能的练习及机械地训练，而是要在真实的情境中进行真实的重构实践。如果没有这样的机会，教师就无法将学到的新内容迁移到新情境和新事例中去，也就无法促进专业能力的提升。

（五）将信息技术作为支持工具

先进的信息技术可以成为促进教师专业发展的支持工具，如大数据、教育数据挖掘、学习分析，以及对这些数据进行智能分析和即时呈现的人工智能技术等。如果是教师在教学，而不是潜入了人工智能程序的机器人在教学，那么发达的通信息技术和人工智能技术就是教师教学的工具。黑板、白板、粉笔、投影机器、PPT、短视频等相同，都是教师教学的辅助工具，而教师才是教学的主体。此外，从工具的角度来说，新旧工具间也无本质差别。就现阶段技术发展程度来看，视频技术在教师专业学习中仍然是一种优秀的工具，具有不可替代性，而且具有操作简单、价格低廉等优势，在教师专业学习项目实践中受到广泛青睐。这也是本书研究中笔者广泛使用录像和教学视频分析技术的原因所在。在本书呈现的研究中，笔者将教学视频技术重新定义为“可读实践的技术”，这是基于笔者对该技术重新认识和新发现的结果。

（六）深化学科专业知识的学习

笔者认为，深化学科专业知识的学习需要再次得到强调。从目前中国教师专业学习或专业发展内容大多数是指导学科知识的角度来看，加强在本科阶段的学科知识教育仍然是今后教师教育的重点，这也是我国教师教育中历来重视的环节。近年来，由于过多地强调教学方法和技术的改革，教师在教学法和技术运用上花费了更多时间，并过度地采用了新技术和新方法，致使其忽视了学科知识的教学。所以，在综合大学或高水平大学建立教师学院，应该成为今后建设高品质教师教育专业、培养好老师的一种趋势，也就是说，优秀的教师首先应该在高学术型专业中得到教育和培养，让其接受高深的专业知识，这是促进好老师培养的关键。

二、从新手教师迈向好老师——成为卓越教师

笔者认为，与教师深化学科专业知识的学习相关联的是教师教育的信息

化和专业化，特别是作为方法，认知学徒制的方式最适合传承教师文化。过去，老教师与新教师促膝谈心，老教师听年轻教师的课，年轻教师听老教师的课，课后进行座谈，这样老教师就把自己的技艺传授给了年轻教师。此外，除了这种明示的“言传”外，技艺还可以通过信息化的方式传递，但是那些缄默的知识就需要通过“身教”来传递，这就是我们通常所称的“认知学徒制”。过去，很多学校强调集体备课，年轻教师跟着老教师共同备课；还有一些学校，初期由老教师主持备课，后来逐渐地让年轻教师做主持，而且年轻教师到老教师的课堂听课，并逐渐地在自己的教学中模仿老教师的行为，使其逐渐成为主角。勒温（Levin）、布朗（Brown）以及柯林斯（Collons）等将其定义为“正规性周边参与”，采取的方式是“认知学徒制”，这是以前我国教师专业学习实践中经常采用的模式。①

然而，优秀的教育实践家和著名教师的经验不一定适合于其他教师的教学。迄今为止，将经验转化为知识的框架还未明晰，有关教学艺术的构造的研究在我国还没有得到应有的重视，虽然国外有很多，但是教学艺术属于文化特有的东西，国外的成果并非都适合我国国情。比如，国外教师善用肢体语言，擅长专业表现和教学行为艺术，而我国教师则善用抑扬顿挫的讲述技能。所以，在大学的师范教育中开展教学艺术教育还比较困难，这也是未来值得关注的重要议题。

---

① 陈家刚. 认知学徒制二十年研究综述[J]. 远程教育杂志，2010（5）：97-104.

索　引